PROCESSO ADMINISTRATIVO DE INVESTIGAÇÃO DE CARTEL

GUILHERME FAVARO CORVO RIBAS

PROCESSO ADMINISTRATIVO DE INVESTIGAÇÃO DE CARTEL

Apresentação
ODETE MEDAUAR

EDITORA SINGULAR

R482p Ribas, Guilherme Favaro Corvo

Processo administrativo de investigação de cartel. / Guilherme Favaro Corvo Ribas. São Paulo: Singular, 2016.

304 p.

ISBN: 978-85-86626-85-2

1. Processo administrativo. 2. Cartel, Brasil. 3. Direito da concorrência, Brasil. 4. Concorrência, Brasil. 5. Conselho Administrativo de Defesa Econômica (Brasil) (Cade). 6 Política antitruste, Brasil. 7. Processo, julgamento, Brasil. I. Título.

CDU: 347.733(81)

Revisão: Willians Calazans
Capa e Diagramação: Brandão Design

Editora Singular Ltda.
Tel/Fax: 55 11 3862-1242
www.editorasingular.com.br
singular@editorasingular.com.br

Para Roberta, com amor

AGRADECIMENTOS

O presente livro é fruto de minha tese de doutorado defendida e aprovada no programa de pós-graduação da Faculdade de Direito da Universidade de São Paulo – FD USP, minha amada São Francisco.

Aliás, desde já presto minha homenagem à velha e sempre nova Academia, que de duas maneiras me impulsionou para a pesquisa acadêmica cujos resultados são aqui apresentados.

Em primeiro lugar, foi nesse local, em especial no Pátio das Arcadas, que pude me juntar a um grupo de colegas com os quais passei a refletir e debater os rumos do país, a atuação das instituições públicas e o papel do estudante e do operador do Direito no fortalecimento e aprimoramento do Estado de Direito (que se revela, em verdade, como a grande força motora da pesquisa). Com eles, sobretudo em nossas gestões no Centro Acadêmico XI de Agôsto, passei alguns dos anos mais eletrizantes de minha vida. Agradeço a todos nas figuras dos amigos Eduardo Pannunzio, Denise Hirao, Gustavo Ungaro, Juliana Santos e Denis Mizne.

Em segundo lugar, a Faculdade me proporcionou o encontro com mentes brilhantes, que me estimularam a pensar e estudar o Direito. A principal delas foi a Professora Titular Odete Medauar. Lembro-me com perfeição do entusiasmo com que li seu livro *O Direito Administrativo em Evolução*, que me foi por ela presenteado em uma aula comum da graduação, e depois *A Processualidade no Direito Administrativo*, *Controle da Administração Pública* etc. Além de mim, sua arejada doutrina do Direito Administrativo inspirou toda uma geração de estudantes, muitos ainda reunidos no Centro de Estudos de Direito Administrativo, Ambiental e Urbanístico (CEDAU), instituição da qual tenho muito orgulho de participar. À Professora Odete Medauar, meus mais profundos agradecimentos pela dedicada orientação, bem como pela generosidade com que recebeu e discutiu minhas ideias e propostas.

Agradeço aos Professores Diogo R. Coutinho e Vitor Rhein Schirato pelas críticas e sugestões feitas no exame de qualificação, bem como aos Professores Fernando Dias Menezes, Gustavo Badaró, Carlos Ari Sundfeld e Marcos Jordão Amaral pelas cirúrgicas observações e reparos feitos durante a defesa da tese. Foi uma grande honra contar com um time tão qualificado durante a avaliação do trabalho.

Minha tese de doutorado foi o resultado de uma pesquisa extensa, iniciada anos antes de meu ingresso no programa de pós-graduação. Nessa trajetória, foram muitos os excelentes profissionais com quem me deparei, seja na iniciativa privada, seja na extinta Secretaria de Direito Econômico – SDE, onde participei do início da era de efetivo combate a cartéis no Brasil, tendo inclusive tido o privilégio de coordenar as primeiras operações de busca e apreensão no Brasil. Aqui agradeço a Daniel Goldberg, Arthur Badin, Barbara Rosenberg, Fernanda Machado, Mariana Tavares de Araujo, Marcel Santos, Alessandra Viana, Marcia Suaiden, Ravvi Madruga, Rodrigo Formiga e Ana Maria Melo.

Aos colegas e amigos que gentilmente me forneceram dados e informações a respeito de casos e doutrina especializada, meu muito obrigado: Claudio Daolio, Marina Coelho, Lucilia Pereira, Bruno Drago, José Carlos Berardo, Mariana Villela, Maria Cecilia Andrade, Rodrigo Dall'Acqua, Saylon Alves, Victor Rufino e Thiago Brito. Um especial agradecimento a Tulio Coelho, com quem tive o prazer de discutir diversas ideias centrais da presente tese ao longo dos últimos anos.

A meus sócios de Mundie e Advogados, em especial Ana Claudia Beppu, Carlos Forbes, Elinor Cotait, Kevin Mundie e Marco Gasparetti, e a nossa equipe de Regulação e Concorrência, sobretudo Beatriz França, Enrico Romanielo, Francisco Lobello, Francisco Sampaio e Marídia Santos, meu agradecimento pelas discussões, ideias e suporte. Minha gratidão é ainda maior a Tomas Paiva, Vinícius Ribeiro, Marcia Dias, Pedro Pinheiro e Larissa Toyomoto, cujo auxílio nas mais variadas frentes foi determinante para a conclusão da pesquisa.

Agradeço ainda a meus pais, Marina e Clemente Ribas, a quem dediquei a tese; minha tia Emilia Ribas Lisbôa e minha irmã Angela Ribas, por seu incentivo incondicional, e meus sogros, Cleide e Luiz Corvo, pelo apoio e atenção e, ao último, também pela importante revisão do trabalho.

Meu derradeiro e maior agradecimento é direcionado a Roberta Corvo e nossos filhos José Luiz, Fernando e Otávio. Roberta é minha parceira de vida, a pessoa com quem tenho a honra de dividir minhas alegrias, angústias e conquistas. Este trabalho jamais teria sido elaborado sem ela a meu lado. Também dedico este livro a meus filhos, que tiveram muita paciência e respeito durante a elaboração da tese. Espero ter transmitido a felicidade com que me dediquei à pesquisa e ao desafio, incentivando-os a investir fundo em suas próprias descobertas.

São Paulo, setembro de 2016.

O autor

SUMÁRIO

APRESENTAÇÃO

O presente livro origina-se da tese de doutorado sob o título *A prova no processo administrativo de investigação de cartel*, elaborada no âmbito do Programa de Pós-Graduação da Faculdade de Direito da Universidade de São Paulo – Largo São Francisco, e defendida pelo autor, Guilherme Favaro Corvo Ribas, perante banca examinadora composta pelos Professores Fernando Dias Menezes de Almeida, Gustavo Henrique Righi Ivahy Badaró, Carlos Ari Sundfeld, Marcos Jordão Teixeira do Amaral Filho e a subscritora desta, na condição de orientadora.

O autor, neste livro, realiza com proficiência e criatividade, o encontro de temas expressivos no atual panorama do Direito Público sobretudo: a concorrência e o processo administrativo, tendo como foco a atividade probatória realizada pelo Sistema Brasileiro de Defesa da Concorrência nos processos de investigação de cartel.

Em apropriado encadeamento, o autor expõe, de início, aspectos de aproximação do assunto nuclear como, por exemplo: o poder de polícia do CADE, o conceito e a caracterização dos cartéis como infração à ordem econômica, traçando, após, o histórico da investigação de cartéis no Brasil, a estrutura do Sistema Brasileiro de Defesa da Concorrência, o trâmite processual que neste se realiza, os poderes de instrução e as sanções.

Em seguida, o autor se dedica, de modo amplo, à prova na investigação de cartel, partindo das noções gerais sobre a prova, para depois cuidar dos meios de prova, dos meios de obtenção de prova, dos momentos da prova e do ônus da prova.

Para o autor, há deficiências nessa atividade probatória, cuja lista apresenta, tecendo considerações a respeito. As notas conclusivas, reconhecendo a evolução favorável da atuação administrativa destinada à coibição das práticas de cartel e levando em conta as deficiências enumeradas, oferecem propostas visando a aprimorar essa atuação, no sentido de mais eficiência e legitimidade, em especial.

Profundo conhecedor do tema, o autor lança, a cada passo do seu trabalho, a indicação dos processos administrativos antitruste relacionados.

Para melhor informar o leitor e futuros pesquisadores, o autor elaborou várias tabelas, presentes em páginas finais, sobre vários aspectos, sempre com citação do número dos processos administrativos, por exemplo: casos de sugestão de preços/tabelamento; processos de investigação de cartel prescritos; autoridade responsável pela instauração do processo administrativo.

O rol bibliográfico, seja nacional ou estrangeiro, se mostra amplo, atual e pertinente.

A atualidade e relevância do tema, os posicionamentos fundamentados, a sistematização criativa e inovadora, a clareza da linguagem, dentre mais pontos de valor revestem de excelência o livro de autoria do Doutor Guilherme Favaro Corvo Ribas, enriquecendo a literatura jurídica brasileira, sobretudo no campo do Direito Administrativo, do Direito Comercial e do Direito Empresarial.

São Paulo, setembro de 2016.

Odete Medauar

INTRODUÇÃO

O presente estudo tem por objetivo verificar como a atividade probatória é realizada nos processos administrativos de investigação de cartéis, conduzidos pelo Conselho Administrativo de Defesa Econômica – CADE, de modo a identificar suas características e deficiências.

Existente desde 1962, o CADE somente começou a ser percebido pela comunidade empresarial no final da década de 1990, sobretudo na área de controle de estruturas (atos de concentração).

No combate a cartéis, contudo, a evolução ocorreu de maneira mais lenta. O primeiro passo foi dado em 1999, ano da condenação do chamado "cartel do aço", feito até então inédito na história da autarquia. Desde então, mais esforços e recursos vêm sendo empregados para detectar e punir essa prática, considerada o câncer das economias, em razão dos inúmeros prejuízos causados a fornecedores, consumidores e Administração Pública.

Além do desenvolvimento de técnicas de investigação mais sofisticadas e do estreitamento da relação com autoridades criminais e estrangeiras, a atuação repressiva contra cartéis evoluiu de igual forma na esfera legislativa, despontando uma série de alterações no ordenamento jurídico que procuraram dar mais efetividade à política pública.

A mais recente delas ocorreu com a promulgação da Lei n. 12.529/11, responsável por ampla reforma do arcabouço institucional da defesa da concorrência no Brasil. Embora a disciplina dos processos administrativos de investigação de cartéis não tenha sido modificada de maneira substancial, trata-se de oportuno momento para desenvolver a pesquisa, pois o CADE está e continuará passando por significativas transformações, voltando-se cada vez mais para a persecução de condutas anticompetitivas.

Nesse contexto, propôs-se investigar como se deu a evolução do tema da prova ao longo dos 16 anos que se seguiram à primeira condenação de cartel. Por meio dessa abrangente avaliação, torna-se possível compreender os fatores que geram deficiências na atividade probatória, propondo-se melhorias no sistema legal e institucional a fim de eliminá-las ou, ao menos, mitigá-las.

IMPORTÂNCIA DO TEMA

O tema abordado está inserido na linha de pesquisa e projeto de estudo adotados pelo Departamento de Direito do Estado da Faculdade de Direito da Universidade de São Paulo, a saber, "Convergência dos sistemas romanístico e anglo-americano no direito administrativo brasileiro – Cidadão, administração pública, participação e meios de controle", na medida em que o processo administrativo é uma das formas pelas quais o poder da Administração Pública é parametrizado e controlado.

A importância da processualidade no direito administrativo vem sendo objeto de crescente pesquisa no Brasil, como relata Odete Medauar em *A processualidade no direito administrativo*,[1] obra pioneira cuja primeira edição foi lançada poucos anos depois da promulgação da Constituição Federal de 1988 e um ano antes da primeira lei de processo administrativo federal (Lei n. 9.784/99).

Dentro do amplo espectro de temas relacionado à processualidade administrativa, optou-se por centrar o estudo no processo administrativo sancionador conduzido pelo CADE. Trata-se de função pouco explorada pela doutrina, sendo de difícil sistematização em razão da diversidade de matérias tratadas pela Administração Pública, que englobam desde a disciplina de funcionários públicos a infrações cometidas por empresas sujeitas a regras de mercado mobiliário ou a regulação específica, como telecomunicações, energia e transporte.

Outro filtro foi a escolha da prova para nortear a pesquisa, tema dos mais explorados na doutrina dos processos civil e penal, tendo contudo recebido pouca atenção no âmbito dos processos administrativos sancionadores, quase nenhuma na esfera antitruste.[2] A prova, o "farol da verdade", é o principal ponto do processo, onde acusação e defesa

---

1. Odete Medauar em seu *A processualidade no direito administrativo*. 2. ed. São Paulo: Ed. Revista dos Tribunais, 2008.

2. Na Europa, o tema da prova nos processos antitruste é muito debatido, tal como relatado de forma minuciosa por MARQUIS, Mel. Rules that govern rules: evidence, proof and judicial control in competition cases. In: EHLERMANN, Claus-Dieter; MARQUIS, Mel (Eds.). *European competition law 2009*: the evaluation of evidence and its judicial review in competition cases. Oxford e Portland: Hart Publishing, 2011. p. xv-xcii.

devem travar a batalha para mostrar a verdade de suas alegações acerca dos fatos controversos.

Segundo Antonio Magalhães Gomes Filho, a prova constitui problema amplo, complexo e multidisciplinar. Liga-se à busca do conhecimento verdadeiro pelo homem, constituindo um verdadeiro fenômeno cultural, "vinculado a concepções e paradigmas estreitamente relacionados às características de uma determinada sociedade". Por essa razão, são encontrados em ordenamentos contemporâneos e no curso da história "sistemas probatórios variados, que têm como base pressupostos ideológicos, culturais e sociológicos que correspondem ao modo de ser de cada grupo social".[3]

Para tornar a pesquisa possível, optou-se por escolher um tipo de processo administrativo antitruste específico, no qual a questão da prova revela-se mais importante e fascinante: o processo de investigação de cartéis.

Cartéis são acordos entre concorrentes para alterar variáveis concorrenciais (preço, oferta, produção etc.) que deveriam ser definidas pelas empresas de maneira independente, em um ambiente de mercado regido pela livre concorrência. Além de infração administrativa, cartel é crime, tipificado nas Leis n. 8.137/90 (art. 4º) e 8.666/93 (art. 90), podendo, ainda, ensejar a reparação de danos na esfera civil, consoante as Leis n. 12.529/11 (art. 47) e 7.347/85 (art. 1º, V).

A importância do tema pode ser medida por sua atualidade no Brasil e no restante do mundo, onde as multas por formação de cartel crescem de maneira significativa a cada ano. Além disso, no Brasil, a prática vem sendo associada a delitos de corrupção e desvio de dinheiro dos contribuintes em poder do governo, recebendo destaque inédito, cujo impacto na atuação administrativa ainda não pode ser mensurado.

Acrescentam temperos à pouco sistematizada análise desse tipo de processo os acordos de leniência (delação premiada), a possibilidade de suspensão das investigações mediante a celebração de acordos (compromissos de cessação de prática) e o aprimoramento da cooperação entre as autoridades administrativas, criminais (polícias e Ministério Público), de controle e estrangeiras.

---

3. GOMES FILHO, Antonio Magalhães. Notas sobre a terminologia da prova (reflexos no processo penal brasileiro). In: YARSHELL, Flávio Luiz; MORAES, Maurício Zanoide de (Org.). *Estudos em homenagem à Professora Ada Pellegrini Grinover*. São Paulo: DPI, 2005. p. 303, nota de rodapé omitida.

Diante desse complexo quadro, revela-se apropriado refletir sobre o desenvolvimento da atividade probatória para dar contornos adequados à atuação administrativa. O tema está ligado à crescente preocupação com a legitimidade e eficácia dos arranjos da Administração Pública para dar respostas à sociedade a respeito de temas por ela tutelados, tais como a promoção de ambiente de mercado guiado pela livre concorrência.

CONTRIBUIÇÃO ORIGINAL À CIÊNCIA JURÍDICA BRASILEIRA

O tema da prova no processo administrativo sancionador referente a práticas de colusão ainda não foi pesquisado de maneira sistemática e individualizada no Brasil;[4] há todavia estudos esparsos examinando a atividade probatória em contextos e intensidades variados.

Alguns o fazem na perspectiva geral do direito antitruste, tal como Calixto Salomão Filho,[5] Paula A. Forgioni,[6] Gustavo Lage Noman[7] e Thiago Marrara.[8]

Outros examinam o tema sob a ótica do direito administrativo sancionador, sendo exemplos André Marques Gilberto,[9] Bruno Corrêa Burini[10] e Flávia Chiquito dos Santos.[11]

Um terceiro grupo dedica-se a examinar os temas de prova na ótica da infração (ou crime) de cartel; dentre os autores, destacam-se

---

4. Por outro lado, vem crescendo a produção doutrinária sobre o processo administrativo em geral, no Brasil e no exterior (*vide* diversos exemplos em MEDAUAR, Odete. Op. cit., p. 154-155).

5. SALOMÃO FILHO, Calixto. *Direito concorrencial*: as condutas. São Paulo: Malheiros Ed., 2003.

6. FORGIONI, Paula A. *Os fundamentos do antitruste*. 4. ed. São Paulo: Ed. Revista dos Tribunais, 2010.

7. NOMAN, Gustavo Lage. *Das provas em processo concorrencial*. 2010. Dissertação (Mestrado) – Faculdade de Direito da Pontifícia Universidade Católica de São Paulo, São Paulo, 2010.

8. MARRARA, Thiago. *Sistema brasileiro de defesa da concorrência*: organização, processos e acordos administrativos. São Paulo: Atlas, 2015.

9. GILBERTO, André Marques. *O processo antitruste sancionador*: aspectos processuais na repressão das infrações à concorrência no Brasil. São Paulo: Lex, 2010.

10. BURINI, Bruno Corrêa. *Processo administrativo de apuração de conduta anticoncorrencial*: perspectiva instrumentalista. 2010. Tese (Doutorado) – Faculdade de Direito, Universidade de São Paulo, São Paulo, 2010.

11. SANTOS, Flavia Chiquito dos. *Aplicação de penas na repressão a cartéis*: uma análise da jurisprudência do CADE. Rio de Janeiro: Lumen Juris, 2016.

Ana Paula Martinez,[12] Ivo Gico Junior,[13] Davi de Paiva Costa Tangerino e Pedro Vieira Abramovay.[14]

Por fim, parcela mais numerosa da doutrina vem debruçando-se a determinado momento, meio ou mecanismo de busca de provas, a exemplo de Fernando de Magalhães Furlan,[15] Fabrício Cobra Arbex[16] e Renata Rodrigues Praxedes,[17] dentre outros mencionados ao longo do trabalho.

No entanto, não se identificou, na doutrina pátria, ter sido o tema da prova em investigações de cartel isolado e tratado, sobretudo na perspectiva da finalidade desse tipo de processo, do objetivo da prova e do arranjo institucional da autoridade administrativa.

Destarte, esta pesquisa pretende contribuir para a ciência jurídica brasileira de forma inovadora, podendo ser útil para orientar a Administração Pública e demais partes do processo sobre a importância da adequada realização da atividade probatória, bem como servir de convite para as autoridades judiciais (re)avaliarem seu papel de revisão das decisões administrativas. Mais importante, espera-se que as reflexões ora realizadas possam resultar em factíveis propostas de aprimoramento.

ESTRUTURA

O trabalho encontra-se organizado em três capítulos, além da introdução e das notas conclusivas.

No primeiro capítulo, são apresentadas as principais características da função repressiva em matéria concorrencial e do processo

12. MARTINEZ, Ana Paula. *Repressão a cartéis*: interface entre direito administrativo e direito penal. São Paulo: Singular, 2013.

13. GICO JUNIOR, Ivo. *Cartel*: teoria unificada da colusão. São Paulo: Lex, 2006.

14. TANGERINO, Davi de Paiva Costa; ABRAMOVAY, Pedro Vieira et al. *Crime de cartel e reparação de danos no Poder Judiciário brasileiro*. Brasília: Ministério da Justiça, 2012. (Série Pensando o Direito, v. 47.)

15. FURLAN, Fernando de Magalhães. *Questões polêmicas em direito antitruste*. São Paulo: Lex, 2004.

16. ARBEX, Fabricio Cobra. Breve análise sobre a busca e apreensão na Lei 8.884/1994, a interpretação conforme a Constituição Federal e o princípio da proibição da prova ilícita. *Revista do IBRAC – Direito da Concorrência, Consumo e Comércio Internacional*, São Paulo, v. 19, p. 45-66, jan./jun. 2011.

17. PRAXEDES, Renata Rodrigues. Valoração de prova na condenação de cartéis – o mercado de revenda de combustíveis. *Revista do IBRAC – Direito da Concorrência, Consumo e Comércio Internacional*, São Paulo, v. 22, p. 341-354, jul./dez. 2012.

administrativo de investigação de cartéis, com destaque para sua caracterização como infração administrativa, a evolução da política de combate a cartéis no Brasil, a estrutura dos órgãos de defesa da concorrência, os tipos e o trâmite dos processos, os poderes de instrução e as penalidades aplicáveis.

No segundo capítulo, a atividade probatória é dissecada, examinando-se desde a definição do objeto até os meios de prova (documentos, testemunhas, perícias etc.) e de sua obtenção (buscas e apreensões, acordos de leniência, inspeções etc.). Além da análise do sistema de provas aplicável aos processos administrativos conduzidos pelo CADE, são discriminados os momentos da prova, com ênfase no conteúdo da fase de valoração.

No terceiro capítulo, são identificados os fatores que causam deficiências à atividade probatória no âmbito desses processos à luz do contraditório e da paridade de armas, princípios que devem nortear o exercício da função administrativa.

As notas conclusivas trazem sugestões de aprimoramento de modo a eliminar ou mitigar a ocorrência das deficiências detectadas na pesquisa. O principal objetivo das propostas é conferir transparência à atividade probatória e revestir o processo administrativo de imparcialidade e legitimidade.

A todo momento, os temas abordados são debatidos e relacionados com os dados obtidos na pesquisa jurisprudencial, cuja metodologia encontra-se explicada mais adiante.

TERMINOLOGIA

No presente trabalho, a pessoa contra a qual são imputados os fatos objeto de apuração no processo administrativo de investigação de cartéis é denominada "administrado", "representado" ou "acusado". A despeito de a Lei n. 12.529/11 utilizar o termo "representado", prefere-se o emprego de "acusado", tal como consta no art. 5º, LV, da Constituição Federal.

A seu turno, a Superintendência-Geral e a extinta SDE são denominadas "acusador". Seria mais preciso o termo "investigador-acusador-julgador", pois suas funções em matéria de apuração de cartéis vão muito além da mera acusação. Traçando um paralelo com o processo penal, a Superintendência-Geral equivaleria à somatória da polícia e do Ministério Público, acrescida de significativa parcela de poderes detida pelos juízes criminais ao longo da fase investigativa (pré-processual) e processual (nos atos de instauração e instrução probatória).

Por fim, o termo "julgador" é atribuído tanto ao Tribunal do CADE, na qualidade de órgão decisório, como aos Conselheiros, de forma individual.

METODOLOGIA

A pesquisa foi concentrada na análise da jurisprudência do CADE a respeito de cartéis. Selecionaram-se dados capazes de proporcionar amplo panorama do assunto, útil inclusive para fins de identificação de temas a serem desenvolvidos em novas pesquisas.

Em razão do caráter protagonista da pesquisa empírica neste estudo, necessário discorrer sobre os critérios utilizados.

O primeiro critério foi *temporal*. O marco inicial é 27 de outubro de 1999, data da primeira condenação de cartel, no âmbito do Processo Administrativo n. 08000.015337/1997-48. O termo final é 26 de outubro de 2015, totalizando um período de 16 anos de atividade do CADE na condução de processos dessa natureza, bastante representativo do ponto de vista científico.

Foram revisadas as atas de 492 das 493 sessões de julgamento realizadas neste período, disponíveis no sítio eletrônico do CADE (a única ata não disponível é a da 22ª Sessão Reservada, realizada em 12 de abril de 2000), catalogadas na Tabela 1 do Apêndice.

O segundo critério foi a *natureza sancionadora do processo*. Em suas sessões de julgamento, o CADE decide diversos tipos de processo administrativo, tendo sido selecionados apenas os de cunho sancionador, cuja decisão pode resultar na aplicação de penalidades; são aqueles listados no art. 48, III, e disciplinados nos arts. 69 a 83, da Lei n. 12.529/11 (equivalentes aos revogados arts. 32 a 51, da Lei n. 8.884/94).

Destarte, foram excluídos os seguintes processos decididos pelo Tribunal: inquérito administrativo para apuração de infrações à ordem econômica (art. 48, II),[18] processo administrativo para análise de ato de concentração econômica (art. 48, IV), processo administrativo para imposição de sanções processuais incidentais (art. 48, VI), compromisso de cessação (art. 85) e recurso voluntário em medida preventiva (art.

18. Os inquéritos administrativos são examinados pelo Tribunal do CADE apenas se houver avocação (art. 67, §§ 1º e 2º). No período da pesquisa, não houve casos de avocação.

84, § 2º). Sob a disciplina da Lei n. 8.884/94, também foram excluídas as averiguações preliminares (revogados arts. 30 e 31), equivalentes aos inquéritos administrativos.[19]

O terceiro critério foi relacionado à *natureza da conduta investigada*. Foram reunidos apenas os processos de investigação de cartéis tipificados no art. 36, § 3º, I, da Lei n. 12.529/11, ou no revogado art. 21, I e VIII, da Lei n. 8.884/94,[20] excluindo-se os de investigação de condutas unilaterais, praticados por apenas um agente e os demais casos de condutas concertadas que não se enquadram na referida tipificação.[21]

O quarto critério foi a *prescrição*: conforme dados da Tabela 4 do Apêndice, foram excluídos 24 processos prescritos (21 em razão da incidência de prescrição intercorrente e três pela prescrição quinquenal). A decisão de eliminar esses casos da base da pesquisa deve-se à inexistência de decisão de mérito.

O resultado foi a seleção dos 97 processos administrativos listados na Tabela 5 do Apêndice.

As questões relacionadas à atividade probatória foram extraídas dos votos dos Conselheiros do CADE, não tendo sido revisadas discussões constantes de peças produzidas pela acusação, pela defesa ou pelos demais órgãos pareceristas. A opção deve-se à obrigação imposta ao julgador de relatar e debater essas questões na fase decisória.

A partir de listas fornecidas pela Procuradoria do CADE em 2 de abril de 2014 e 26 de novembro de 2015 (esta atualizada até

19. Ao contrário dos inquéritos administrativos, examinados pelo Tribunal do CADE apenas se avocados, todas as averiguações preliminares eram examinadas e decididas pelo antigo CADE, em sede de recurso de ofício.

20. Condutas tipificadas em outros incisos podem ter sido igualmente investigadas nos processos selecionados, porém o que importa para a pesquisa é identificar a ocorrência da tipificação nos citados dispositivos legais. Por exemplo, no Processo Administrativo n. 08012.008501/2007-91 (2013), algumas empresas do mercado de telefonia móvel foram investigadas por conduta exclusionária de *margin squeeze* (Lei n. 8.884/94, art. 21, V), mas também o foram por formação de cartel (Lei n. 8.884/94, art. 21, I), sendo esta a tipificação que se presta aos objetivos do presente trabalho.

21. A lista dos processos excluídos que compõem o segundo grupo aparece nas Tabelas 2 e 3 do Apêndice. Na Tabela 2, são listados os casos de investigação de tabelamento ou sugestão de preços, praticados no âmbito ou com o envolvimento de associações de classe, sindicatos patronais, cooperativas, seus dirigentes ou empregados (alguns deles foram tipificados de forma incorreta nos dispositivos relativos a cartéis). Na Tabela 3, relacionam-se outros casos excluídos com a correspondente justificativa (*e.g.*, foram excluídos os processos cujo polo passivo era integrado por apenas uma entidade, embora instaurados com base nos dispositivos aplicáveis a investigações de cartel).

outubro de 2015), foi possível identificar os processos administrativos que foram alvo de ações judiciais nas quais foi pleiteada a anulação ou revogação da decisão administrativa. Outras ações incidentais (cautelares, mandados de segurança) ou processos de cobrança movidos pelo CADE (execuções fiscais) não foram objeto de pesquisa.

Em paralelo à pesquisa empírica, realizou-se análise teórica, nas doutrinas pátria e estrangeira, em especial a europeia. O recorte teórico concentra-se no processo administrativo sancionador, sobretudo o antitruste. No que tange às questões da prova, também são examinados a experiência internacional e estudos desenvolvidos nos processos civil e penal, quando pertinentes.

Capítulo 1

ASPECTOS GERAIS DAS INVESTIGAÇÕES DE CARTEL

O presente capítulo traça um panorama das investigações de cartel realizadas pelas autoridades administrativas de defesa da concorrência.

Na primeira parte, identificam-se as principais formas de manifestação do poder de polícia do CADE na ordem econômica: controle de estruturas (função preventiva) e controle de condutas (função repressiva). Os cartéis são investigados pelo CADE como resultado do exercício desta última função.

Na segunda parte, são apresentados o conceito de cartel, suas características, tipologia e as justificativas da política de combate e prevenção a esse tipo de prática.

Na terceira parte, descreve-se como são realizadas as investigações de cartel no Brasil, abordando-se sua evolução histórica, a estrutura dos órgãos de defesa da concorrência, os tipos de processo utilizados, os poderes de instrução e as sanções aplicáveis.

1.1. O PODER DE POLÍCIA DO CADE

Como examinamos em outra ocasião,[22] o CADE é uma autarquia federal, vinculada ao Ministério da Justiça, cuja atuação é decorrente de seu poder de polícia, entendido como o "poder da Administração

22. RIBAS, Guilherme Favaro Corvo. Poder de polícia do Conselho Administrativo de Defesa Econômica (CADE). In: MEDAUAR, Odete; SCHIRATO, Vitor Rhein (Coords.). *Poder de polícia na atualidade*. Belo Horizonte: Fórum, 2014. p. 257-267.

de limitar, de modo direto, com base legal, liberdades fundamentais, em prol do bem comum".[23]

No entanto, há distinções significativas entre as formas de expressão desse poder, atuante o órgão não apenas na repressão às infrações contra a ordem econômica, mas também em sua prevenção.[24]

A competência do CADE possui assento constitucional. Além de eleger a livre-iniciativa como fundamento e a livre concorrência como princípio da ordem econômica (art. 170, *caput* e IV), a Constituição Federal determina que "a lei reprimirá o abuso do poder econômico que vise à dominação dos mercados, à eliminação da concorrência e ao aumento arbitrário dos lucros" (art. 173, § 4º).[25]

Trata-se de verdadeiro comando de comportamento para os agentes de mercado e norte de atuação da Administração Pública no desempenho da função administrativa ordenadora, como ensina Calixto Salomão Filho:

> O caráter da norma esclarece também a razão, tão cogitada pela doutrina, de sua inclusão em um dispositivo que trata dos poderes e deveres da atuação estatal no campo econômico. Incluir nesse dispositivo a repressão ao abuso do poder econômico tem um dúplice objetivo. Em primeiro lugar, equiparar os deveres do detentor de poder econômico aos deveres do agente estatal, deixando clara, portanto, a existência de um direito-função. Em segundo lugar, deixar claro o dever de intervenção do Estado para proteção dessa importante garantia institucional.[26]

Desde maio de 2012 vige a Lei n. 12.529/11, que "estrutura o Sistema Brasileiro de Defesa da Concorrência" e "dispõe sobre a prevenção e repressão às infrações contra a ordem econômica".

A leitura integrada da Constituição Federal e da legislação ordinária permite constatar terem sido atribuídas ao CADE funções de prevenção e repressão com vistas a evitar o abuso do poder econômico

---

23. MEDAUAR, Odete. *Direito administrativo moderno*. 9. ed. São Paulo: Ed. Revista dos Tribunais, 2005. p. 390.

24. De acordo com Carlos Ari Sundfeld, o poder de polícia pode revestir-se de diversas formas: imposição de condicionamentos, expedição de autorizações, fiscalização de atividades, repressão a infrações etc. (SUNDFELD, Carlos Ari. Empresa estatal pode exercer o poder de polícia. *BDA – Boletim de Direito Administrativo*, Rio de Janeiro, p. 100, fev. 1993). Sobre o assunto, *vide* MEDAUAR, Odete. Poder de polícia. *Revista de Direito Administrativo*, Rio de Janeiro, v. 199, p. 89-96, jan./mar. 1995.

25. Sobre o desenvolvimento do direito da concorrência no Brasil e seu arcabouço legal, *vide* FORGIONI, Paula A. Op. cit., p. 88-127 e 178-180.

26. SALOMÃO FILHO, Calixto. Op. cit., p. 109-110.

e garantir um ambiente de mercado pautado por práticas de competição leais e naturais. E, como lembra Calixto Salomão Filho, a eficácia da proteção concorrencial depende da aplicação simultânea e conjunta dessas duas funções.[27]

A seguir serão apresentadas as principais características dessas duas formas de expressão do poder de polícia do CADE.

1.1.1. Função preventiva

A função preventiva é desempenhada por meio da instrução e decisão dos processos administrativos para análise de ato de concentração econômica, cujo objetivo é impedir a criação de estruturas de mercado capazes de promover o abuso de poder econômico. Vinícius Marques de Carvalho e João Paulo Godoy assim detalham a função:

> O controle de estruturas está intimamente relacionado com a ideia de que é mais adequado analisar a sua pró-competitividade no momento de (de) formação do que permitir que essa estrutura se estabeleça para, então, e dentro dos limites legais e constitucionais, combater os abusos que dela venham a decorrer.
>
> Este controle depende de duas avaliações sucessivas: uma para identificar quais atos precisam ser submetidos para apreciação da autoridade antitruste (juízo de conhecimento) e outro para determinar quais atos devem ser aprovados e quais não devem (juízo de mérito).[28]

Devem ser notificadas para aprovação prévia fusões, incorporações, aquisições de controle ou parte de empresa,[29] *joint ventures* e associações – exceto aquelas para fins de participação em licitações promovidas pela Administração Pública.[30]

---

27. "Os estudos dos comportamentos anticoncorrenciais têm também um outro significado fundamental. Compõem, ao lado do controle das estruturas, o sistema de proteção concorrencial. É através da aplicação simultânea e conjunta de ambos os subsistemas (controles estrutural e comportamental) que a proteção concorrencial ganha eficácia" (Id. Ibid., p. 18).
28. CARVALHO, Vinícius Marques de; GODOY, João Paulo. O juízo de conhecimento aplicável à análise de estruturas concorrenciais e a função cognitiva desempenhada pelo direito societário. In: OLIVEIRA, Amanda Flávio de; RUIZ, Ricardo Machado (Orgs.). *Remédios antitruste*. São Paulo: Singular, 2011. p. 127.
29. As aquisições de participação societária serão notificadas nas hipóteses previstas na Resolução CADE n. 2/12 (*e.g.*, nos casos em que a empresa investida seja concorrente ou atue em mercado verticalmente relacionado, deverá ser notificada a aquisição que confira ao adquirente 5% ou mais do capital social ou votante).
30. Lei n. 12.529/11, art. 90.

Essas operações serão notificadas se preenchidos determinados critérios de faturamento: (i) um dos grupos econômicos envolvidos deve possuir faturamento igual ou superior a R$ 750.000.000,00 (setecentos e cinquenta milhões de reais) e (ii) outro grupo econômico deve possuir faturamento igual ou superior a R$ 75.000.000,00 (setenta e cinco milhões de reais).[31]

A exemplo de diversos países, a Lei n. 12.529/11 adotou o regime de notificação prévia de atos de concentração, ou seja, as operações somente poderão ser consumadas após a aprovação do CADE.[32] Até a decisão, as partes são consideradas como agentes econômicos distintos, devendo agir de maneira cuidadosa em suas tratativas.[33]

O processo de análise de ato de concentração deve ser realizado no prazo de 240 dias, prorrogáveis por 60 ou 90 dias, a pedido das partes ou mediante decisão do Tribunal. Na prática, os atos de concentração são examinados em menos tempo (média de 31 dias). Aos casos mais simples, aplica-se o rito sumário,[34] possibilitando a aprovação de operações em 20 dias. Casos mais complexos demandam mais tempo, mas têm sido revistos em tempo razoável (média de 84 dias).[35]

31. Cf. Lei n. 12.529/11, art. 88, alterado pela Portaria Interministerial n. 994/12, dos Ministérios da Justiça e da Fazenda. O faturamento se refere às atividades ou ao volume de negócios dos grupos no Brasil, no ano anterior à operação.

32. Em algumas situações, o Tribunal poderá autorizar a operação de forma precária e liminar, impondo condições que visem à preservação de sua reversibilidade (Lei n. 12.529/11, art. 58, § 1º).

33. Tratando-se de operação envolvendo concorrentes, a troca de informações confidenciais e a coordenação de comportamentos comerciais podem ensejar a aplicação de multas e a instauração de processo de apuração de cartel. Em maio de 2015, o CADE emitiu o *Guia para análise da consumação prévia de atos de concentração econômica*, disponível em: <http://www.cade.gov.br/upload/Guia%20gun%20jumping-%20vers%C3%A3o%20final%20(3).pdf>. Acesso em: 31 ago. 2015. O objetivo do guia é orientar os administrados sobre os atos passíveis de caracterização como de consumação prévia, bem como fornecer sugestões para preveni-los.

34. O próprio CADE define quais são as operações de menor potencial ofensivo à concorrência elegíveis para a adoção do rito sumário. Exemplos na Resolução CADE n. 2/12, conforme alterada pela Resolução CADE n. 9/14: operações em que a empresa adquirente não participava do mercado envolvido (art. 8º, II); operações resultando em concentração inferior a 20% em determinado mercado (art. 8º, III).

35. Dados de maio de 2014 a maio de 2015, em CADE. *Balanço do triênio da Lei 12.529/11*. p. 10. Disponível em: <http://www.cade.gov.br/upload/Balanço%203%20anos%20nova%20lei-atualizado.pdf>. Acesso em: 31 ago. 2015.

A competência para decidir os atos de concentração é da Superintendência-Geral (arts. 54, I, e 57, I, da Lei n. 12.529/11). O Tribunal do CADE possui competência residual, nas hipóteses de impugnação pela Superintendência-Geral (art. 57, II), avocação por Conselheiros (art. 65, II) ou recurso apresentado por terceiros interessados ou agências reguladoras (art. 65, I).

Essa dinâmica de concentração das decisões na Superintendência-Geral proporcionou uma redução do número de atos de concentração revistos pelo Tribunal: nos três primeiros anos de vigência da Lei n. 12.529/11, o Tribunal decidiu apenas 30 processos.[36]

A situação era muito diversa sob a égide da Lei n. 8.884/94. Todos os atos de concentração econômica eram instruídos pela Secretaria de Acompanhamento Econômico – SEAE e pela SDE e depois submetidos à aprovação do CADE. O resultado disso era a presença maciça desse tipo de processo nas pautas de julgamentos: nos três anos antes do início da vigência da Lei n. 12.529/11, o Tribunal decidiu 1.852 atos de concentração.[37]

A comparação entre os dois períodos é impressionante: nos primeiros três anos de vigência da Lei n. 12.529/11, o Tribunal analisou somente 1,6% dos casos revistos pelo antigo colegiado nos três anos anteriores. Esse dado demonstra ter sido a reforma de 2011 eficaz para "desafogar" o Tribunal de volume significativo de trabalho de revisão de atos de concentração. Apenas os casos mais complexos são examinados, cabendo à Superintendência-Geral dar conta dos casos de menor potencial ofensivo à ordem econômica.

Na Superintendência-Geral, há oito Coordenações-Gerais de Análise Antitruste, cinco dedicadas ao controle de estruturas (e condutas unilaterais)[38] e três dedicadas a investigações de cartéis. A justificativa dessa estrutura foi apresentada pelo próprio CADE, que destacou existir flexibilidade para modificá-la de acordo com as políticas públicas traçadas pelo órgão:

> (...) O arranjo foi definido para conferir agilidade no processamento dos casos e flexibilidade, pois eventuais alterações de estrutura poderiam ser necessárias.

36. Id. Ibid., p. 5.

37. Dados de 2009 a 2011, em CADE. *Balanço 4 anos da Lei 12.529/11*. p. 3. Disponível em: <http://www.cade.gov.br/servicos/imprensa/balancos-e-apresentacoes/balanco-4-anos-nova-lei-1.pdf>. Acesso em: 25 jul. 2016.

38. As condutas unilaterais são praticadas por um único agente de mercado.

> Desse modo, foram criadas oito Coordenações-Gerais de Análise Antitruste com as mesmas competências necessárias à instrução de processos repressivos e preventivos previstas no Decreto de Estrutura do Cade. O objetivo é permitir que o Cade tenha agilidade para responder às novas demandas externas. Essa formatação foi aprovada pelo Ministério do Planejamento pelo fato de o Cade ter demonstrado que essa flexibilidade era fundamental para a boa atuação do órgão ao longo do tempo.
>
> (...) Desse modo, três CG foram incumbidas da instrução de casos de cartel; quatro da instrução de casos de AC e condutas unilaterais; e uma da triagem de AC. Essa divisão atendia à realidade de que cada tipo de processo possui trâmites, prazos e tempos de análise diferentes.[39]

O principal objetivo da estrutura é priorizar a análise de atos de concentração, conforme explica o Plano Estratégico do próprio CADE para o período 2013-2016,[40] representando saudável medida para a facilitação do ambiente de negócios no Brasil, tão castigado pelo excesso de burocracia e gigantismo do Estado.

1.1.2. Função repressiva

A função repressiva também emana do poder de ordenação (polícia) atribuído por força de lei ao CADE, porém de maneira mais incisiva em comparação à função preventiva, podendo resultar na aplicação de severas penalidades.[41]

A Lei n. 12.529/11 apresenta uma lista não taxativa de condutas anticompetitivas em seu art. 36, § 3º, classificadas pela doutrina

39. CADE. *Relatório "Iniciativa: novo processo de Análise de Atos de Concentração Econômica"*. p. 9-10. Disponível em: <http://repositorio.enap.gov.br/bitstream/handle/1/1077/Novo%20processo%20de%20An%C3%A1lise%20de%20Atos%20de%20Concentra%C3%A7%C3%A3o%20Econ%C3%B4mica.pdf?sequence=1>. Acesso em: 15 out. 2014.

40. "O novo marco legal impôs ao Cade não somente a absorção de parte das competências da Seae e da SDE, mas também a obrigação de analisar previamente os atos de concentração, o que representa uma alteração substancial no 'modus operandi' de análise e exige maior agilidade de instrução e julgamento" (http://www.cade.gov.br/upload/CADE%20-%20Plano%20Estratégico%202013-2016%20-%20versão%201%200.pdf, acesso em: 13 out. 2014, p. 5).

41. Conforme será explorado no item 3.5, rechaça-se a ideia de a função repressiva do CADE ser emanação de um direito punitivo englobando direito penal e direito administrativo sancionador. Para fins do presente estudo, pertinente apenas compreender que ambos os ramos do Direito possuem inúmeros pontos de contato e coincidem quanto à severidade das punições, demandando ao direito administrativo sancionador a aplicação de garantias mais rígidas de proteção do administrado diante da faceta autoritária da Administração Pública.

como de coordenação (*e.g.*, os cartéis) ou unilaterais (*e.g.*, venda casada, discriminação e predação).[42]

As condutas descritas no § 3º caracterizarão infração à ordem econômica somente se tiverem por objeto (intenção) ou puderem produzir os efeitos descritos no *caput* do referido dispositivo, a saber, (i) limitar, falsear ou de qualquer forma prejudicar a livre concorrência ou a livre-iniciativa, (ii) dominar mercado relevante de bens ou serviços, (iii) aumentar arbitrariamente os lucros e (iv) exercer de forma abusiva posição dominante. [43-44]

Não será infração a conquista de mercado resultante de processo natural fundado na maior eficiência de agente econômico em relação a seus competidores (art. 36, § 1º); seria contraditório punir o agente cujo domínio de mercado foi atingido por seu próprio mérito.[45]

A posição dominante será presumida quando uma empresa ou grupo de empresas for capaz de alterar, de maneira unilateral ou coordenada, as condições de mercado, ou controlar 20% (vinte por cento) ou mais de determinado mercado relevante.[46]

No Brasil, o volume de processos de condutas anticompetitivas decididos pelo CADE sempre foi baixo, fenômeno justificado pela ênfase

---

42. Para um panorama das características, diferenças e tipos dessas condutas, recomenda-se a leitura de SALOMÃO FILHO, Calixto. Op. cit., p. 156-312.

43. Sobre o caráter exemplificativo da lista de condutas (§ 3º) e sua ligação ao *caput* do art. 36, *vide* Processo Administrativo n. 08012.002097/1999-81 (2005), voto do Conselheiro Ricardo Villas Bôas Cueva, fl. 918: "[a]inda nesta ótica, extrai-se que as condutas elencadas no artigo 21 são meramente exemplificativas, uma vez que elas, por si só, não são suficientes para caracterizar a infração à ordem econômica. Somente se configurará a infração caso os atos dos agentes econômicos [exemplificados no art. 21] tenham por objetivo ou possam produzir determinados efeitos [tipificados no art. 20] defesos pela lei." (ênfase no original).

44. Calixto Salomão Filho explica que esse dispositivo define três tipos de ilícitos: a concorrência desleal (inciso I), os atos tendentes à dominação de mercado (inciso II) e o abuso de poder econômico (inciso IV). O aumento arbitrário de lucros não é um ilícito independente, mas sim espécie do gênero "abuso de poder dominante". Ademais, para o autor, a hipótese prevista no inciso I é decorrência daquela prevista no inciso II, razão pela qual não serve para caracterização do ilícito (SALOMÃO FILHO, Calixto. Op. cit., p. 99). Tomás Filipe Schoeller Borges Ribeiro Paiva apresenta interessante discussão a respeito da conjunção "e" a conectar os quatro incisos, inexistente no revogado art. 20, da Lei n. 8.884/94 (PAIVA, Tomás Filipe Schoeller Borges Ribeiro. O "e" escarlate da nova lei de defesa da concorrência: notas interpretativas sobre o art. 36 da Lei 12.529/2011. *Revista do IBRAC – Direito da Concorrência, Consumo e Comércio Internacional*, São Paulo, v. 24, p. 171-187, jul. 2013).

45. Cf. WHISH, Richard. *Competition law*. 6. ed. New York: Oxford University Press, 2009. p. 15.

46. Conforme indicado no art. 36, § 2º, da Lei n. 12.529/11, esse percentual pode ser "alterado pelo Cade para setores específicos da economia".

excessiva aos atos de concentração, conforme diagnóstico apresentado em 2005 pelos Ministros da Fazenda, Justiça e Planejamento:

> O Sistema tem conferido ênfase excessiva à análise de atos de concentração, em detrimento da repressão a condutas anticompetitivas, ao passo que internacionalmente existe o consenso a respeito de que um sistema de defesa da concorrência deve privilegiar a última vertente, tendo em vista seu maior potencial lesivo aos consumidores.[47]

A ampliação da atuação no campo do controle das condutas a partir da reforma implementada em 2012 é perceptível, como se depreende dos dados do quadro abaixo:

Quadro 1 – Processos administrativos decididos pelo CADE (2010-2015)

Ano	2010	2011	2012	2013	2014	2015
Condenados	4	1	2	22	39	39
Arquivados	14	15	12	16	18	13
Total	18	16	14	38	57	52

Fonte: Balanço 4 anos da Lei n. 12.529/11, cit., p. 6.

A caracterização de cartéis como infração à ordem econômica e o aumento do número de decisões dessa natureza serão abordados a seguir.

1.2. OS CARTÉIS

1.2.1. Conceito

Cartéis são acordos entre concorrentes envolvendo variáveis sensíveis (preço, produção, oferta, clientes etc.), com aptidão para regular ou neutralizar, de maneira artificial, a dinâmica de competição nos mercados afetados.[48]

---

47. Exposição de Motivos apresentada na submissão do projeto de lei que resultou na Lei n. 12.529/11.

48. O Conselheiro Ricardo Villas Bôas Cueva destaca que nem todos os acordos entre concorrentes são ilícitos concorrenciais: "[a]lgumas atividades realizadas em conjunto por empresas que competem no mesmo mercado relevante podem, inclusive, contribuir para melhorar a competitividade entre elas", citando como exemplos os "acordos que visam aumentar eficiência da produção, diminuir riscos, melhorar a qualidade dos produtos, ou então contribuir para a

O conceito apresentado foi formulado a partir de elementos identificados na legislação, doutrina e jurisprudência.

Nos regulamentos do CADE, a definição aparece no Anexo I da Resolução CADE n. 20/99 e foi reproduzida em algumas decisões:[49]

> Cartéis: acordos explícitos ou tácitos entre concorrentes do mesmo mercado, envolvendo parte substancial do mercado relevante, em torno de itens como preços, quotas de produção e distribuição e divisão territorial, na tentativa de aumentar preços e lucros conjuntamente para níveis mais próximos dos de monopólio.

Na doutrina estrangeira, a definição mais usada nas decisões do CADE é formulada por Herbert Hovenkamp.[50] Na doutrina pátria, despontam Calixto Salomão Filho, Paula A. Forgioni e Luis Fernando Schuartz (o mais citado), que apresenta a seguinte definição:

> Em uma primeira aproximação, um cartel é uma associação de agentes econômicos que, expressa ou tacitamente, acordam em coordenar as decisões estratégicas no tocante a variáveis relevantes do ponto de vista concorrencial. Nesse sentido amplo, cartéis de preços (isto é, acordos entre concorrentes para a fixação dos preços de venda) aparecem somente como uma dentre várias espécies de cartel, por exemplo ao lado de acordos cujo objeto é a restrição de quantidades produzidas ou ofertadas, a fixação de condições gerais de compra de insumos, a divisão do mercado em função de critérios geográficos ou tipo de consumidor, etc. Mas não há dúvida que a espécie típica são os acordos entre concorrentes para fixação de preços e/ou redução das quantidades ofertadas. (...)[51]

No tocante à jurisprudência, os Conselheiros do CADE definiram "cartel" em 33 dos processos examinados (34%). Desde o primeiro caso de condenação, utiliza-se o mesmo conceito, com poucas variações. Naquela ocasião, assim se posicionou o Conselheiro Ruy Afonso de Santacruz:

---

realização de pesquisa e desenvolvimento" (Processo Administrativo n. 08012.002097/1999-81 (2005), voto, fl. 915).

49. Por exemplo, no Processo Administrativo n. 08012.004086/2000-21 (2005), voto do Conselheiro Luiz Alberto Esteves Scaloppe, fl. 5.657.

50. HOVENKAMP, Herbert. *Federal antitrust policy*: the law of competition and its practice. 3. ed. St. Paul: Thomson West, 2005.

51. SCHUARTZ, Luis Fernando. Ilícito antitruste e acordos entre concorrentes. In: POSSAS, Mario Luiz (Coord.). *Ensaios sobre economia e direito da concorrência*. São Paulo: Singular, 2002. p. 119, nota de rodapé no original.

> Cartel é um acordo entre empresas no qual, na maioria das vezes, o preço é fixado ou o mercado é dividido. Outras variáveis de mercado também podem ser consideradas no cartel, tais como qualidade do produto, lançamento de novos produtos, etc. O objetivo do cartel é elevar os preços ao consumidor, através da redução da concorrência, aproximando o resultado do mercado em termos de lucratividade ao que seria alcançado numa situação de monopólio.[52-53]

O conceito também é explorado em guias de orientação divulgados pela própria Administração Pública e por organismos internacionais. No primeiro caso, cita-se a definição apresentada no manual *A Defesa da Concorrência no Mercado de Combustíveis – ANP/SDE*, elaborado em 2004 pela SDE e a Agência Nacional do Petróleo, Gás Natural e Biocombustíveis – ANP:

> Os cartéis podem ser definidos como um acordo horizontal, formal ou não, entre concorrentes que atuam no mesmo mercado relevante geográfico e material, que tenha por objetivo uniformizar as variáveis econômicas inerentes às suas atividades, como preços, quantidades, condições de pagamento etc, de maneira a regular ou neutralizar a concorrência.[54]

---

52. Processo Administrativo n. 08000.015337/1997-48 (1999), voto, fl. 1.576. Para outros, *vide* Processos Administrativos n. 08012.004860/2000-01 (2004) e 08012.002097/1999-81 (2005), votos do Conselheiro Ricardo Villas Bôas Cueva, p. 3 e fl. 925; 08012.009160/2002-67 (2005) e 08012.004086/2000-21 (2005), votos do Conselheiro Luiz Alberto Esteves Scaloppe, p. 6-7 e fl. 5.657; 08012.011853/2008-13 (2014), voto do Conselheiro Eduardo Pontual Ribeiro, p. 12; 08012.010362/2007-66 (2014), voto do Conselheiro Ricardo Machado Ruiz, p. 22; 08012.011142/2006-79 (2014), voto do Conselheiro Alessandro Serafin Octaviani Luis, p. 232; 08012.001020/2003-21 (2014) e 08012.010932/2007-18 (2015), votos do Conselheiro Márcio de Oliveira Júnior, item 190 e fl. 2.780-2.782; 08012.011437/2010-21 (2015), voto do Conselheiro Gilvandro Vasconcelos Coelho de Araújo, item 17; 08012.008847/2006-17 (2015), voto do Conselheiro Márcio de Oliveira Júnior, item 104.

53. Conforme será exemplificado no item 1.2.2.3, algumas vezes os conceitos utilizados foram aprofundados para tratar de formas específicas de cartel. O conceito de divisão de mercado foi apresentado no Processo Administrativo n. 08012.007356/2010-27 (2015), voto da Conselheira Ana de Oliveira Frazão, item 83. Já os acordos em licitação foram conceituados nos Processos Administrativos n. 08012.009611/2008-51 (2014), voto do Conselheiro Gilvandro Vasconcelos Coelho de Araújo, p. 32; 08012.006199/2009-07 (2014), voto do Conselheiro Márcio de Oliveira Júnior, fls. 4.730-4.737; 08012.008184/2011-90 (2015), voto do Conselheiro Gilvandro Vasconcelos Coelho de Araújo, itens 30 a 32; 08012.010187/2004-64 (2015), 08012.001273/2010-24 (2015) e 08012.012032/2007-13 (2015), votos do Conselheiro Márcio de Oliveira Júnior, item 38, itens 98 a 100 e item 19.

54. BRASIL. Secretaria de Direito Econômico e Agência Nacional do Petróleo, Gás Natural e Biocombustíveis. *A Defesa da Concorrência no Mercado de Combustíveis – ANP/SDE*. p. 8. Disponível em: <http://www.anp.gov.br/?dw=2552>. Acesso em: 05 nov. 2014.

Quanto às publicações estrangeiras, o exame jurisprudencial mostra a importância dada pelo CADE aos trabalhos desenvolvidos pela Organização para a Cooperação e Desenvolvimento Econômico - OCDE e pela Rede Internacional de Concorrência - ICN, tais como os citados nas referências bibliográficas.

1.2.2. Tipologia

Os cartéis podem ser classificados de acordo com sua estrutura, forma de manifestação e objeto.

1.2.2.1. Quanto à estrutura

A depender de sua estrutura e durabilidade, os cartéis podem ser classificados como clássicos ou difusos.

Os cartéis clássicos, conhecidos como integrais ou *hard core*, são acordos bem estruturados, dispondo de ferramentas de monitoramento, detecção e punição. Na jurisprudência do CADE, a primeira definição foi apresentada no Processo Administrativo n. 08012.002127/2002-14 (2005).[55]

Considerado o delito concorrencial mais grave, o CADE costuma definir cartéis clássicos como "acordos secretos entre competidores, com alguma forma de institucionalidade, com objetivo de fixar preços e condições de venda, dividir consumidores, definir nível de produção ou impedir a entrada de novas empresas no mercado".[56]

Sua característica fundamental é operar por meio de "mecanismo de coordenação institucionalizado, podendo ser reuniões periódicas, manuais de operação, princípios de comportamento etc." Em outras palavras, "sua ação não decorre de uma situação eventual de coordenação, mas da construção de mecanismos permanentes para alcançar seus objetivos".[57] Os elementos essenciais da prática são resumidos pelo

---

55. Voto do Conselheiro Luiz Carlos Delorme Prado, p. 5. Trata-se de definição bastante repercutida na jurisprudência.

56. Processo Administrativo n. 08012.000099/2003-73 (2006), voto do Conselheiro Luiz Carlos Delorme Prado, fl. 645. *Vide* definições de cartel clássico nos Processos Administrativos n. 08012.004241/2003-51 (2008), voto do Conselheiro Luiz Carlos Delorme Prado, p. 4; 08012.000283/2006-66 (2008), voto do Conselheiro Paulo Furquim de Azevedo, p. 13; 08012.005495/2002-14 (2011) e 08012.004702/2004-77 (2012), votos do Conselheiro Carlos Emmanuel Joppert Ragazzo, p. 29 e p. 43.

57. Processo Administrativo n. 08012.000099/2003-73 (2006), voto do Conselheiro Luiz Carlos Delorme Prado, fl. 645. *Vide* também Processo Administrativo n. 08012.011142/2006-79 (2014),

trinômio "consenso/detecção/punição",[58] havendo uma série de exemplos fornecidos pela jurisprudência.[59]

A seu turno, os cartéis difusos caracterizam-se por sua eventualidade e ausência de estrutura de coordenação. Segundo o Conselheiro Luiz Carlos Delorme Prado, trata-se de "ato de coordenação da ação entre empresas com objetivo similar ao do Cartel Clássico, mas de caráter eventual e não institucionalizado":

> Esse é o caso quando um grupo de empresas decide reunir-se para coordenar um aumento de preço, muitas vezes em função de um evento externo que as afetou simultaneamente. Isto é, tal ação pode ser considerada eventual e não decorreu de uma organização permanente para coordenar as ações das empresas envolvidas.[60]

Não há necessidade de prova da durabilidade ou institucionalidade do cartel difuso, o que não implica afirmar ser considerado menos pernicioso.[61]

---

voto do Conselheiro Márcio de Oliveira Júnior, p. 34-36.

58. Processo Administrativo n. 08012.002493/2005-16 (2007), voto da ex-Presidente Elizabeth Maria Mercier Querido Farina, fl. 4.774. Quanto à relevância do monitoramento para o sucesso do cartel, *vide* votos do Conselheiro Márcio de Oliveira Júnior, nos Processos Administrativos n. 08012.001020/2003-21 (2014), fl. 2.783-2.784; 08012.006199/2009-07 (2014), fl. 4.726; 08012.010932/2007-18 (2015), item 194; 08012.008847/2006-17 (2015), item 108; 08012.010187/2004-64 (2015), itens 42 a 44; 08012.001273/2010-24 (2015), itens 103 a 106; 08012.012032/2007-13 (2015), itens 23 a 26.

59. No Processo Administrativo n. 08012.0004036/2001-18 (2003), considerou-se que os postos de combustíveis de Lages/SC criaram um "sistema eficaz de fiscalização dos preços adotados pelos participantes, com poderes, inclusive de reprimir tentativas de prática de preços próprios" (voto do Conselheiro Thompson Almeida Andrade, fl. 1.743). No Processo Administrativo n. 08012.002127/2002-14 (2005), foi identificada a adoção de instrumentos de monitoramento e prevenção de comportamento oportunista pelos participantes do cartel: "[a]s reuniões de *feedback* e a figura do 'Sombra' representavam a forma de monitoramento do cumprimento do acordado. Nas reuniões de *feedback*, a presença de todos os representantes das Empresas Participantes era obrigatória para avaliar o direcionamento e encontrar as razões por que as cotações já direcionadas não haviam sido fechadas. O 'Sombra' era um fiscal do grupo com liberdade para fazer vistorias em obras e influenciar os responsáveis pela obra para que estes não fechassem com concorrentes não alinhados. Por meio destas vistorias, o 'Sombra' poderia detectar 'traições' e descumprimentos e levar essas situações à apreciação da coordenação para aplicação das penalidades. A existência de um 'Sombra' mostra a incompatibilidade dessas práticas com a existência de rivalidade ou concorrência entre as empresas participantes" (voto do Conselheiro Luiz Carlos Delorme Prado, fl. 13.493, ênfase no original).

60. Processo Administrativo n. 08012.000099/2003-73 (2006), voto, fl. 645, rodapé no original.

61. Processo Administrativo n. 08012.006019/2002-11 (2008), voto do Conselheiro Luiz Carlos Delorme Prado, p. 36.

1.2.2.2. Quanto à forma de manifestação

Em geral, os cartéis são caracterizados por sua clandestinidade, pois seus membros têm razoável noção de seu caráter ilícito;[62] de fato, difícil imaginar ser a combinação de preços algo natural na dinâmica de competição de qualquer indústria.

Quando feitos por meio de acordo expresso, os cartéis são denominados explícitos. A jurisprudência do CADE é bastante rica em exemplos de acordos desse tipo, comprovados por meio de interceptação telefônica, documentos apreendidos em buscas e apreensões etc.

Na ausência de acordo, os cartéis serão denominados implícitos ou tácitos. Nessas situações, há paralelismo de condutas entre concorrentes, que, a depender da existência de elementos adicionais, poderá levar à conclusão de estar-se diante de conluio.[63]

O mero paralelismo de conduta e preços não é suficiente para a caracterização de cartel. Por exemplo, em mercados com poucos agentes

---

62. Segundo o Conselheiro Luiz Carlos Delorme Prado, na maior parte dos casos, os cartéis (ao menos os clássicos) "não são compostos por honestos empresários que inadvertidamente envolveram em uma violação" (Processo Administrativo n. 08012.002127/2002-14 (2005), voto, fl. 13.480). Como bem asseverado pelo Conselheiro Márcio de Oliveira Júnior no Processo Administrativo n. 08012.001020/2003-21 (2014), fl. 2.784: "(...) cartéis geralmente fazem um grande esforço para reduzir as oportunidades de detecção pelas autoridades antitruste e implementar mecanismos diversos de 'camuflagem' de forma a tentar diluir as discussões anticompetitivas entre outras de interesse legítimo, como é o caso da utilização de entidades de classe como facilitadores da prática de cartel. (...)". Na mesma linha, *vide* votos do mesmo relator nos Processos Administrativos n. 08012.006199/2009-07 (2014), fl. 4.726; 08012.010932/2007-18 (2015), item 193; 08012.008847/2006-17 (2015), item 110, bem como no Processo Administrativo n. 08012.009611/2008-51 (2014), voto do Conselheiro Gilvandro Vasconcelos Coelho de Araújo, p. 100.

63. A jurisprudência do CADE é muito rica na análise desse tipo de prática. Além das decisões mencionadas neste tópico, *vide*: Processos Administrativos n. 08000.004436/1995-04 (2004), voto do Conselheiro Cleveland Prates Teixeira, p. 49-50; 08012.000677/1999-70 (2004), voto do Conselheiro Thompson Almeida Andrade, fl. 3.351; 08012.006539/1997-97 (2005), voto do Conselheiro Roberto Augusto Castellanos Pfeiffer, fl. 489; 08012.002493/2005-16 (2007), voto do Conselheiro Luis Fernando Schuartz, fl. 4.721-4.722; 08012.004241/2003-51 (2008), voto do Conselheiro Luiz Carlos Delorme Prado, fl. 1.170; 08012.008166/1999-14 (2009), voto do Conselheiro César Costa Alves de Mattos, p. 11; 08012.005545/1999-16 (2010), voto do Conselheiro Carlos Emmanuel Joppert Ragazzo, fl. 2.161-2.162; 08012.001112/2000-42 (2010), voto do Conselheiro César Costa Alves de Mattos, fl. 1.072; 08012.006059/2001-73 (2011), voto do Conselheiro Vinícius Marques de Carvalho, fl. 1.974 e 1.977-1.989; 08012.004573/2004-17 e 08012.007149/2009-39 (2013), voto do Conselheiro Ricardo Machado Ruiz, p. 24; 08012.008224/1998-38 (2013), voto da Conselheira Ana de Oliveira Frazão, fl. 8.915; 08012.009988/2006-49 (2014), voto do Conselheiro Alessandro Serafin Octaviani Luis, p. 9; 08012.004472/2000-12 (2014), voto da Conselheira Ana de Oliveira Frazão, p. 19.

(conhecidos como oligopólios) e produtos homogêneos (sem significativas diferenças de produção e qualidade), é bastante comum as empresas seguirem os aumentos de preço dos líderes. Diante de determinadas características estruturais dos mercados, há comportamentos semelhantes que podem ser explicados como resultado de decisões individuais das empresas.

A conduta só configurará uma infração se a colusão for a única explicação do paralelismo[64] e houver "alguma coisa além do comportamento paralelo".[65]

Referido elemento adicional consiste no nexo de causalidade entre o acordo e a potencialidade de produção de efeitos anticompetitivos; pode ser uma reunião entre concorrentes, a presença de associações de classe, existência de relações contratuais facilitadoras de troca de informações etc.[66]

1.2.2.3. Quanto ao objeto

A terceira classificação é quanto ao objeto do acordo, que sempre será uma variável sensível do ponto de vista da dinâmica de competição (preço, quantidade, qualidade e mercado),[67] consoante classificação apresentada pela própria Lei n. 12.529/11 (art. 36, § 3º):

> I – acordar, combinar, manipular ou ajustar com concorrente, sob qualquer forma:
>
> a) os preços de bens ou serviços ofertados individualmente;
>
> b) a produção ou a comercialização de uma quantidade restrita ou limitada de bens ou a prestação de um número, volume ou frequência restrita ou limitada de serviços;

---

64. Se "[a]fastadas todas as hipóteses possíveis, alegadas ou não pelas partes (como estrutura de custos similares entre as empresas, fenômeno da liderança de preços, etc.), que poderiam ter dado ensejo ao paralelismo de preço sem o recurso de práticas ilegais" (Processo Administrativo n. 08012.000677/1999-70 (2004), voto do Conselheiro Thompson Almeida Andrade, fl. 3.351).

65. Processo Administrativo n. 08000.015337/1997-48 (1999), voto do Conselheiro Ruy Afonso de Santacruz, p. 41. De acordo com a ex-Presidente Elizabeth Maria Mercier Querido Farina, "[o] problema aparece quando as decisões autônomas são substituídas por objetivos compartilhados e que envolvem alguma forma de negociação em processos decisórios de caráter coletivo." (Processo Administrativo n. 08012.000677/1999-70 (2004), fl. 3.471).

66. Por exemplo, no Processo Administrativo n. 08000.015337/1997-48 (1999), esse elemento foi a reunião realizada entre as empresas produtoras de aço e o governo cuja pauta era a discussão dos reajustes de preço (voto do Conselheiro Ruy Afonso de Santacruz, p. 49).

67. Cf. SALOMÃO FILHO, Calixto. Op. cit., p. 262.

c) a divisão de partes ou segmentos de um mercado atual ou potencial de bens ou serviços, mediante, dentre outros, a distribuição de clientes, fornecedores, regiões ou períodos;

d) preços, condições, vantagens ou abstenção em licitação pública;

Os preços são os principais alvos de combinação entre concorrentes, representando a maior parte das condutas de colusão investigadas e condenadas no Brasil.[68] O CADE já sinalizou que a conduta descrita na letra "a" será configurada pela simples fixação, independentemente de os preços serem idênticos ou não.[69]

A restrição de oferta prevista na letra "b" é semelhante à fixação de preço, na medida em que menores quantidades ofertadas levam ao aumento de preço, segundo as regras básicas da Microeconomia. São mais raras na jurisprudência do CADE.

A divisão de mercado (letra "c") pode ser operada de maneiras distintas, a depender do alvo da combinação: clientes, fornecedores, regiões geográficas etc. Também possuem baixa representatividade no total de casos processados pelo CADE.[70]

Por fim, os acordos em licitações (*bid rigging*), arrolados na letra "d", são estabelecidos por concorrentes com vistas a fraudar o caráter competitivo de procedimentos de compras governamentais, por meio da escolha conjunta das empresas vencedoras e da forma de compensação das perdedoras.[71] Foram objeto de diversas investigações, porém de poucas condenações.

---

68. Haverá infração concorrencial mesmo se o aumento de preços visar ao repasse de custos. De acordo com o Conselheiro Ruy Afonso de Santacruz, demonstrado o conluio, "torna-se desnecessário até mesmo verificar se o aumento de preços foi efetivamente superior ao que teria ocorrido na sua ausência, pois este é o próprio objetivo do acordo" (Processo Administrativo n. 08000.015337/1997-48 (1999), fl. 1.583).

69. Processo Administrativo n. 08012.000283/2006-66 (2008), voto do Conselheiro Fernando de Magalhães Furlan, p. 5.

70. No Processo Administrativo n. 08012.007356/2010-27 (2015), a Conselheira Ana de Oliveira Frazão esclareceu que, nessa hipótese, os preços não precisam ser idênticos, pois "o efeito anticoncorrencial deriva do fato de que o agente age como monopolista em relação ao cliente, fixando preços supracompetitivos, diante da inexistência de competição" (voto, item 83).

71. Em voto bastante repercutido na jurisprudência do CADE, o Conselheiro Cleveland Prates Teixeira apresentou o conceito e as características da conduta. Dentre suas principais modalidades, citou o oferecimento de propostas com preços mais elevados para garantir a vitória da empresa escolhida pelo grupo para vencer a disputa, não submissão ou retirada de oferta para favorecer determinada empresa e revezamento de vencedores (Processo

O quadro abaixo sumariza a representatividade de cada uma das quatro modalidades de cartel na jurisprudência do CADE, tendo sido elaborado com base nos dados disponibilizados na Tabela 5 do Apêndice:

Quadro 2 – Tipos de cartéis investigados

Tipo de cartel	N. de Processos (*)	(%)	N. de Processos com condenação	(%)
Fixação de preço	77	79,4	46	82,1
Restrição de oferta	3	3,1	2	3,6
Divisão de mercado	13	13,4	10	17,9
Acordo em licitação	23	23,7	13	23,2

Nota: (*) Em alguns casos, houve mais de um tipo de cartel investigado, razão pela qual a soma total é superior aos 97 processos examinados na pesquisa.

1.2.3. Ambientes propícios para sua formação

A combinação de preços e outras variáveis concorrenciais é bastante atrativa para as empresas, pois garantirá lucro superior ao que teriam se agissem de maneira independente.

Administrativo n. 08000.004436/1995-04 (2004), p. 13-14). *Vide* também Processos Administrativos n. 08000.001164/1997-53 (2006), voto do Conselheiro Luís Fernando Rigato Vasconcellos, p. 23-25; 08012.001826/2003-10 (2007), voto do Conselheiro Abraham Bezaquen Sicsú, fl. 8.346; 08012.011853/2008-13 (2014), voto do Conselheiro Eduardo Pontual Ribeiro, p. 13-14; 08012.010362/2007-66 (2014), voto do Conselheiro Ricardo Machado Ruiz, p. 22; 08012.009611/2008-51 (2014), voto do Conselheiro Gilvandro Vasconcelos Coelho de Araújo, p. 32; 08012.006199/2009-07 (2014) e 08012.001273/2010-24 (2015), votos do Conselheiro Márcio de Oliveira Júnior, fl. 4.730-4.745 e tópicos 4.2 e 4.3. No Processo Administrativo n. 08012.008184/2011-90 (2015), o Conselheiro Gilvandro Vasconcelos Coelho de Araújo assim complementou: "[n]o mercado de compras públicas, a competição se dá pelo mercado, com os fornecedores competindo entre si para fornecer um determinado produto ou prestar determinado serviço à Administração Pública. Assim, as estratégias colusivas podem ocorrer tanto no âmbito de uma única licitação, quanto em um conjunto de processos licitatórios, ou mesmo abranger diversos órgãos de diferentes esferas administrativas, significando a execução de uma estratégia comercial una entre os participantes do cartel" (voto, item 30). No Processo Administrativo n. 08012.001273/2010-24 (2015), o Conselheiro Paulo Burnier da Silveira apresentou voto-vista contendo informações atualizadas sobre doutrina, jurisprudência e discussão em fóruns internacionais sobre o tema (itens 4 e 7 a 14).

No entanto, há várias dificuldades para operar e manter um cartel, tais como a definição do preço a ser cobrado ou a forma pela qual se dará a restrição de oferta e a criação de mecanismos para prevenir burlas à combinação.[72]

Na visão do Conselheiro Ricardo Villas Bôas Cueva, "nem todos os setores da economia conseguem impor cartéis de uma forma 'eficiente'", havendo alguns tipos de mercado mais propensos à formação de cartéis, segundo a literatura econômica especializada.[73]

A Resolução CADE n. 20/99 (Anexo I) e a jurisprudência destacam algumas características desses mercados propensos à colusão: (i) alto grau de concentração (poucas empresas), (ii) existência de barreiras à entrada de novos competidores, (ii) homogeneidade do produto, (iii) ausência de substitutos, (iv) semelhança de custos e processos, (v) condições estáveis de custos e de demanda e (vi) existência de sindicato ou associação de classe.[74-75]

Ressalva-se ser desnecessário o concurso de todas essas características para a configuração de ambiente propício para a formação de cartéis. Do mesmo modo, nem todos os mercados que apresentam essas

72. Cf. Processo Administrativo n. 08012.002097/1999-81 (2005), voto do Conselheiro Ricardo Villas Bôas Cueva, fl. 915-917.

73. Processo Administrativo n. 08012.002097/1999-81 (2005), voto do Conselheiro Ricardo Villas Bôas Cueva, fl. 917. No Processo Administrativo n. 08012.002127/2002-14 (2005), o Conselheiro Luiz Carlos Delorme Prado reporta os resultados de estudos internacionais que indicam a existência de várias investigações nos setores de compras públicas, alimentos, combustíveis, materiais de construção e serviços (fl. 13.479).

74. Processo Administrativo n. 08012.002097/1999-81 (2005), voto do Conselheiro Ricardo Villas Bôas Cueva, fl. 917. *Vide* também os Processos Administrativos n. 08012.010932/2007-18 (2015), voto do Conselheiro Márcio de Oliveira Júnior, item 218; 08012.009885/2009-21 (2015), voto da Conselheira Ana de Oliveira Frazão, item 146; 08012.008847/2006-17 (2015), voto do Conselheiro Márcio de Oliveira Júnior, item 114. A respeito do tema, *vide* RODAS, João Grandino; OLIVEIRA, Gesner. *Direito e economia da concorrência*. Rio de Janeiro: Renovar, 2004. p. 55-56.

75. No Processo Administrativo n. 08012.006969/2000-75 (2015), o Conselheiro Gilvandro Vasconcelos Coelho de Araújo apresentou adequada análise sobre a última característica: "[a] despeito dos aspectos benéficos inerentes à atuação das associações e sindicatos, esses, principalmente quando congregam empresas/profissionais concorrentes, são expostos a risco não desprezível de se envolverem em práticas contrárias à concorrência e ao livre mercado. Isso porque, as periódicas discussões entre os associados no âmbito dos sindicatos e das associações podem extrapolar as funções legítimas das entidades, permitindo que seus membros troquem informações comercialmente sensíveis, tais como preços, estratégias de mercado, quantidade produzida e clientes" (voto, item 51).

características estarão sujeitos a investigações de cartéis.[76] Elas "servem apenas para facilitar a investigação de cartéis em uma economia".[77]

Em casos envolvendo licitação, o Conselheiro Márcio de Oliveira Júnior destacou três condições estruturais a favorecer o conluio: (i) elevadas barreiras à entrada decorrentes do próprio edital, (ii) o princípio da continuidade dos serviços ao administrado, "na medida em que restringe manobras de reação a elevações abruptas de preços e não possibilita à administração tomar proveito de reduções pontuais e promocionais desses mesmos preços", e, na modalidade pregão, (iii) a limitação de classificados para a fase de lances.[78]

1.2.4. Justificativas da repressão

Em economia fundada na livre-iniciativa e orientada pelos princípios da livre concorrência e da repressão ao abuso do poder econômico, espera-se dos agentes atuação livre e independente.[79] A doutrina econômica ensina que, ao menos na maior parte dos mercados, mais competição tende a gerar produtos e serviços a preços mais baixos e com mais qualidade.

---

76. Por exemplo, no Processo Administrativo n. 08012.002127/2002-14 (2005), não se estava diante de mercado concentrado, com poucos concorrentes. Pelo contrário, foram investigados e punidos diversos produtores de pedra britada com atuação na Região Metropolitana de São Paulo: "a experiência internacional mostra que mesmo em mercados com grande número de firmas, particularmente se as barreiras à entrada não forem muito baixas, é possível a formação de Cartel. Setores com produtos homogêneos, como pedras britadas, e com custos elevados de transporte (portanto altamente dependente de fornecimento local), e, ainda, com muitas oportunidades de vendas por cotações para empresas públicas ou privadas são, na experiência internacional, particularmente sujeitas à formação de cartéis" (voto do Conselheiro Luiz Carlos Delorme Prado, fl. 13.480, ênfase no original).

77. Processo Administrativo n. 08012.002097/1999-81 (2005), voto do Conselheiro Ricardo Villas Bôas Cueva, fl. 917.

78. Processo Administrativo n. 08012.006199/2009-07 (2014), voto, fl. 4.746-4.747.

79. Maria Tereza Leopardi Mello e Mario Luiz Possas explicam com clareza que o ordenamento não define padrões de qual é a melhor forma de concorrência, apenas determina que o processo concorrencial não seja restringido: "[a] lei de defesa da concorrência não impõe aos agentes econômicos a obrigação de efetivamente competir, nem diz de que forma os agentes devem competir, nem tampouco impõe obrigações que assegurem diretamente o alcance dos aspectos positivos associados idealmente à competição; busca apenas evitar que o processo concorrencial seja restringido (por agentes com poder suficiente para fazê-lo)" (MELLO, Maria Tereza Leopardi; POSSAS, Mario Luiz. Direito e economia na análise de condutas anticompetitivas. In: POSSAS, Mario Luiz (Coord.). *Ensaios sobre economia e direito da concorrência*. São Paulo: Singular, 2002. p. 137).

Ao subverter a lógica da competição, o cartel eleva de maneira compulsória os preços aos consumidores ("o que caracteriza uma transferência de renda deste*[s]* para o produtor") e reduz "a pressão para a melhoria da qualidade dos produtos, para a redução dos custos de produção e para a busca e introdução de inovações de um modo geral".[80] Por isso é considerado a mais grave infração concorrencial, tal como reiterado em volumosa parcela das decisões do CADE.[81]

Quando envolvem compras públicas, o impacto dos cartéis é bastante significativo. Além da redução da rivalidade e da competição entre as empresas do setor, aumentam os custos do setor público,[82] comprometendo investimentos que poderiam ser realizados em outros campos.[83]

1.2.5. Caracterização como infração à ordem econômica

Os cartéis serão caracterizados como infração se configurada alguma das hipóteses previstas no art. 36, *caput*, da Lei n. 12.529/11, equivalente ao revogado art. 20, da Lei n. 8.884/94:

> Art. 36. Constituem infração da ordem econômica, independentemente de culpa, os atos sob qualquer forma manifestados, que tenham por objeto ou possam produzir os seguintes efeitos, ainda que não sejam alcançados:

---

80. Processo Administrativo n. 08000.015337/1997-48 (1999), voto do Conselheiro Ruy Afonso de Santacruz, fl. 1.576.

81. *Vide* a descrição de prejuízos causados por cartéis nos Processos Administrativos n. 08012.004860/2000-01 (2004), voto do Conselheiro Ricardo Villas Bôas Cueva, p. 3; 08012.002097/1999-81 (2005), voto do Conselheiro Ricardo Villas Bôas Cueva, fl. 925; 08012.002127/2002-14 (2005), voto do Conselheiro Luiz Carlos Delorme Prado, fl. 13.475; 08012.007602/2003-11 (2007), voto do Conselheiro Abraham Benzaquen Sicsú, fl. 558; 08012.010362/2007-66 (2014), voto do Conselheiro Ricardo Machado Ruiz, p. 41; 08012.011142/2006-79 (2014), voto do Conselheiro Alessandro Serafin Octaviani Luis, p. 386; 08012.004472/2000-12 (2014), voto da Conselheira Ana de Oliveira Frazão, p. 52; 08012.001020/2003-21 (2014), voto do Conselheiro Márcio de Oliveira Júnior, fl. 2.829; 08012.009611/2008-51 (2014) e 08012.006969/2000-75 (2015), votos do Conselheiro Gilvandro Vasconcelos Coelho de Araújo, p. 100 e item 139; 08012.010932/2007-18 (2015) e 08012.000377/2004-73 (2015), votos do Conselheiro Márcio de Oliveira Júnior, item 365 e itens 209-210.

82. Cf. Processo Administrativo n. 08000.004436/1995-04 (2004), voto do Conselheiro Cleveland Prates Teixeira, p. 14-15. *Vide* também discussões sobre o impacto de cartéis em compras públicas nos Processos Administrativos n. 08012.009118/1998-26 (2001), voto do Conselheiro Thompson Almeida Andrade, p. 2; 08012.008507/2004-16 (2014), voto do Conselheiro Gilvandro Vasconcelos Coelho de Araújo, fl. 2.887.

83. Processo Administrativo n. 08012.001826/2003-10 (2007), voto do Conselheiro Abraham Benzaquen Sicsú, p. 11.

I – limitar, falsear ou de qualquer forma prejudicar a livre concorrência ou a livre-iniciativa;

II – dominar mercado relevante de bens ou serviços;

III – aumentar arbitrariamente os lucros; e

IV – exercer de forma abusiva posição dominante.

Isto é, serão condutas se tiverem por objeto (finalidade) ou puderem produzir os efeitos ali mencionados, ainda que não sejam alcançados, independentemente de sua forma de manifestação ou de culpa.[84]

A jurisprudência do CADE é bastante consistente quanto à configuração de infrações e suas duas modalidades (conduta por objeto e conduta por potencialidade de geração de efeitos).[85] Os requisitos e as características serão discutidos a seguir.

1.2.5.1. Participação de concorrentes

A presença de concorrentes é requisito da existência de um cartel (Lei n. 12.529/11, art. 36, § 3º, I). Trata-se de elemento bastante óbvio, mas é importante reafirmá-lo, pois foram identificados casos de investigação de cartéis envolvendo não concorrentes.[86]

Por exemplo, em 2000, o Conselheiro João Bosco Leopoldino da Fonseca arquivou um processo ao constatar que os dois estacionamentos investigados não podiam "ser tomados como concorrentes e, consequentemente, como agentes de um cartel".[87]

Em 2004, o Conselheiro Roberto Augusto Castellanos Pffeifer explicou que, embora a conduta das empresas Microsoft e TBA tenha sido tipificada no revogado art. 21, VIII, da Lei n. 8.884/94 (equivalente

84. Cf. Processo Administrativo n. 08012.002097/1999-81 (2005), voto do Conselheiro Ricardo Villas Bôas Cueva, fl. 918.

85. *Vide* Processos Administrativos n. 08012.002299/2000-18 (2002), voto do Conselheiro Afonso Arinos de Mello Franco Neto, fl. 2.790; 08012.007602/2003-11 (2007), voto do Conselheiro Abraham Benzaquen Sicsú, p. 3-4; 08012.004599/1999-18 (2007), voto do Conselheiro Luis Fernando Schuartz, fl. 3.244-3.246; 08012.004599/1999-18 (2007), voto da ex-Presidente Elizabeth Maria Mercier Querido Farina, fl. 3.282-3.284; 08012.002493/2005-16 (2007), voto do Conselheiro Luis Fernando Schuartz, fl. 4.713-4.717.

86. Do ponto de vista econômico, "concorrentes" são empresas com atuação no mesmo mercado de produto e geográfico, sendo necessário recorrer ao ferramental da Microeconomia para sua definição durante a revisão processual.

87. Processo Administrativo n. 08000.025333/1996-32, voto, p. 1.

ao art. 36, § 3º, I, "d", da Lei n. 12.529/11), não se tratava de acordo entre concorrentes.[88]

Em 2007, foi a vez de o Conselheiro Luis Fernando Schuartz relatar a impossibilidade de condenar duas associações de classe, por se tratar de hipótese "que simplesmente não faz sentido do ponto de vista antitruste".[89-90]

Por óbvio, a exigência de concorrentes implica a pluralidade de agentes,[91] pois, como consta na motivação do arquivamento do Processo Administrativo n. 08012.000208/1999-79 (2002), é impossível haver "condenação de uma única empresa por conduta concertada".[92]

---

88. Haveria dois ilícitos previstos no referido dispositivo: (i) "acordo entre concorrentes para fraudar a licitação, simulando uma disputa que não existe", e (ii) "qualquer tipo de atitude que gere vantagens indevidas ao particular que contrata com a Administração", sendo apenas o segundo identificado no Processo Administrativo n. 08012.008024/1998-49 (voto, p. 42).

89. Processo Administrativo n. 08012.005669/2002-31, voto, p. 30. Em sentido contrário, em 2013, o CADE condenou as associações investigadas no Processo Administrativo n. 08012.003745/2010-83 por, *inter alia*, formação de cartel. A tipificação da conduta como cartel foi decidida por maioria, vencidos os Conselheiros Marcos Paulo Veríssimo e Ana de Oliveira Frazão. Ressalte-se que esse processo não foi incluído na pesquisa deste trabalho devido à impossibilidade de haver concorrência entre entidades de classe.

90. No Processo Administrativo n. 08012.006241/1997-03 (2009), o Conselheiro Olavo Zago Chinaglia explicou a diferença entre ilícitos cometidos por concorrentes e ilícitos praticados por associações de classe: "[o] inciso I do artigo 21 diz respeito a acordos entre concorrentes, relativos a preços e condições de venda de bens e serviços. Os sujeitos do tipo 'fixar' ou 'praticar com concorrente' são os próprios agentes econômicos atuantes no mesmo mercado, que se reúnem para realizar tais práticas, configurando-se a formação de cartéis.
O tipo previsto no inciso II, por sua vez, trata da influência ou obtenção de conduta comercial uniforme entre concorrentes. Esse tipo cuida, por exemplo, da influência dos sindicatos e associações na concretização da conduta. Neste caso, o sujeito da conduta é agente externo ao mercado relevante, que influencia ou obtém, dos respectivos participantes, a uniformização de suas práticas" (voto, p. 3-4, rodapé no original). No Processo Administrativo n. 08012.007967/2004-27 (2014), o Conselheiro Eduardo Pontual Ribeiro explicou que "associações e sindicados participantes de acordos colusivos são sempre fomentadores qualificados e não membros propriamente, na medida em que não lhes cabe enquadramento na dicção do inciso I do art. 21 da Lei nº 8.884/1994 (hoje art. 36, §3°, I, da Lei n° 12.529/2011)", acrescentando que, a "depender das circunstâncias (representatividade, importância para coordenação, grau de ativismo, etc.), a colaboração ativa de associação em cartel pode ser tão ou mais grave do que a de qualquer competidor com atuação direta no mercado" (voto, fl. 1.311-1.312). Na mesma linha, *vide* Processos Administrativos n. 08012.001020/2003-21 (2014), 08012.010187/2004-64 (2015) e 08012.012032/2007-13 (2015), votos do Conselheiro Márcio de Oliveira Júnior, fl. 2.780-2.781, tópico 6.1 e item 6.1.2, respectivamente.

91. Cf. Processo Administrativo n. 08012.004086/2000-21 (2005), voto do Conselheiro Luiz Alberto Esteves Scaloppe, fl. 5.657.

92. Voto do Conselheiro Celso Fernandes Campilongo, fl. 1.454.

1.2.5.2. Independentemente de culpa

A responsabilidade por infrações à ordem econômica atribuída pela Lei n. 12.529/11 é objetiva, sendo considerado pelo CADE irrelevante, para efeitos de caracterização da conduta, se houve culpa ou dolo.

A incidência da responsabilidade objetiva vem sendo aceita sem maiores debates na jurisprudência do CADE.[93] Na doutrina, contudo, prevalece o entendimento, com o qual se concorda, de não ser possível afastar a culpabilidade por tratar-se de princípio constitucional,[94] ao menos naquelas hipóteses em que se leva em consideração a "intenção" do agente (conduta por objeto).

O CADE admite a ausência ou a existência de culpa ou dolo apenas como atenuante ou agravante a ser considerado no momento de aplicação de eventuais penalidades, sob a rubrica da "boa-fé do infrator" (art. 45, II).[95]

A Lei n. 12.529/11 inovou em comparação à Lei n. 8.884/94, dispondo que somente poderá ser aplicada multa ao administrador "direta ou indiretamente responsável pela infração" quando comprovada sua culpa ou dolo (art. 37, III). No entanto, quedou silente no tocante a outras pessoas físicas não qualificadas como "administradores" (*e.g.*, empregados), listadas no inciso II do mesmo dispositivo.

Tivesse o legislador a intenção de transformar a responsabilidade objetiva em subjetiva, teria alterado o *caput* do art. 36 (configuração da conduta), não somente o inciso III do art. 37 (aplicação de multa). Assim, a interpretação isolada da Lei n. 12.529/11 permite concluir que o administrador continua podendo ser responsabilizado de forma

---

93. Cf. Processos Administrativos n. 08000.015337/1997-48 (1999), voto do Conselheiro Ruy Afonso de Santacruz, fl. 1.577; 08012.009088/1999-48 (2005), voto do Conselheiro Luís Fernando Rigato Vasconcellos, p. 25-26; 08012.000283/2006-66 (2008), voto do Conselheiro Paulo Furquim de Azevedo, p. 28; 08012.004430/2002-43 (2015), voto do Conselheiro Márcio de Oliveira Júnior, item 46; 08012.008184/2011-90 (2015), voto do Conselheiro Gilvandro Vasconcelos Coelho de Araújo, item 92.

94. Nessa linha, Rafael Munhoz de Mello (*Princípios constitucionais do direito administrativo sancionador*: as sanções à luz da Constituição Federal de 1988. São Paulo: Malheiros Ed., 2007. p. 189) e Fábio Medina Osório (*Direito administrativo sancionador*. 4. ed. São Paulo: Ed. Revista dos Tribunais, 2011. p. 357). Na jurisprudência do CADE, esse entendimento foi assumido pelo Conselheiro Ricardo Villas Bôas Cueva, em voto vencido no Processo Administrativo n. 08012.009088/1999-48 (2005) (p. 8).

95. Processo Administrativo n. 08012.009888/2003-70 (2010), voto do Conselheiro Fernando de Magalhães Furlan, p. 113.

objetiva, mas ao CADE é vedado aplicar multa se não comprovar sua culpa ou dolo.

De qualquer forma, não há dúvidas de que incide sobre o regime de responsabilidade das pessoas físicas (não apenas dos administradores) a regra do art. 8.2 da Convenção Americana de Direitos Humanos: "toda pessoa acusada de delito tem direito a que se presuma sua inocência enquanto não for legalmente comprovada sua culpa",[96] tornando-se indispensável a comprovação desse elemento para a caracterização das infrações cometidas por indivíduos.[97]

1.2.5.3. Independentemente de forma

Acordos entre concorrentes (cartéis) "sob qualquer forma manifestados" podem constituir infração à ordem econômica. Os tipos de cartel classificados de acordo com seu objeto (item 1.2.2.3 acima) mostram a variedade de formas que a prática pode tomar.[98]

No Processo Administrativo n. 08012.009088/1999-48 (2005), o Conselheiro Ricardo Villas Bôas Cueva destacou: "os acordos entre concorrentes, em suas várias modalidades, podem ser celebrados formal, informal ou mesmo tacitamente, sem nenhuma comunicação expressa entre os participantes do arranjo".[99]

Os acordos formais e expressos são mais raros, daí a importância dada à prova indiciária em casos de cartel. Se exigido mais rigor na forma (acordos com "registro em cartório"), decerto haveria comprometimento da eficácia da política de combate a cartéis.

---

96. A Convenção Americana de Direitos Humanos foi incorporada ao ordenamento pátrio em 1992. O dispositivo em comento é aplicável aos processos administrativos sancionadores, não apenas aos processos penais; se assim não o fosse, teria adjetivado o "delito" como "penal".

97. Pela configuração de hipótese de responsabilidade subjetiva para administradores, *vide* Processo Administrativo n. 08012.011142/2006-79 (2014), voto da Conselheira Ana de Oliveira Frazão, p. 7. Na doutrina, *vide* CORDOVIL, Leonor. Das infrações da ordem econômica. In: CORDOVIL, Leonor; CARVALHO, Vinícius Marques de; BAGNOLI, Vicente; ANDERS, Eduardo Caminati. *Nova lei de defesa da concorrência comentada*. São Paulo: Ed. Revista dos Tribunais, 2011. p. 101. Com relação a empregados, o CADE já reconheceu que o padrão probatório deve ser mais rigoroso do que aquele aplicado aos administradores (Processo Administrativo n. 08012.009885/2009-21 (2015), voto da Conselheira Ana de Oliveira Frazão, itens 183-184).

98. *Vide* comentários sobre o assunto no Processo Administrativo n. 08012.001794/2004-33 (2014), voto do Conselheiro Ricardo Machado Ruiz, p. 22.

99. Voto, p. 6.

Ainda nesse ponto, para acusar ou condenar a pessoa jurídica, revela-se desnecessária a prova de detenção de poderes de representação de sociedade por funcionário ou preposto participante da conduta objeto da investigação.[100]

1.2.5.4. Independentemente de efeitos

A lei exime o CADE de comprovar a obtenção dos efeitos listados no *caput* do art. 36, bastando a conduta ser enquadrada em uma das modalidades de configuração de infração ali descritas.

Em outras palavras, comprovando-se que a conduta tenha por objeto/propósito ou aumente a probabilidade de produção dos referidos efeitos, não haverá obrigação de sua demonstração – nem mesmo de sua potencial produção ("ainda que não alcançados").[101]

---

100. O argumento da SDE no Processo Administrativo n. 08012.009088/1999-48 (2005), conforme reproduzido pelo Conselheiro Ricardo Villas Bôas Cueva, é bastante convincente: "[s]eria *mesmo* de se surpreender que uma empresa, sujeita a severas punições antitrust, viria reconhecer expressamente que deu permissão a um gerente de vendas de sua empresa realizar acordo para 'controlar' o mercado. Da mesma forma que o Direito Concorrencial não exige formalização de um negócio jurídico para reconhecer em uma ata de reunião um indício de infração à ordem econômica, também não haveria de exigir que, em toda reunião entre concorrentes, somente os presidentes ou funcionários expressamente autorizados nos atos societários da empresa é que poderiam praticar infração à ordem econômica" (p. 7, ênfase no original). *Vide* também Processo Administrativo n. 08012.002493/2005-16 (2007), voto do Conselheiro Luis Fernando Schuartz, fl. 4.733.

101. *Vide* Processos Administrativos n. 08012.004599/1999-18 (2007), votos dos Conselheiros Luis Fernando Schuartz, fl. 3.244-3.246, e Luiz Carlos Delorme Prado, fl. 3.270-3.271; 08012.009088/1999-48 (2005), voto do Conselheiro Ricardo Villas Bôas Cueva, p. 7; 08012.007602/2003-11 (2007), voto do Conselheiro Abraham Benzaquen Sicsú, p. 3; 08012.009888/2003-70 (2010), voto do Conselheiro Fernando de Magalhães Furlan, p. 106; 08012.004702/2004-77 (2012), voto do Conselheiro Carlos Emmanuel Joppert Ragazzo, p. 126; 08012.004039/2001-68 (2013), voto da Conselheira Ana de Oliveira Frazão, p. 22-23 e 30; 08012.011027/2006-02 (2013), voto do Conselheiro Alessandro Serafin Octaviani Luis, p. 10-11; 08012.001794/2004-33 (2014), voto do Conselheiro Ricardo Machado Ruiz, p. 27; 08012.011853/2008-13 (2014), voto do Conselheiro Eduardo Pontual Ribeiro, p. 14 e 30-31; 08012.010362/2007-66 (2014), voto do Conselheiro Ricardo Machado Ruiz, p. 24; 08012.011142/2006-79 (2014), voto do Conselheiro Márcio de Oliveira Júnior, p. 41; 08012.004472/2000-12 (2014), voto da Conselheira Ana de Oliveira Frazão, p. 34-35; 08012.007033/2006-57 (2014) e 08700.008551/2013-69 (2014), votos do Conselheiro Gilvandro Vasconcelos Coelho de Araújo, fl. 740 e fl. 771; 08012.006199/2009-07 (2014), voto do Conselheiro Márcio de Oliveira Júnior, fl. 4.726; 08012.008507/2004-16 (2014), voto do Conselheiro Gilvandro Vasconcelos Coelho de Araújo, fl. 2.881; 08012.006764/2010-61 (2015), voto da Conselheira Ana de Oliveira Frazão, item 29; 08012.006969/2000-75 (2015), voto do Conselheiro Gilvandro Vasconcelos Coelho de Araújo, item 41; 08012.007356/2010-27 (2015), voto da Conselheira Ana de Oliveira Frazão, item 82; 08012.008184/2011-90 (2015), voto do Conselheiro Gilvandro Vasconcelos Coelho de Araújo, item 120; 08012.009885/2009-21

O tema é bastante pacífico na jurisprudência do CADE, que desde o início aponta para a irrelevância da prova dos efeitos ou do dano,[102] que pode ter utilidade apenas no momento de fixação da pena.[103]

1.2.5.5. Conduta por objeto ou potencialidade de geração de efeitos

A distinção entre as condutas que (i) tenham por objeto/intenção e (ii) possam produzir os efeitos listados nos incisos do art. 36, da Lei n. 12.529/11, equivalente ao revogado art. 20 da Lei n. 8.884/94, é relevante para o presente estudo, pois a "essa dualidade no plano do conceito jurídico de infração à ordem econômica corresponde uma dualidade no plano dos *métodos de conhecimento* – e, conseqüentemente, de *prova*".[104]

Sendo bastante distintos os caminhos probatórios para decidir se uma conduta é uma infração concorrencial "em razão do objeto" ou "em razão dos seus efeitos esperados", passa-se a examinar suas peculiaridades.

1.2.5.5.1. Conduta por objeto

Restará configurada a infração se provada a existência de acordo entre concorrentes com o objetivo ou finalidade de produção de um dos

---

(2015), voto da Conselheira Ana de Oliveira Frazão, item 64; 08012.000377/2004-73 (2015), 08012.010187/2004-64 (2015) e 08012.012032/2007-13 (2015), votos do Conselheiro Márcio de Oliveira Júnior, item 117, item 4 e item 22.

102. Processo Administrativo n. 08012.002299/2000-18 (2002), voto do Conselheiro Afonso Arinos de Mello Franco Neto: "[é] de ressaltar que, verificadas as relações de intencionalidade ou de causalidade potencial entre o ato e os efeitos dos incisos do art. 21, são dispensáveis, em particular, evidências da instalação efetiva dos efeitos e aferições dos eventuais danos causados aos mercados" (fl. 2.790).

103. Processo Administrativo n. 08012.002097/1999-81 (2005), voto do Conselheiro Ricardo Villas Bôas Cueva: "a existência dos efeitos deletérios ao mercado somente ganha relevância na etapa posterior à identificação da conduta, qual seja, a etapa de fixação da pena, como autêntica circunstância agravante, conforme se depreende da legislação" (fl. 918, ênfase no original). Na mesma linha, Processo Administrativo n. 08012.010215/2007-96 (2013), voto do Conselheiro Eduardo Pontual Ribeiro, p. 48-49. Em sentido contrário, *vide* Processo Administrativo n. 08012.002127/2002-14 (2005), voto do Conselheiro Luiz Carlos Delorme Prado, p. 10.

104. Processo Administrativo n. 08012.004599/1999-18 (2007), voto do Conselheiro Luis Fernando Schuartz, fl. 3.244 (ênfase no original).

efeitos listados nos incisos I a IV do art. 36, da Lei n. 12.529/11, ou seja, se o propósito "objetivamente visado" dos agentes com a conduta era a produção daqueles efeitos.[105]

O Conselheiro Luis Fernando Schuartz criou interessante modelo de análise, propondo retroceder ao tempo da conduta e questionar o "propósito" perseguido pelos acusados. Terá havido infração se (i) o objetivo dos agentes era, por exemplo, "prejudicar a concorrência", desde que (ii) as condições objetivas eram tais que a conduta "não podia ser considerada como um meio "absolutamente ineficaz" para a produção de um prejuízo à concorrência"[106] (ou seja, se havia poder de mercado).

A caracterização da intencionalidade dos agentes para a produção dos efeitos anticompetitivos terá sido apropriada se "(i) houver prova direta de que era essa a *intenção subjetiva* das pessoas responsáveis pela decisão de adotar a conduta",[107] *ou* "(ii) se provar que atribuições de *intenções hipotéticas alternativas* a essas mesmas pessoas *puderem ser excluídas* por serem implausíveis da perspectiva de agentes econômicos *racionais* que se defrontassem com idênticas condições objetivas". [108]

1.2.5.5.2. Conduta por potencialidade de geração de efeitos

A infração poderá ser configurada mesmo na ausência de um projeto voltado à eliminação da concorrência. Isso acontecerá se a conduta praticada por agentes tiver o potencial de produção desses efeitos. Em outras palavras, haverá ilícito na presença de "*elevada probabilidade* de que se produza algum desses efeitos".[109]

Sendo a culpa prescindível para a caracterização da conduta, essa hipótese relaciona-se a "risco objetivo associado à conduta ao desenvolvimento da atividade econômica, o que conduz à necessidade

---

105. Id. Ibid.

106. Id. Ibid.

107. Como destacado no Processo Administrativo n. 08012.004241/2003-51 (2008), a "mera existência de uma reunião não é suficiente para indicar a existência de cartel. Há de haver evidências do objetivo da reunião e/ou evidências de que nessa ocasião ocorreram algumas das práticas previstas nos artigos 20 e 21 da Lei 8884-94" (voto do Conselheiro Luiz Carlos Delorme Prado, p. 4).

108. Processo Administrativo n. 08012.004599/1999-18 (2007), voto do Conselheiro Luis Fernando Schuartz, fl. 3.245 (ênfase no original).

109. Id. Ibid., fl. 3.244.

de que as empresas prevejam se seus atos podem produzir tais efeitos, mesmo que indesejados".[110]

Retrocedendo-se ao tempo da conduta, ainda de acordo com o exercício proposto pelo Conselheiro Luis Fernando Schuartz, será possível a configuração de infração se, "dadas as condições econômicas objetivas" com as quais os agentes se defrontavam, "era *plausível esperar-se* que, com a conduta – conjugada às tais condições objetivas –, a probabilidade que se produzisse um prejuízo à concorrência seria maior que a probabilidade que esse estado não se produzisse".[111]

Do ponto de vista da prova, embora sejam examinadas as condições existentes à época da conduta, trata-se de exercício mais prospectivo, independentemente da intenção dos agentes e dos efetivos resultados. A pergunta a ser feita nessa hipótese é se o ato pode ser considerado "uma conduta que *favorece* – no sentido específico de 'incrementa significativamente o risco' de – produção de dano à concorrência, *e.g.*, via aumento dos preços de mercado?"[112]

1.2.5.6. Aptidão para produção de efeitos anticompetitivos

Independentemente da modalidade da conduta, passo preliminar da análise de sua materialidade é identificar se tem aptidão para a produção dos efeitos listados no art. 36, *caput*, da Lei n. 12.529/11. Não se está diante de análise dos efeitos, nem de sua potencialidade, mas sim de características do mercado e dos acusados que permitiriam sua produção. Esta aptidão é demonstrada pela análise do poder de mercado das empresas, que é a "capacidade de influenciar, com seus atos, variáveis relevantes do mercado, tais como preço, quantidade e qualidade dos produtos ofertados".[113]

A lógica econômica é bastante clara. Se detêm poder de mercado, as empresas cartelizadas serão capazes de impor reajustes de preços, "drenando renda do consumidor privado de alternativas, de forma compulsória", e "aumentando arbitrariamente seus lucros".[114]

110. Processo Administrativo n. 08012.007602/2003-11 (2007), voto do Conselheiro Abraham Benzaquen Sicsú, p. 3-4.

111. Processo Administrativo n. 08012.004599/1999-18 (2007), voto, fl. 3.245 (ênfase no original).

112. Id. Ibid.

113. Processo Administrativo n. 08012.004472/2000-12 (2014), voto da Conselheira Ana de Oliveira Frazão, p 36.

114. Processo Administrativo n. 08000.015337/1997-48 (1999), voto do Conselheiro Ruy Afonso de Santacruz, p. 19. Na mesma linha, Processo Administrativo n. 08000.019706/1996-63 (2001),

Em casos de cartel, o art. 36, § 2º, da Lei n. 12.529/11, presume a aptidão da conduta para produzir referidos efeitos quando os agentes que a praticarem, em conjunto,[115] forem capazes de alterar as condições de mercado ou controlarem ao menos 20% do mercado em que atuam.[116]

A despeito de inexistir controvérsia sobre a caracterização do poder de mercado como "condição essencial para existência de um cartel",[117] tendo sido sua análise realizada na maioria dos processos,[118] a partir de 2011, alguns Conselheiros do CADE passaram a considerar desnecessário empreender recursos para demonstrá-lo, ao menos nos processos de cartel clássico.[119]

---

voto do Conselheiro Celso Campilongo, fl. 1.044: "[s]em que uma empresa ou grupo de empresas controle parcela substancial do mercado relevante, vale dizer, não configurada a hipótese prevista no artigo 20 e seus incisos, não há como imputar as infrações previstas nos incisos do artigo 21 nem as respectivas sanções". *Vide* também Processo Administrativo n. 08012.001822/2003-31 (2010), voto do Conselheiro Olavo Zago Chinaglia, p. 6.

115. Em casos de cartel, avalia-se o poder de mercado detido pelo grupo de empresas investigadas, não de empresa individual. *Vide* explicação do Conselheiro Ricardo Villas Bôas Cueva no Processo Administrativo n. 08012.002097/1999-81 (2005), voto, fl. 922.

116. Posicionamento também adotado pela extinta SDE (A Defesa da Concorrência no Mercado de Combustíveis – ANP/SDE, p. 10). Aliás, a inexistência de poder de mercado em algumas situações já foi indicada pelo CADE como essencial fator a ser considerado pela SDE antes de decidir instaurar um processo administrativo (*vide* Processo Administrativo n. 08012.001822/2003-31 (2010), voto do Conselheiro Fernando de Magalhães Furlan, p. 11).

117. Processo Administrativo n. 08012.004599/1999-18 (2007), voto do Conselheiro Luiz Carlos Delorme Prado, fl. 3.271.

118. Exemplos: Processos Administrativos n. 08012.004036/2001-24 (2003), voto do Conselheiro Thompson Almeida Andrade, fl. 1.750; 08000.004436/1995-04 (2004), voto do Conselheiro Cleveland Prates Teixeira, p. 27; 08012.000677/1999-70 (2004), voto do Conselheiro Thompson Almeida Andrade, fl. 3.350; 08012.001325/1999-78 (2005), voto do Conselheiro Roberto Augusto Castellanos Pfeiffer, fl. 1.671; 08012.002127/2002-14 (2005), voto da ex-Presidente Elizabeth Maria Mercier Querido Farina, fl. 13.508; 08012.004086/2000-21 (2005), voto do Conselheiro Luiz Alberto Esteves Scaloppe, fl. 5.650-5.652; 08012.000099/2003-73 (2006), voto do Conselheiro Luiz Carlos Delorme Prado, p. 6; 08000.001164/1997-53 (2006), voto do Conselheiro Luís Fernando Rigato Vasconcellos, p. 27; 08012.004599/1999-18 (2007), voto do Conselheiro Luiz Carlos Delorme Prado, fl. 3.271; 08012.009888/2003-70 (2010), voto do Conselheiro Fernando de Magalhães Furlan, p. 105.

119. A primeira ocorrência se deu no Processo Administrativo n. 08012.005495/2002-14 (2011), voto do Conselheiro Carlos Emmanuel Joppert Ragazzo, p. 30 (o curioso é que, mesmo considerando desnecessário, o Conselheiro realizou a análise de poder de mercado). Depois desse caso, outros Conselheiros passaram a adotar o mesmo entendimento. *Vide* exemplos nos Processos Administrativos n. 08012.004702/2004-77 (2012), voto do Conselheiro Carlos Emmanuel Joppert Ragazzo, p. 44; 08012.010215/2007-96 (2013), voto do Conselheiro Eduardo Pontual Ribeiro, p. 44-45; 08012.001003/2000-41 (2013) e 08012.004039/2001-68 (2013), votos da Conselheira Ana de Oliveira Frazão, p. 23 e p. 20-21; 08012.004573/2004-

A tese lançada em 2011 virou um mantra dentro do CADE, que a cada decisão a corrobora e tenta fortalecê-la. Por sintetizar esse posicionamento – com o qual se discorda de modo veemente –, necessário reproduzir trecho do voto-vogal da Conselheira Ana de Oliveira Frazão no Processo Administrativo n. 08012.008847/2006-17 (2015):

> 11. Veja-se o caso do cartel, que é a questão discutida nos autos. Se agentes econômicos estão se reunindo para fixar preços é porque entendem que podem influenciar naquele mercado. Se assim não fosse, a sua conduta não teria qualquer racionalidade.
>
> 12. Dessa maneira, a potencialidade lesiva decorre da própria materialidade da conduta, assim como a posição dominante, aferida a partir da própria racionalidade da conduta de querer interferir em determinado mercado. Então, o CADE não está dispensando propriamente a posição dominante nesses casos, mas simplesmente entendendo que ela pode ser identificada a partir da própria racionalidade da conduta das partes.

Essa interpretação é influenciada pela prática norte-americana, que, na ausência de comandos legais claros, adota padrões específicos e distintos de avaliação de provas de acordo com os tipos de conduta investigada.[120] A regra *per se*, aplicada às análises de cartel clássico, autoriza o aplicador da norma a concluir que o próprio acordo define o mercado relevante da prática e comprova a existência de poder de mercado.[121]

---

17 e 08012.007149/2009-39 (2013), voto do Conselheiro Ricardo Machado Ruiz, p. 31; 08012.011027/2006-02 (2013), voto do Conselheiro Ricardo Machado Ruiz, p. 97, 112, 117-118; 08012.011668/2007-30 (2013) e 08012.012420/1999-61 (2013), votos da Conselheira Ana de Oliveira Frazão, p. 1.586-1.587 e p. 2.347-2.348; 08012.004365/2010-66 (2014) e 08012.001794/2004-33 (2014), votos do Conselheiro Ricardo Machado Ruiz, p. 18-19 e p. 29; 08012.004472/2000-12 (2014), voto da Conselheira Ana de Oliveira Frazão, p. 34-38; 08012.006199/2009-07 (2014), voto do Conselheiro Márcio de Oliveira Júnior, fl. 4.728; 08012.006764/2010-61 (2015), voto da Conselheira Ana de Oliveira Frazão, itens 29-30; 08012.006969/2000-75 (2015), voto do Conselheiro Gilvandro Vasconcelos Coelho de Araújo, itens 41 e 43; 08012.010932/2007-18 (2015), voto do Conselheiro Márcio de Oliveira Júnior, itens 193 e 197; 08012.007356/2010-27 (2015), voto da Conselheira Ana de Oliveira Frazão, tópico V.2; 08012.008184/2011-90 (2015), voto do Conselheiro Gilvandro Vasconcelos Coelho de Araújo, item 91; 08012.009885/2009-21 (2015), voto da Conselheira Ana de Oliveira Frazão, item 144; 08012.008847/2006-17 (2015), 08012.000377/2004-73 (2015), 08012.010187/2004-64 (2015), 08012.001273/2010-24 (2015) e 08012.012032/2007-13 (2015), votos do Conselheiro Márcio de Oliveira Júnior, item 111, item 122, itens 45-46, item 107 e itens 26-27.

120. São a "regra da razão" e a "regra per se". Para explicação, *vide* Luis Fernando Schuartz, op. cit., p. 111-118.

121. Cf. Processos Administrativos n. 08012.005495/2002-14 (2011) e 08012.004702/2004-77 (2012), ambos de relatoria do Conselheiro Carlos Emmanuel Joppert Ragazzo (votos, p. 30 e 109,

Do ponto de vista do processo administrativo sancionador, a importação de regras de avaliação de prova deve ser rechaçada. A própria legislação pátria incorpora conceitos da "regra *per se*" (tais como desnecessidade de prova de efeitos para configuração da prática), mas não dispensa a análise de poder de mercado; permite apenas presumir sua presença se a somatória das participações de mercado dos acusados for superior a 20%, cabendo à defesa elidir tal presunção.[122]

1.3. INVESTIGAÇÕES DE CARTÉIS NO BRASIL

Ao redor do mundo, a detecção e a punição de cartéis são objeto de intenso debate entre os formuladores e aplicadores da política pública de concorrência,[123] incluindo as autoridades de defesa da concorrência, legisladores e magistrados.

Embora as políticas públicas de concorrência possam ter objetivos e formas de implementação distintos, parece haver unanimidade a respeito dos malefícios dos cartéis e da necessidade de alocação de recursos para combatê-los.

---

respectivamente).

122. Processo Administrativo n. 08012.004702/2004-77 (2012), voto do Conselheiro Carlos Emmanuel Joppert Ragazzo: "[n]o âmbito do controle de condutas, o artigo 20, §§2º e 3º da Lei n.º 8.884/94 considera o patamar de 20% de mercado como suficiente para configuração de poder de mercado. Assim, as participações de mercado são úteis para verificar se há ou não a presunção legal, individual ou conjunta, de posição dominante a partir de 20% de market share. Caso os Representados não alcancem sequer os 20% da presunção legal, não se faz necessário prosseguir na análise, por ausência de posição dominante" (p. 111). Nessa linha, são muito apropriadas as considerações feitas pelo Conselheiro Luis Fernando Schuartz no voto proferido no Processo Administrativo n. 08012.002493/2005-16 (2007): "61. O *segundo* caminho para lidar com a questão da não impossibilidade da geração da restrição à concorrência em decorrência de uma conduta que a tem por objeto é aquele seguido no Brasil, o qual consiste na exigência de que a não-impossibilidade seja ao menos *prima facie provada* por meio da constatação pontual de que as partes do acordo detêm, em conjunto, participação de mercado superior ao percentual a partir do qual a Lei 8884/94 autoriza presumir a existência de uma posição dominante, *i.e.*, 20% (cf. art. 20, §3º, da Lei 8884/94).
62. Apesar das incansáveis tentativas de convencimento em contrário, este Conselho já se manifestou, repetidas vezes, no sentido de que essa prova *não* requer a investigação mais aprofundada seja das características estruturais do mercado relevante afetado pelo acordo, seja ainda, por *expressa disposição legal*, dos efeitos esperados associados ao mesmo. Em outros termos, a prova da não impossibilidade da produção de um prejuízo à concorrência difere *tanto* da prova da *elevada probabilidade* dessa produção, *quanto* da prova do dano efetivo ao mercado. (...)" (fl. 4.725, ênfase no original).

123. *Vide* item 3.6.

Uma boa forma de identificar essa convergência é examinar os discursos de autoridades de defesa da concorrência[124] e os estudos desenvolvidos em fóruns internacionais.[125]

Por exemplo, a Organização para a Cooperação e Desenvolvimento Econômico – OCDE adotou, em 1998, Recomendação de efetivas ações contra cartéis *hard core*.[126] Em seu terceiro relatório de revisão das medidas tomadas pelos países-membros e não membros para cumprimento da Recomendação, a organização assim descreveu o estado da arte do combate a cartéis:

> (...) este relatório demonstra que esforços para detectar, investigar e acusar cartéis domésticos e internacionais têm crescido dentre os países membros da OCDE em níveis elevados. Mais países estão se juntando e aperfeiçoando os regimes em linha com os avanços das jurisdições mais desenvolvidas. Como resultado, mais autoridades concorrenciais estão focando esforços e recursos na persecução a cartéis, com frequência auxiliadas por novas legislações e regulamentos que preveem maiores poderes de coerção. Severas sanções estão sendo impostas a cartéis. (...)[127]

---

124. Exemplo foi o discurso proferido em 19 de setembro de 2014 por Joaquin Almunia, então Comissário da Comissão Europeia responsável pela política de concorrência: "[m]encionei diversas vezes que os cartéis são minha prioridade em termos de política pública. De fato, a prática de cartel tem sido prioridade para a Comissão Europeia desde o final dos anos 90, no mandato de Karel van Miert, quando o primeiro programa de leniência, diretrizes sobre multas e equipes de servidores especializadas foram gradativamente constituídos.
Nos últimos cinco anos, incentivei o Diretório-Geral de Concorrência a manter esta tradição e, ao mesmo tempo, adaptar-se aos novos desafios trazidos pela crescente internacionalização dos negócios e expansão da prática de cartel para além dos setores normalmente envolvidos" (ALMUNIA, Joaquin. Some highlights from EU competition enforcement. Disponível em: <http://europa.eu/rapid/press-release_SPEECH-14-608_en.htm>. Acesso em: 21 out. 2014, tradução do inglês).

125. Os fóruns internacionais mais ativos em matéria de política de concorrência são a ICN e a OCDE. *Vide* os comentários de Ariel Ezrachi e Jir l' Kindl sobre esses organismos em: Cartel seria crime? A longa jornada da aplicação unilateral da lei ao consenso internacional. *Revista de Defesa da Concorrência*, n. 1, p. 162-165, maio 2013. A respeito das atividades da ICN e a participação do Brasil, *vide* acurado resumo elaborado por Paulo Burnier da Silveira e Giovanna Bakaj Rezende Oliveira em: A segunda década da Rede Internacional da Concorrência: os desafios da promoção da convergência na diversidade. *Revista de Defesa da Concorrência*, n. 1, p. 4-15, maio 2013.

126. ORGANIZAÇÃO PARA A COOPERAÇÃO E DESENVOLVIMENTO ECONÔMICO – OCDE. *Recommendation of the OECD Council Concerning Effective Action Against Hard Core Cartels.* 1998. Disponível em: <http://www.oecd.org/daf/competition/2350130.pdf>. Acesso em: 21 out. 2014.

127. ORGANIZAÇÃO PARA A COOPERAÇÃO E DESENVOLVIMENTO ECONÔMICO – OCDE. *Hard Core Cartels*: third report on the implementation of the 1998 Council Recommendation. 2005. p. 9. Disponível em: <http://www.oecd.org/daf/competition/cartels/35863307.pdf>. Acesso em: 21 out. 2014, tradução do inglês.

No Brasil, os formuladores da política de concorrência coadunam a estratégia de priorizar o combate a cartéis, como pode ser visto em uma série de medidas legislativas e institucionais adotadas ao longo do tempo.

Antes de descrevê-las, necessário relembrar estar o foco do presente estudo voltado à esfera administrativa e o modo como a Administração Pública desenvolve a política de concorrência e aplica seu regramento. Exemplos de ações e medidas nas searas criminal e judicial serão fornecidos apenas para complementar o panorama relativo ao desempenho da função administrativa.

1.3.1. Breve histórico

Embora existente desde 1962, o CADE teve reduzida importância no cenário nacional até a abertura da economia, no início da década de 1990.[128] Nesse momento, diversas reformas foram implementadas, tal como resumido por Ana Paula Martinez:

> No início de referida década, a economia brasileira passou por intensa reforma, com liberalização comercial, ampla reforma tributária, adoção de política fiscal mais severa, controle da inflação, privatização e desregulamentação dos mercados, com abandono de modelos anteriores que pouco favoreciam a concorrência (como o modelo de substituição de importações e controle de preços).[129]

O primeiro passo relevante foi a promulgação da Lei n. 8.158/91, cuja principal inovação foi a criação da Secretaria Nacional de Direito Econômico, do Ministério da Justiça, que passou a atuar junto ao CADE.

Três anos depois, promulgou-se a Lei n. 8.884/94, responsável pela consolidação das disposições legais relativas à disciplina antitruste e pela criação do arranjo institucional do Sistema Brasileiro de Defesa

---

128. Antes disso, a economia era fortemente dirigida pelo Estado e os preços eram controlados, não sendo possível existir um órgão de defesa da concorrência efetivo. Para um histórico da legislação brasileira de defesa da concorrência, *vide* FORGIONI, Paula A. Op. cit., p. 88-127, e CARVALHO, Vinícius Marques de; RAGAZZO, Carlos Emmanuel Joppert (Coords.). *Defesa da concorrência no Brasil*: 50 anos. Brasília: Conselho Administrativo de Defesa Econômica – CADE, 2013. p. 35-68.

129. MARTINEZ, Ana Paula. Histórico e desafios do controle de concentrações econômicas no Brasil. In: CAMPILONGO, Celso Fernandes; GILBERTO, André Marques; VILELA, Juliana Girardelli (Orgs.). *Concentração de empresas no direito antitruste brasileiro*. São Paulo: Singular, 2011. p. 21.

da Concorrência - SBDC, formado por três órgãos distintos: o CADE, a SDE e a SEAE.

A partir de então, o CADE começou a criar rotinas e processos com vistas a fazer-se conhecido pela sociedade.[130] A maneira mais fácil de realizá-lo foi implementar um sistema de notificação obrigatória de determinadas transações comerciais entre empresas:

> A legislação anterior à Lei 8.884/94 já previa que o Sistema Brasileiro de Defesa da Concorrência - SBDC analisaria fusões, aquisições e associações empresariais, os chamados atos de concentração. No entanto, foi o novo marco legal de 1994 que estabeleceu um filtro objetivo, tornando obrigatória a notificação ao sistema de operações que envolvessem empresas ou grupos empresariais com faturamento igual ou superior a R$ 400 milhões ou que resultassem em uma concentração de mercado de 20% ou mais.
>
> Com isso, a partir de 1994 até o início dos anos 2000, houve a consolidação institucional do SBDC, especialmente por causa da maior publicidade que ganharam as decisões do Conselho. Seus julgamentos atraíam a atenção da imprensa e os três órgãos que compunham o sistema - o Cade, a SDE e a Seae - começaram a ficar conhecidos do grande público. A sociedade brasileira em geral passou a reconhecer a importância desses órgãos e, particularmente, o empresariado começou a aceitar a realidade de que existia uma obrigação legal de submeter atos de concentração ao crivo do Conselho.[131]

Em razão da dedicação ao desenvolvimento da função preventiva de controle de estruturas como forma de tornar o CADE conhecido, não surpreende o fato de a primeira condenação por formação de cartel ter ocorrido apenas em 1999. Naquela ocasião, o Conselheiro Mércio Felsky registrou a relevância do evento:

> Certamente, Senhor Presidente, Senhores Conselheiros e Ilustre Procurador, este dia de hoje é um marco de decisões no CADE. Tenho o pleno convencimento de que este cartel aqui votado não será o último. Sabemos que muitas denúncias estão em fase de instrução com outros agentes econômicos, já

---

130. Ana Paula Martinez resgata as ações implementadas pelo CADE nesse período: "[p]or iniciativa do então Presidente do CADE Gesner Oliveira, o órgão enviou, principalmente em 1998 e 1999, 'cartas-alerta' às empresas integrantes de operações para que tomassem conhecimento da lei antitruste e apresentassem o ato, caso este preenchesse os requisitos de notificação obrigatória estabelecidos na lei. O objetivo era difundir a existência do controle estrutural e assegurar que a lei fosse cumprida, com a aplicação de multas por apresentação intempestiva (...)" (*Repressão a cartéis*: interface entre direito administrativo e direito penal, cit., p. 41, nota de rodapé no original).

131. CARVALHO, Vinícius Marques de; RAGAZZO, Carlos Emmanuel Joppert (Coords.). Op. cit., p. 71-72.

> pressupondo fortes ações consertadas. Certamente, ao seu tempo e a sua ordem, elas chegarão para apreciação deste respeitável Plenário.
>
> O CADE, como tenho dito, tem ganho uma dimensão extraordinária, ultimamente crescente, sem sombra de dúvida. Ele não pode falhar com sua função de guardião do mercado, que tem no cidadão, a ponta, efetivamente, o bem-estar do cidadão, a sua grande missão.[132]

A despeito da otimista perspectiva de aumento de investigações de casos de cartel, as autoridades enfrentavam uma série de dificuldades para implementar um sistema de investigação e persecução. Dentre elas, destacavam-se a escassez de recursos, o fraco treinamento de servidores e a ausência de ferramentas eficazes de detecção de cartéis.

Para atacar a última dificuldade apontada, a legislação brasileira foi alterada em 2000, incorporando-se ao ordenamento pátrio métodos de investigação de cartéis utilizados alhures, tais como a busca e apreensão e o acordo de leniência:

> A partir do ano 2000 começaram a ser dados passos importantes para o aprimoramento do combate a cartéis e outras condutas prejudiciais à livre concorrência. Alterações significativas na Lei 8.884/94 foram feitas naquele ano, inicialmente por meio da Medida Provisória 2.055-4, que mais tarde foi convertida na Lei 10.149/2000. Com as mudanças no texto legal, o Sistema Brasileiro de Defesa da Concorrência – SBDC ganhou dois novos e fundamentais instrumentos de investigação: a possibilidade de realizar buscas e apreensões e a autoridade para instituir um programa de leniência.[133]

Foram necessários mais três anos para essas ferramentas começarem a ser utilizadas. Em 16 de julho de 2003, foi deflagrada a primeira operação de busca e apreensão destinada a descobrir provas de cartel, no âmbito do Processo Administrativo n. 08012.002127/2002-14,[134] cuja decisão resultou na condenação da maior parte dos acusados.

Poucos meses depois, em 8 de outubro de 2003, foi a vez do primeiro acordo de leniência, por meio do qual a empresa Vigilância

---

132. Processo Administrativo n. 08000.015337/1997-48, voto, p. 2.

133. CARVALHO, Vinícius Marques de; RAGAZZO, Carlos Emmanuel Joppert (Coords.). Op. cit., p. 89-90.

134. Cf. Vinícius Marques de Carvalho e Carlos Emmanuel Joppert Ragazzo: "[p]ara obter provas que atestassem a existência do cartel, foi organizada uma operação de busca e apreensão, com autorização judicial. O alvo foi a sede do sindicato e o resultado foi a coleta de dezenas de documentos que deixavam claro que representantes das empresas reuniam-se regularmente no local para definir em conjunto suas estratégias de negócios" (Id. Ibid., p. 96).

Antares e duas pessoas físicas a ela ligadas confessaram a prática de cartel no mercado de serviços de vigilância, no Rio Grande do Sul, e forneceram informações e documentos para comprovar suas alegações. Em 2007, o CADE aplicou a diversos acusados severas penas de multa e proibição de participação em licitações, bem como concedeu os benefícios da leniência aos delatores.[135]

O ano de 2003 passou a ser considerado o marco do início de uma política de combate a cartéis mais eficiente. Nesse momento, os três órgãos de defesa da concorrência no Brasil aproximaram-se para estabelecer um planejamento estratégico para a reestruturação de suas funções.[136] A separação mais nítida de papéis possibilitou à SEAE maior dedicação à análise de atos de concentração, enquanto a SDE voltou-se às investigações de cartel.[137]

Desde então, diversas operações de busca e apreensão foram realizadas e acordos de leniência foram assinados, bem como aumentaram os números de processos instaurados.[138]

---

135. Um dos signatários do acordo de leniência foi absolvido porque o Conselheiro Relator Abraham Benzaquen Sicsú o considerou inimputável sob o ponto de vista das normas antitruste "por tratar-se de gerente-empregado" (Processo Administrativo n. 08012.001826/2003-10, voto, p. 9).

136. Cf. Vinícius Marques de Carvalho e Carlos Emmanuel Joppert Ragazzo, o planejamento era composto por cinco medidas: "(i) transformar a Secretaria de Direito Econômico – SDE do Ministério da Justiça em uma agência especializada no combate a cartéis, utilizando os instrumentos investigativos capazes de produzir provas de tais crimes; (ii) focar a Seae na análise dos atos de concentração e na promoção da chamada advocacia da concorrência, especialmente nos setores econômicos regulados pelo governo; (iii) reestruturar o trabalho da Procuradoria do Cade para que as decisões do Conselho se tornassem efetivas; (iv) melhorar a qualidade técnica dos pareceres e decisões utilizando, por exemplo, metodologias modernas de análise como a econometria; e, por fim, (v) modernizar a legislação brasileira antitruste por meio de um projeto de lei debatido com todas as esferas do Poder Executivo e com a sociedade" (CARVALHO, Vinícius Marques de; RAGAZZO, Carlos Emmanuel Joppert (Coords.). Op. cit., p. 94).

137. Ainda segundo Vinícius Marques de Carvalho e Carlos Emmanuel Joppert Ragazzo: "[o]s titulares do Cade, da SDE e da Seae concordaram que era preciso acabar com a sobreposição de trabalho que ocorria até então. Quando uma fusão ou aquisição era protocolada no SBDC, uma secretaria produzia um parecer técnico sobre o impacto do negócio e esse documento era remetido para que a outra secretaria, praticamente, realizasse o mesmo trabalho. Portanto, a Seae passou a centralizar a tarefa de analisar os atos de concentração, enquanto a SDE começou a focar a investigação de cartéis e outras condutas anticompetitivas. Sem a retirada legal de atribuições, pois ambas as secretarias continuavam a emitir pareceres enviados ao Cade, cada estrutura se especializou em uma área da política concorrencial, produzindo análises mais detalhadas para subsidiar a decisão final do Conselho" (CARVALHO, Vinícius Marques de; RAGAZZO, Carlos Emmanuel Joppert (Coords.). Op. cit., p. 94-95).

138. Vinícius Marques de Carvalho e Carlos Emmanuel Joppert Ragazzo explicam que se saiu "de um cenário em que nenhum processo administrativo contra cartéis havia sido instaurado,

No contexto de sofisticação do aparato de investigação de cartel, papel de destaque deve ser dado à aproximação da SDE com autoridades estrangeiras,[139] criminais e de controle;[140] com as últimas, em especial no âmbito da Estratégia Nacional de Combate a Cartéis, criada em 8 de outubro de 2009. O principal objetivo do fórum era (e ainda é) "realizar um planejamento coordenado e sistemático das atividades em nível nacional, de forma que os agentes públicos se comunicassem mais facilmente e as parcerias se tornassem cada vez mais efetivas".[141]

No tocante às parcerias da autoridade administrativa com os Ministérios Públicos e os Departamentos de Polícia, Ana Paula Martinez detecta as sinergias entre os trabalhos por eles desenvolvidos no combate a cartéis, que podem ser medidas no significativo empréstimo de provas (*vide* item 2.5.3). Enquanto a SDE participava com seu "conhecimento especializado", as autoridades criminais contribuíam com "ampla experiência investigativa e capilaridade no território nacional".[142]

Em 2007, a Lei n. 8.884/94 foi alterada para permitir a celebração de compromissos de cessação de prática em investigações de cartel, que havia sido vedada na reforma de 2000. O CADE passou a dispor de mais uma relevante ferramenta para conferir efetividade à política

---

em 2002, para um total de 14 investigações desse tipo em 2009" (Id. Ibid., p. 95).

139. *Vide* ARRUDA, Vivian Anne Fraga do Nascimento; CRUZ, Tatiana Lins. A florescência da cooperação internacional em matéria antitruste no Brasil: enfoque à cooperação no combate aos cartéis transnacionais. *Revista do IBRAC – Direito da Concorrência, Consumo e Comércio Internacional*, São Paulo, v. 20, p. 175-222, jul./dez. 2011.

140. Polícia Federal, Polícia Civil, Ministérios Públicos Federal e Estaduais, Controladoria-Geral da União, órgãos de controle estaduais, Tribunal de Contas da União e dos Estados etc.

141. CARVALHO, Vinícius Marques de; RAGAZZO, Carlos Emmanuel Joppert (Coords.). Op. cit., p. 116. Um dos resultados da aproximação com as autoridades criminais foi a celebração, em março de 2016, de memorando de entendimento entre o CADE e o Grupo de Combate a Cartéis da Procuradoria da República do Ministério Público Federal em São Paulo, que prevê mecanismos de coordenação das instituições em negociações de Termos de Compromisso de Cessação – TCC e acordos de colaboração (disponível em: <http://www.cade.gov.br/assuntos/programa-de-leniencia/memorando-de-entendimentos-sg-e-mpfsp_tcc-e-acordos-de-colaboracao_15-03-2016.pdf>. Acesso em 29.jul. 2016).

142. MARTINEZ, Ana Paula. *Repressão a cartéis*: interface entre direito administrativo e direito penal, cit., p. 244. Às p. 244-245, a autora destaca uma série de medidas de concretização das parcerias: celebração de acordos de cooperação, disponibilização de recursos para instalação de laboratórios forenses destinados à repressão de cartéis e criação de unidades especializadas na investigação da conduta nos Ministérios Públicos de alguns Estados.

pública e evitar que suas decisões fossem rotineiramente submetidas ao Poder Judiciário.[143]

Mas isso não era suficiente. Ainda era preciso diminuir o estoque de casos julgados pelo CADE, pois, a despeito de a separação de funções entre SEAE e SDE ter sido bem-sucedida, o colegiado ainda tinha de decidir todos os processos por elas examinados.

Assim, em 2011, após seis anos de discussão no Congresso, promulgou-se a Lei n. 12.529/11, em vigor desde maio de 2012. A principal alteração foi institucional, passando a existir apenas uma autoridade - o CADE -, encarregada, por meio de seus dois principais órgãos (a Superintendência-Geral e o Tribunal), de instruir e decidir processos nas searas preventiva e repressiva.

Quanto à função sancionadora referente às investigações de cartéis, poucas foram as modificações nos ritos processuais e poderes de instrução. As principais alterações foram (i) a atribuição à Superintendência-Geral das atividades antes desempenhadas pela SDE, (ii) maior agilidade ao processo de requisição de mandados de busca e apreensão e (iii) atribuição de poderes para a Superintendência-Geral decidir sobre o arquivamento de inquéritos administrativos, o que levou à redução do número de processos revistos pelo Tribunal (apenas os processos administrativos são decididos pelo colegiado).

O aumento do número de casos de cartéis decididos pelo CADE desde a primeira condenação, em 1999, e em especial a partir do início da vigência da Lei n. 12.529/11, mostra ter havido significativos avanços no manejo do estoque de casos de investigações de cartel:

143. A alteração do revogado art. 53 da Lei n. 8.884/94 é mais um caso daquilo que se denomina "contrabando legislativo". Sem ter havido discussão com a sociedade ou a comunidade antitruste, o dispositivo foi alterado pela Lei n. 11.482/07, que tratava da tabela do imposto de renda de pessoa física.

Quadro 3 – Casos de cartéis decididos pelo CADE

Ano	Número
1999	1
2000	3
2001	2
2002	1
2003	2
2004	3
2005	10
2006	3
2007	6
2008	3
2009	2
2010	4
2011	5
2012	4
2013	15
2014	17
2015	16

Fonte: Elaboração própria com base nas atas das sessões de julgamento realizadas entre 27 de outubro de 1999 a 26 de outubro de 2015. Vide descrição dos casos na Tabela 5 do Apêndice.

Entretanto, os desafios ainda são grandes. Como será visto nas notas conclusivas, sugere-se a implementação de nova reforma a fim de aprimorar a função sancionadora, dotando o CADE de ferramentas para melhores e mais sólidas decisões, com possibilidade de repercussão mais célere e positiva na ordem econômica.

1.3.2. Estrutura

Entre 1994 e 2012, quando o processo administrativo de investigação de cartéis era regulado pela Lei n. 8.884/94, havia três órgãos de defesa da concorrência na esfera administrativa: a SEAE, a SDE e o CADE. Enquanto o último era responsável por decidir os processos administrativos e as averiguações preliminares de investigação de cartéis (dentre outros tipos de processo), as Secretarias dedicavam-se à instrução dos feitos. A SDE era responsável pela instauração e instrução, podendo a SEAE, a seu critério, neles atuar, inclusive valendo-se de poderes de instrução (*e.g.*, requisição de documentos).

Modificado o arcabouço institucional em maio de 2012, a função sancionadora nas investigações de cartéis passou a ser desenvolvida pelo CADE, que, junto com a SEAE,[144] compõe o SBDC.

O CADE é uma autarquia federal, vinculada ao Ministério da Justiça, composta por um órgão colegiado (o Tribunal Administrativo de Defesa Econômica), dois órgãos específicos e singulares (a Superintendência-Geral e o Departamento de Estudos Econômicos), três órgãos seccionais (Diretoria Administrativa, Auditoria e Procuradoria Federal Especializada junto ao CADE) e quatro órgãos de assistência direta e imediata ao Presidente (Gabinete, Assessoria Internacional, Assessoria de Comunicação Social e Assessoria de Planejamento e Projetos).[145]

Embora não pertença à estrutura do CADE, o Ministério Público Federal designa um representante para examinar e emitir pareceres não vinculativos nos processos de investigação de cartéis.

Os tópicos seguintes apresentam a composição, características e competências dos principais órgãos envolvidos na apuração de cartéis.

1.3.2.1. Tribunal Administrativo de Defesa Econômica

O Tribunal é um colegiado composto por sete membros: seis Conselheiros e um Presidente, escolhidos dentre cidadãos com mais de

---

144. A SEAE tem competência de promover a concorrência perante órgãos de governo e a sociedade, desempenhando funções conhecidas como "advocacia da concorrência". Dentre suas atribuições descritas no art. 19, da Lei n. 12.529/11, destacam-se: (i) opinar sobre propostas de alterações de atos normativos submetidos a consulta pública e proposições legislativas em tramitação no Congresso Nacional, (ii) elaborar estudos setoriais e (iii) propor a revisão de leis e regulamentos.

145. Decreto n. 7.738/12, Anexo I, art. 2º.

30 anos de idade, de notório saber jurídico ou econômico e reputação ilibada, nomeados pelo Presidente da República, depois de aprovados pelo Senado Federal.

O mandato do Presidente e dos Conselheiros é de quatro anos, não coincidentes, vedada a recondução.

Sua principal atribuição é decidir, de modo definitivo na esfera administrativa,[146] os diversos processos de sua competência, tais como os de investigação de cartel.[147] As decisões do Tribunal são tomadas por maioria, com a presença mínima de quatro membros, respeitado o quórum de deliberação mínimo de três membros.

1.3.2.2. Superintendência-Geral

A Superintendência-Geral é dirigida pelo Superintendente-Geral, escolhido de acordo com os mesmos critérios e procedimentos dos Conselheiros,[148] auxiliado por dois Superintendentes-Adjuntos e oito Coordenações-Gerais de Análise Concorrencial – três das quais dedicadas a investigações de cartel.

Nesses processos, é responsável pela investigação, acusação e persecução. Possui amplos poderes investigativos – inclusive em momento anterior à existência de um processo sancionador (fase inquisitorial) – e de instauração de processos administrativos, sendo responsável pela condução da atividade probatória.

Embora suas conclusões não sejam definitivas, cabendo ao Tribunal a última palavra a respeito da existência ou não de práticas anticompetitivas, as diversas decisões tomadas pela Superintendência-Geral nas fases de instauração e instrução dos feitos não são fiscalizadas – exceto se provocado o Poder Judiciário, consoante garantia prevista no art. 5º, XXXV, da Constituição Federal ("a lei não excluirá da apreciação do Poder Judiciário lesão ou ameaça a direito").

---

146. Lei n. 12.529/11, art. 9º, § 2º: "As decisões do Tribunal não comportam revisão no âmbito do Poder Executivo, promovendo-se, de imediato, sua execução (...)".

147. O Tribunal é competente para "decidir sobre a existência de infração à ordem econômica e aplicar as penalidades previstas em lei" e "decidir os processos administrativos para imposição de sanções administrativas por infrações à ordem econômica instaurados pela Superintendência-Geral" (Lei n. 12.529/11, art. 9º, II e III).

148. O mandato do Superintendente-Geral é de dois anos, podendo ser renovado por igual período.

1.3.2.3. Procuradoria Federal Especializada

A Procuradoria Federal Especializada junto ao CADE é dirigida por um Procurador-Chefe, nomeado pelo Presidente da República, depois de aprovado pelo Senado Federal. Seu mandato é de dois anos, podendo ser renovado por igual período.

Desempenha tripla função nos processos de investigação de cartel: (i) auxilia a Superintendência-Geral na fase instrutória (*e.g.*, nos requerimentos de busca e apreensão), (ii) opina sobre o trabalho realizado pela Superintendência-Geral, se solicitado por um dos Conselheiros do Tribunal, e (iii) representa a Superintendência-Geral e o Tribunal na esfera judicial.

1.3.2.4. Departamento de Estudos Econômicos

O Departamento de Estudos Econômicos é dirigido por um Economista-Chefe, nomeado pelo Superintendente-Geral e pelo Presidente do Tribunal, dentre brasileiros de ilibada reputação e notório conhecimento econômico.

Compete-lhe elaborar estudos e pareceres econômicos, de ofício ou por solicitação dos Conselheiros do Tribunal ou do Superintendente-Geral.

1.3.3. Trâmite processual

Há três tipos de processo disponíveis para a investigação de práticas de cartel: dois de natureza inquisitorial (procedimento preparatório de inquérito administrativo e inquérito administrativo) e o terceiro de natureza acusatória (processo administrativo para imposição de sanções administrativas por infrações à ordem econômica).[149]

A principal diferença entre as duas classes de processo é a existência de contraditório. Enquanto nos processos inquisitoriais não há obrigação de a Administração Pública solicitar a participação do administrado investigado, nos processos acusatórios a instalação do contraditório é requisito de formação.

Desde maio de 2012, a Superintendência-Geral passou a ser a autoridade responsável pela instauração dos três tipos de procedimento,[150] gozando, na prática, de razoável grau de discricionariedade.

---

149. Sob a égide da Lei n. 8.884/94, os processos de natureza inquisitorial eram denominados procedimentos (sem nomenclatura específica) e averiguações preliminares. Os processos de natureza acusatória eram denominados simplesmente processos administrativos.

150. Lei n. 12.529/11, art. 13, III e V.

Sob a égide da Lei n. 8.158/91, a autoridade competente para instaurar processos administrativos era a Secretaria Nacional de Defesa Econômica – SNDE, do Ministério da Justiça, transformada na SDE após a promulgação da Lei n. 8.884/94.

No setor de telecomunicações, as funções da SDE eram desempenhadas pela Agência Nacional de Telecomunicações – ANATEL, consoante competência atribuída pela Lei n. 9.472/97, art. 19, XIX, e pelo Decreto n. 2.338/97, art. 18.

O quadro abaixo, elaborado com base nos dados da Tabela 6 do Apêndice, apresenta a autoridade responsável pela instauração de cada um dos processos examinados na pesquisa:

Quadro 4 – Autoridade responsável pela instauração dos processos

Autoridade	N. de processos
SNDE	1
SDE	93
ANATEL	1
Superintendência-Geral	2

O fato de a Superintendência-Geral ter instaurado apenas dois processos administrativos não deve causar estranheza, porque os processos de investigação de cartel são complexos e demandam tempo para sua conclusão, tendo havido um curto intervalo desde a criação do órgão, em maio de 2012, até o final do período de jurisprudência examinado (26 de outubro de 2015).

Os processos podem ser iniciados (i) de ofício, (ii) em face de denúncia fundamentada ou (iii) após a celebração de acordo de leniência. O CADE também reconhece que denúncias anônimas podem dar início a investigações.[151]

De acordo com o art. 66, § 6º, da Lei n. 12.529/11, a representação de Comissão do Congresso Nacional, da SEAE, das agências reguladoras e da Procuradoria do CADE independe de procedimento

151. *Vide* Processos Administrativos n. 08012.002127/2002-14 (2005), voto do Conselheiro Luiz Carlos Delorme Prado, p. 3; 08012.004241/2003-51 (2008), voto do Conselheiro Luiz Carlos Delorme Prado, p. 2; 08012.009888/2003-70 (2010), voto do Conselheiro Fernando de Magalhães Furlan, p. 26-27; 08012.000998/1999-83 (2012), voto da Conselheira Ana de Oliveira Frazão, p. 19-20; 08012.009611/2008-51 (2014), voto do Conselheiro Gilvandro Vasconcelos Coelho de Araújo, fl. 130-137; 08012.001273/2010-24 (2015), voto do Conselheiro Márcio de Oliveira Júnior, item 34.

preparatório, instaurando-se desde logo o inquérito administrativo ou processo administrativo.

Abaixo o quadro com indicação da origem dos processos administrativos de investigação de cartéis julgados pelo CADE entre 27 de outubro de 1999 e 26 de outubro de 2015, elaborado com base na Tabela 7:

Quadro 5 – Origem dos processos administrativos (representantes)

Representante	N. de processos (*)	Participação
SDE, SG e SEAE	26	26,8%
Ministérios Públicos	28	28,9%
Associações de classe	19	19,6%
Empresas	10	10,3%
Administração Pública	7	7,2%
Órgãos de defesa do consumidor	6	6,2%
Casas legislativas	6	6,2%
Acordos de leniência (**)	5	5,2%
Agências reguladoras independentes	4	4,1%
Pessoas físicas	3	3,1%
Entidades de representação de classe	2	2,1%
Polícia civil	2	2,1%
Judiciário	1	1,0%
Cooperativas	1	1,0%
Associações civis	1	1,0%

Notas: (*) O mesmo processo pode ter sido originado por mais de um representante, de forma que a soma desta coluna será superior ao número de processos revisados na pesquisa. (**) A SDE ou a SG aparecem formalmente como representantes nos processos originados a partir de acordos de leniência.

Podem ser instaurados contra pessoas jurídicas, físicas ou outras entidades.[152] Nos processos administrativos examinados nesta pesquisa, foram acusadas 1.847 pessoas, assim divididas:

152. Lei n. 12.529/11, art. 31: "Esta Lei aplica-se às pessoas físicas ou jurídicas de direito público ou privado, bem como a quaisquer associações de entidades ou pessoas, constituídas de fato ou de direito, ainda que temporariamente, com ou sem personalidade jurídica, mesmo que exerçam atividade sob regime de monopólio legal".

Quadro 6 – Quantidade de acusados		
Tipo	**Número**	**Participação**
Empresas	1.477	80,07%
Pessoas físicas	316	17,1%
Associações de classe e sindicatos	54	2,9%

Fonte: Elaboração própria com base nas atas das sessões de julgamento, nos votos e demais documentos dos processos disponibilizados no site do CADE.

A existência de sindicatos e associações de classe – e seus representantes – nessa estatística merece breve comentário. Como visto, essas entidades não podem ser acusadas de formação de cartel, pois não desenvolvem atividade econômica e, portanto, não podem ser caracterizados como concorrentes de seus próprios membros ou associados.

No entanto, sua presença em investigações de cartéis é bastante comum, sobretudo porque promovem ambiente propício para a troca de informações sensíveis do ponto de vista concorrencial.[153] Não são acusadas por cartel, conforme tipificado no art. 36, § 3º, I, da Lei n. 12.529/11 (correspondente ao revogado art. 21, I e VIII, da Lei n. 8.884/94), mas sim por promoção, obtenção ou influência à adoção de conduta comercial uniforme ou concertada entre concorrentes (art. 36, § 3º, II, correspondente ao revogado art. 21, II, da Lei n. 8.884/94).[154] Como verificado na Tabela 2 do Apêndice, esse é o tipo de infração mais examinado pelo CADE em sede de controle de comportamentos.

153. Cf. Processos Administrativos n. 08012.005545/1999-16 (2010), voto do Conselheiro Carlos Emmanuel Joppert Ragazzo, p. 38-39; 08000.009391/1997-17 (2013), voto da Conselheira Ana de Oliveira Frazão, p. 8; 08012.001794/2004-33 (2014), voto do Conselheiro Ricardo Machado Ruiz, p. 23; 08012.001020/2003-21 (2014), voto do Conselheiro Márcio de Oliveira Júnior, fl. 2.780-2.781.

154. *Vide* explicação sobre a distinção nos Processos Administrativos n. 08012.006241/1997-03 (2009), voto do Conselheiro Olavo Zago Chinaglia, p. 3-4, e 08012.008224/1998-38 (2013), voto da Conselheira Ana de Oliveira Frazão, p. 21. Também cabe breve comentário a respeito da inclusão de consultoria financeira no Processo Administrativo n. 08012.000283/2006-66 (2008). Assim como as associações de classe, essa empresa também não compete com as demais investigadas no processo, mas ajudou na estruturação e coordenação do cartel condenado. Por isso foi igualmente condenada, não por formação de cartel, mas sim por incitação, conforme previsto no art. 21, II, da Lei n. 8.884/94, vigente à época da decisão (*vide* voto do Conselheiro Paulo Furquim de Azevedo, p. 44).

1.3.3.1. Procedimento preparatório de inquérito administrativo

O procedimento preparatório tem por finalidade apurar se determinada conduta trata de matéria de competência do CADE, nos termos disciplinados pela legislação antitruste.

A existência desse tipo de procedimento é útil, pois há uma série de denúncias feitas ao CADE sem elementos mínimos para caracterização como possível infração concorrencial ou tratando de ilícitos cuja competência de investigação é atribuída a outro ente da Administração Pública,[155] como bem pontuado pela Conselheira Ana de Oliveira Frazão:

> (...) a figura do procedimento é extremamente importante porque permite ao órgão fazer uma triagem e direcionar seus recursos de forma mais eficiente. Isso porque inúmeros requerimentos e denúncias recebidos estão relacionados a temas que fogem à competência do SBDC. Nos casos em que a conduta narrada não configura sequer em tese infração à ordem econômica, não haverá necessidade de instauração de averiguação preliminar ou de processo administrativo.[156]

O procedimento encontra-se disciplinado nos arts. 66 e 67, da Lei n. 12.529/11, e nos arts. 139 e 140, do Regimento Interno do CADE. Pode tramitar sob sigilo, no interesse das investigações, a critério da autoridade (art. 66, § 10).[157]

As diligências realizadas no âmbito do procedimento preparatório devem ser concluídas no prazo de 30 dias.[158] Ao final, o Superintendente-Geral poderá arquivar o procedimento ou convertê-lo em inquérito admi-

---

155. Por exemplo, a importação de bens abaixo do custo no país exportador (*dumping*) poderá caracterizar infração à legislação de defesa comercial, devendo ser investigada, por força do art. 119, da Lei n. 12.529/11, pelo Departamento de Comércio Exterior, do Ministério do Desenvolvimento, Indústria e Comércio Exterior, consoante o regulamento previsto no Decreto n. 8.058/13.

156. Processo Administrativo n. 08012.009885/2009-21 (2015), voto, item 77.

157. O Regimento Interno determina o sigilo como regra nesses feitos, até decisão em contrário da Superintendência-Geral (art. 139, § 1º).

158. O Regimento Interno permite à Superintendência-Geral realizar diligências complementares se frustradas as diligências iniciais (art. 139, § 3º), o que parece chocar-se com o prazo estabelecido no art. 66, § 3º, da Lei n. 12.529/11. Poder-se-ia justificar a norma do regulamento com base no art. 68 da lei ("o descumprimento dos prazos fixados neste Capítulo pela Superintendência-Geral, assim como por seus servidores, sem justificativa devidamente comprovada nos autos, poderá resultar na apuração da respectiva responsabilidade administrativa, civil e criminal"), mas o "salvo-conduto" parece ter efeito apenas na responsabilização dos servidores, não flexibilizando os prazos do processo.

nistrativo ou processo administrativo. Na primeira hipótese, caberá recurso ao próprio Superintendente-Geral (art. 66, § 4º) ou avocação pelo Tribunal, mediante provocação de um Conselheiro e em decisão fundamentada.

Nesse ponto, interessante notar ser a lei silente a respeito do procedimento de avocação desse tipo processual, tratando apenas das consequências de avocação de inquéritos administrativos (art. 67, § 2º). No silêncio da lei, o Regimento Interno disciplina que o Conselheiro responsável pela avocação deverá relatar o incidente ao Tribunal. Este poderá confirmar a decisão de arquivamento ou determinar o retorno dos autos à Superintendência-Geral para instauração de inquérito administrativo.[159]

O fluxograma abaixo esquematiza o trâmite do feito.

Fluxograma 1: Trâmite do Procedimento Preparatório de Inquérito Administrativo

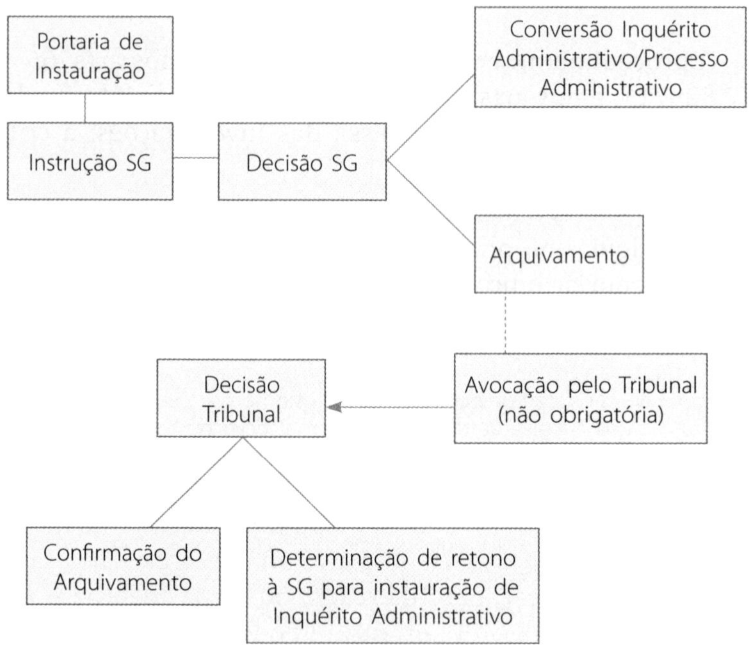

159. Não havendo previsão na lei, parece recomendável que o incidente de avocação seja recebido como recurso da decisão de arquivamento (art. 66, § 4º), cabendo ao Superintendente-Geral decidir em última instância.

A Superintendência-Geral também poderá negociar compromisso de cessação de prática com os investigados, nos termos do art. 85 da Lei n. 12.529/11, cabendo a decisão final ao Tribunal, para onde serão remetidas a proposta de termo e a recomendação do órgão acusador. Nas investigações de cartel, o termo deverá conter obrigação de recolher ao Fundo de Defesa de Direitos Difusos um valor pecuniário (superior ao mínimo previsto no art. 37), reconhecimento de participação na conduta e obrigação de colaboração com as investigações.[160]

1.3.3.2. Inquérito administrativo

O inquérito administrativo é um procedimento inquisitorial instaurado diante da ausência de indícios suficientes para a promoção de processo administrativo.

Como será visto no tópico seguinte dedicado ao processo administrativo, a Superintendência-Geral possui ampla discricionariedade para definir se há ou não "indícios suficientes", não havendo controle dessa decisão.

Mesmo diante de fortes indícios que justificariam a abertura do processo administrativo, muitas vezes o órgão acusador opta pela instauração do inquérito, em razão da necessidade de condução de diligências (*e.g.*, busca e apreensão) antes de os acusados serem cientificados da existência da investigação.

O inquérito administrativo está disciplinado nos arts. 66 a 68, da Lei n. 12.529/11, e nos arts. 141 a 145, do Regimento Interno do CADE. Equivalem às averiguações preliminares, previstas nos revogados arts. 30 e 31, da Lei n. 8.884/94.

Assim como ocorre no procedimento preparatório, o inquérito pode, a critério da autoridade, tramitar sob sigilo. A Superintendência-Geral poderá exercer os poderes instrutórios previstos na lei (*e.g.*, requisição de esclarecimentos escritos ou orais, requisição de mandado de busca e apreensão etc.) e adotar medida preventiva, quando houver indício ou receio de que o acusado cause ou possa causar lesão irreparável ou de difícil reparação ao mercado, ou torne ineficaz o resultado do processo (Lei n. 12.529/11, art. 68).[161] Pode, ainda, solicitar concurso da autoridade policial ou do Ministério Público nas investigações.

---

160. As duas últimas obrigações foram estabelecidas nos arts. 185 e 186 do Regimento Interno.

161. Sob a égide da Lei n. 8.884/94, isso não era possível nas averiguações preliminares, apenas nos processos administrativos.

O inquérito administrativo deverá ser encerrado no prazo de 180 dias, contado da data de sua instauração, prorrogáveis por até 60 dias, por meio de despacho fundamentado e quando o fato for de difícil elucidação e o justificarem as circunstâncias do caso concreto.[162]

No prazo de 10 dias úteis a partir do encerramento do inquérito, a Superintendência-Geral decidirá pela instauração do processo administrativo ou por seu arquivamento. Em caso de arquivamento, caberá recurso de qualquer interessado ao Superintendente-Geral, que decidirá em última instância.

O Tribunal poderá avocar o inquérito administrativo arquivado, mediante provocação de um Conselheiro e em decisão fundamentada. O órgão colegiado poderá confirmar a decisão de arquivamento, determinar o retorno dos autos à Superintendência-Geral para instauração de processo administrativo[163] ou transformar o inquérito administrativo em processo administrativo. Nesse caso, determinará a realização de instrução complementar, podendo, a seu critério, solicitar que a Superintendência-Geral a realize, declarando os pontos controversos e especificando as diligências a serem produzidas.

A possibilidade de o Tribunal do CADE transformar o inquérito administrativo em processo administrativo e passar a conduzir a atividade probatória agrava o *déficit* de imparcialidade do órgão (cf. itens 3.3 e 3.6), não havendo clareza a respeito da viabilidade da condução do processo nessa hipótese de substituição da Superintendência-Geral.

O fluxograma abaixo mostra as fases do inquérito administrativo.

---

162. Assim como no procedimento preparatório, o Regimento Interno inova ao indicar ser possível a prorrogação ilimitada do inquérito (art. 142, §§ 1º e 2º), em desacordo com a lei, clara ao prever a prorrogação por "até" 60 dias. No Processo Administrativo n. 08700.000649/2013-78 (2015), o Conselheiro Gilvandro Vasconcelos Coelho de Araújo defendeu a possibilidade de prorrogações sucessivas. Em sua visão, a prorrogação "só materializaria violação procedimental acaso não exista fundamentação para prorrogação e/ou usurpação da razoável duração do processo"; e continua: "o que resta estabelecido no prazo impróprio de duração do Inquérito é a necessidade de a Administração justificar, de tempo em tempo, a continuidade da investigação, motivando a racionalidade de diligências para decidir pelo seu arquivamento ou pela abertura de processo administrativo" (voto, itens 21 e 22, rodapé no original).

163. Das três alternativas, esta é a única não prevista no art. 67, § 2º, da Lei n. 12.529/11, apenas no art. 145, § 2º, do Regimento Interno. A despeito da inovação no regulamento, a determinação à Superintendência-Geral para instauração do processo pode ser recebida como recurso da decisão de arquivamento.

Fluxograma 2: Trâmite do Inquérito Administrativo

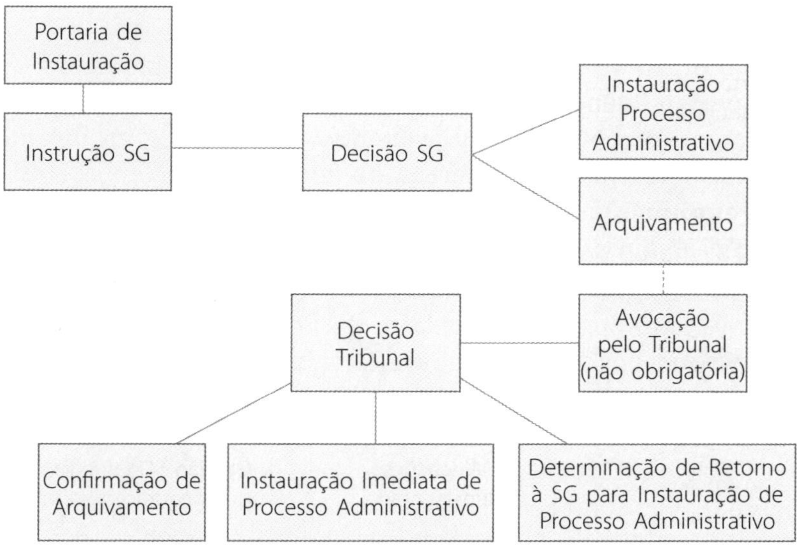

Tal como no procedimento preparatório, no curso do inquérito administrativo também é facultado à Superintendência-Geral negociar compromisso de cessação de prática com os investigados, cabendo a decisão final ao Tribunal.

1.3.3.3. Processo administrativo para imposição de sanções administrativas por infrações à ordem econômica

O processo administrativo para imposição de sanções administrativas por infrações à ordem econômica é um processo acusatório e em contraditório de apuração de conduta anticompetitiva. Segue rito próprio previsto nos arts. 69 a 83, da Lei n. 12.529/11, e arts. 146 a 162, do Regimento Interno do CADE.

Os fluxogramas abaixo apresentam suas principais etapas, desde a instauração pela Superintendência-Geral até a decisão do Tribunal.

Fluxograma 3a: Trâmite do Processo Administrativo na Superintendência-Geral

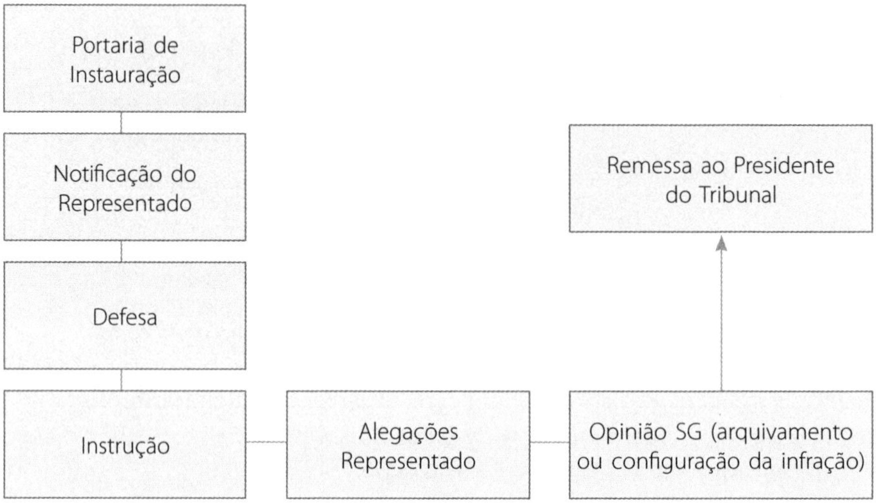

Fluxograma 3b: Trâmite do Processo Administrativo no Tribunal

O processo administrativo é composto por três principais fases: instauração, instrução e decisão, a seguir detalhadas.

1.3.3.3.1. Instauração

A instauração é feita pelo órgão acusador, devendo a peça inaugural apresentar os seguintes dados: indicação dos acusados, fatos a serem apurados, enunciação da conduta ilícita e o correspondente preceito legal.[164]

Passo seguinte, o acusado será notificado para, no prazo de 30 dias,[165] prorrogável por 10 dias, apresentar defesa e especificar as provas que pretende sejam produzidas, declinando a qualificação completa de até três testemunhas.

A notificação será feita pelo correio, com aviso de recebimento em nome próprio, ou outro meio que assegure a certeza da ciência ou, não tendo êxito a notificação postal, por edital publicado no *Diário Oficial da União* e em jornal de grande circulação. A intimação dos demais atos processuais será feita mediante publicação no *Diário Oficial da União.*

Em matéria probatória, a principal discussão nessa etapa é a suficiência de indícios para a instauração. O Tribunal já se deparou com essa questão algumas vezes, posicionando-se sempre a favor de ampla discricionariedade ao órgão acusador para decidir quais indícios podem embasar essa decisão:

---

164. O detalhamento dos fatos sob investigação na portaria de instauração é objeto de questionamento em vários processos, entendendo o CADE ser suficiente existirem nela condições para o exercício de defesa, cf. Processo Administrativo n. 08012.004702/2004-77 (2012), voto do Conselheiro Carlos Emmanuel Joppert Ragazzo, p. 36. No Processo Administrativo n. 08000.015337/1997-48 (1999), voto do Conselheiro Ruy Afonso de Santacruz: "(...) entendo que o despacho instaurador do processo administrativo delimitou a lide perfeitamente, citando os dispositivos legais possivelmente violados. Por outro lado, conforme ressaltado pela SDE e Procuradoria do CADE, diante do princípio da instrumentalidade das formas, há que se reconhecer que as empresas enfrentaram com profundidade o mérito, não podendo falar em prejuízo porque o despacho não teria delimitado o objeto do processo. As partes tiveram amplo acesso ao processo, produzindo dezenas de páginas de petições e documentos, e até mesmo ouvindo testemunhas. Tudo isto versando justamente sobre o objeto da lide, o que obviamente não seria possível se, de fato, o despacho em questão fosse incapaz de cumprir sua função legal, a ponto de impedir ou prejudicar o direito das Representadas à ampla defesa" (fl. 1.583-1.584). Ver também discussão do escopo no Processo Administrativo n. 08012.010215/2007-96 (2013), voto do Conselheiro Eduardo Pontual Ribeiro, p. 17.

165. Como as investigações de cartel são via de regra instauradas contra várias pessoas jurídicas e físicas, os prazos são contados em dobro, por força do art. 229, do Código de Processo Civil – CPC de 2015 (equivalente ao art. 191, do CPC de 1973).

> Cabe ao Secretário de Direito Econômico, no exercício de seu poder discricionário, avaliar a existência ou não de fatos e indícios que justifiquem a instauração de processo administrativo, ou de averiguação preliminar, ou mesmo arquivamento.[166]

No mercado de combustíveis, correspondente a 20,6% dos casos examinados,[167] a sugestão do CADE é rejeitar a instauração de processos apenas com base em similaridade de preços e datas de reajuste.[168]

Considerar-se-á revel o representado que, notificado, não apresentar defesa no prazo legal, estabelecendo o art. 71, da Lei n. 12.529/11, que incorrerá em "confissão quanto à matéria de fato, contra ele correndo os demais prazos, independentemente de notificação", podendo intervir o revel em qualquer fase do processo. No entanto, pela aplicação dos princípios da oficialidade, do contraditório ou da verdade material, não se pode admitir compatível com o ordenamento esse tipo de norma, tal como reconhecido pelo CADE em poucas oportunidades.[169]

---

166. Processo Administrativo n. 08000.015337/1997-48 (1999), voto do Conselheiro Ruy Afonso de Santacruz, fl. 1.582. *Vide* também os Processos Administrativos n. 08012.006969/2000-75 (2015), voto do Conselheiro Gilvandro Vasconcelos Coelho de Araújo, item III.1; 08012.010932/2007-18 (2015) e 08012.004430/2002-43 (2015), votos do Conselheiro Márcio de Oliveira Júnior, item 87 e item 42; 08012.009885/2009-21 (2015), voto da Conselheira Ana de Oliveira Frazão, item 68; 08012.008847/2006-17 (2015), 08012.010187/2004-64 (2015) e 08012.001273/2010-24 (2015), votos do Conselheiro Márcio de Oliveira Júnior, itens 53-56, item 16 e item 74.

167. *Vide* os setores investigados pelo CADE na Tabela 5 do Apêndice.

168. Processos Administrativos n. 08012.005545/1999-16 (2010), voto do Conselheiro Carlos Emmanuel Joppert Ragazzo, p. 42, bastante repercutido na jurisprudência; 08012.000921/2000-53 (2011), voto do Conselheiro Olavo Zago Chinaglia, p. 4; 08012.009906/1999-94 (2012), voto do Conselheiro Marcos Paulo Veríssimo, p. 7; 08012.000775/2000-66 (2012), voto do Conselheiro Ricardo Machado Ruiz, fl. 2.614; 08012.012676/1999-12 (2014), voto do Conselheiro Alessandro Serafin Octaviani Luis, p. 14; 08012.008847/2006-17 (2015), voto do Conselheiro Márcio de Oliveira Júnior, item 124. Aliás, na visão do CADE, rejeitar denúncias que não apresentam elementos mínimos de materialidade é uma tendência mundial a ser observada no Brasil: "[a]o rejeitar denúncias que não apresentam o nível de materialidade necessário, os órgãos de instrução do SBDC terão maior disponibilidade para agir de maneira pró-ativa, incorporando, aliás, uma tendência que já se percebe em órgãos antitruste alhures, selecionando mercados para aplicar filtros econômicos, já que estes podem: (i) justificar o custo de oportunidade para iniciar uma investigação; (ii) auxiliar em um pedido de busca e apreensão; (iii) representar um elemento complementar à política de leniência; e (iv) estimar o prejuízo causado ao consumidor por conta do cartel (...)" (Processo Administrativo n. 08012.005545/1999-16 (2010), voto do Conselheiro Carlos Emmanuel Joppert Ragazzo, p. 18-19).

169. No Processo Administrativo n. 08012.006019/2002-11 (2008), assim se posicionou o Conselheiro Luiz Carlos Delorme Prado: "(...) a revelia não nos leva a admitir como verdadeira qualquer alegação levantada em face dela. Ao revés, o princípio da verdade material demanda que, em matéria sancionatória, o julgador condene, apenas, na convicção de que as provas lhe são

Assim como no inquérito administrativo, poderá ser adotada medida preventiva se houver indício ou receio de que o acusado cause ou possa causar lesão irreparável ou de difícil reparação ao mercado, ou torne ineficaz o resultado do processo. No período investigado, foram adotadas poucas medidas dessa natureza, como pode ser visto no quadro a seguir:[170]

Quadro 7 - Medidas Preventivas		
Processos Administrativos	**Número**	**Participação**
Com medida preventiva	10	10,3%
Sem medida preventiva	87	89,7%

Fonte: Elaboração própria com base nas atas das sessões de julgamento, nos votos e demais documentos dos processos disponibilizados no site do CADE.

Também é cabível a celebração de compromisso de cessação de prática previsto no art. 85, da Lei n. 12.529/11, nos moldes reportados no tópico relativo ao procedimento preparatório e ao inquérito administrativo.

1.3.3.3.2. Instrução

Em até 30 dias úteis após o decurso do prazo de apresentação das defesas, a Superintendência-Geral determinará, em despacho fundamentado, as provas que julgar pertinentes, podendo exercer os poderes de instrução previstos em lei. Também examinará os pedidos dos acusados e indeferirá as provas propostas quando forem ilícitas, impertinentes, desnecessárias ou protelatórias.

Na prática, embora não haja obrigação legal, a Superintendência-Geral aproveita essa fase de organização da instrução processual

bastantes" (p. 62). No Processo Administrativo n. 08012.010215/2007-96 (2013), o Conselheiro Eduardo Pontual Ribeiro afastou os efeitos da revelia porque outros acusados contestaram as alegações de fato, aplicando-se a regra do art. 320, I, do CPC de 1973 (p. 13-14), equivalente ao art. 345, I, do CPC de 2015.

170. Processos Administrativos n. 08000.015337/1997-48 (1999); 08012.002299/2000-18 (2002); 08012.000677/1999-70 (2004); 08012.004086/2000-21 (2005); 08012.009088/1999-48 (2005); 08012.000099/2003-73 (2011); 08012.000921/2000-53 (2011); 08012.000775/2000-66 (2012); 08012.012420/1999-61 (2013); 08012.001794/2004-33 (2014).

para examinar as preliminares de mérito apresentadas nas defesas (saneamento).[171]

Na sequência, inicia-se a fase de produção de provas, não havendo prazo definido para o término. Nessa etapa, poderão ser produzidas provas testemunhais, periciais ou documentais, nos termos do art. 155, §§ 2º, 3º, 4º e 5º, do Regimento Interno do CADE, e legislação aplicável (*vide* capítulo 2).

A instrução processual será encerrada pela Superintendência-Geral, a seu critério, notificando-se os acusados para apresentação de novas alegações, no prazo de cinco dias úteis.

Em até 15 dias úteis contados do prazo de apresentação das novas alegações, a Superintendência-Geral remeterá os autos do processo ao Presidente do Tribunal, opinando pelo seu arquivamento ou pela configuração da infração. O parecer encaminhado ao Tribunal deverá conter os seguintes elementos: (i) identificação dos acusados, (ii) resumo dos fatos que lhes são imputados, com indicação dos dispositivos legais infringidos, (iii) resumo das defesas, (iv) registro das principais ocorrências do processo e (v) apreciação da prova.

1.3.3.3.3. Decisão

No Tribunal, o Presidente distribuirá o processo, por sorteio, ao Conselheiro Relator, que abrirá vistas para a emissão de parecer pelo representante do Ministério Público Federal, podendo, ainda, solicitar a manifestação da Procuradoria Federal Especializada.[172]

O Conselheiro Relator poderá determinar diligências adicionais, quando entender que os elementos existentes nos autos não são suficientes para a formação de sua convicção. A seu critério, poderá solicitar que a Superintendência-Geral as realize, no prazo por ele determinado.

---

171. No Processo Administrativo n. 08012.010932/2007-18 (2015), o Tribunal rejeitou a preliminar de incompetência da SDE para indeferir preliminares: "(...) ao realizar a instrução, a SDE deve avaliar continuamente a regularidade processual, saneando eventuais erros processuais, inclusive os que podem ter sido alegados pelos Representados em sede de preliminares" (voto do Conselheiro Márcio de Oliveira Júnior, item 36). Em nosso entender, a preliminar é cabível, pois, como será visto no capítulo 3, não se trata de boa prática do processo administrativo sancionador permitir que o acusador dite os rumos da instrução sem qualquer supervisão imediata do julgador.

172. O Regimento Interno estipula que cada qual terá o prazo de 20 dias para apresentar a manifestação.

Estando o processo pronto para decisão, os acusados serão notificados para apresentação de alegações finais, no prazo de 15 dias úteis, e o Relator solicitará sua inclusão em pauta.

As decisões do Tribunal serão tomadas por maioria, com a presença mínima de quatro membros, sendo o quórum de deliberação mínimo de três membros.

A decisão de condenação, publicada dentro de cinco dias úteis no *Diário Oficial da União*, deverá ser motivada e conterá (i) a especificação dos fatos que constituam a infração, (ii) as providências a serem tomadas pelos responsáveis para fazê-la cessar (e seu correspondente prazo), (iii) as sanções estipuladas e (iv) a multa por descumprimento das providências determinadas.

No período pesquisado, houve a condenação de pessoas físicas e jurídicas em 56 processos administrativos, conforme dados apresentados no quadro abaixo, elaborados com base na Tabela 5 do Apêndice:[173]

Quadro 8 – Decisões em casos de cartel

Decisão	Número de processos	Participação
Condenação	56	57,7%
Arquivamento	41	42,3%

1.3.3.4. Recursos administrativos

Das decisões do Tribunal, cabem apenas dois recursos na esfera administrativa: os embargos de declaração e o pedido de reapreciação.

173. Os processos que resultaram em condenação por outras práticas competitivas não foram considerados no cômputo deste número, tendo-lhes sido atribuída a rubrica "arquivamento". Como explicado na metodologia, a pesquisa incide sobre a prática de cartel tipificada na Lei n. 12.529/11, art. 36, § 3º, I, ou na Lei n. 8.884/94, art. 21, I e VIII (revogado). Nessa linha, foram contabilizados como "arquivamento", por exemplo, o Processo Administrativo n. 08012.008224/1998-38 (2013), em que as empresas foram absolvidas da prática de cartel e os sindicatos condenados pela prática de incitação à colusão vedada no art. 21, II (revogado), da Lei n. 8.884/94 (equivalente ao art. 36, § 3º, II, da Lei n. 12.529/11), e o Processo Administrativo n. 08012.012420/1999-61 (2013), no qual alguns acusados foram condenados por infração ao art. 21, V (revogado), da Lei n. 8.884/94, mas não por formação de cartel. *Vide* mais detalhes sobre a metodologia nas notas da Tabela 5 do Apêndice.

Os embargos encontram-se disciplinados nos arts. 218 a 221, do Regimento Interno do CADE, e se prestam ao esclarecimento e declaração de existência de omissão, obscuridade ou contradição nas decisões, bem como correção de erro material.[174]

Os pedidos de reapreciação estão previstos nos arts. 222 a 226, do Regimento Interno do CADE, e poderão ser apresentados com fundamento em fato ou documento novo, capaz, por si só, de assegurar pronunciamento mais favorável ao condenado. Serão considerados novos os fatos ou documentos preexistentes, dos quais as partes só vieram a ter conhecimento depois da decisão, ou de que antes dela estavam impedidas de fazer uso.

O quadro abaixo, elaborado com base na Tabela 8 do Apêndice, mostra a quantidade de processos administrativos de investigação de cartéis nos quais foram interpostos esses recursos; em nenhum deles a decisão condenatória foi revertida.

Quadro 9 – Recursos administrativos

Recurso	Quantidade	Participação
Embargos de declaração	44	78,6%
Pedidos de reapreciação	10	17,9%

1.3.4. Poderes de instrução

A Lei n. 12.529/11 dota os órgãos acusador e julgador de amplos poderes de instrução nas investigações de cartéis, estipulados nos arts. 13, VI, 14, III e IV, e 86 (Superintendência-Geral), e 9º, IX e XVIII, e 11, III, V, VI e VII (Tribunal).

Em comum, possuem poderes de (i) requisição de informações e documentos a quaisquer pessoas físicas ou jurídicas,[175] (ii) requisição

174. Cf. aplicação subsidiária do CPC de 2015, art. 1.022.

175. Há alguns poderes atribuídos à Superintendência-Geral que parecem ser incluídos nessa categoria, igualmente portanto à disposição do Tribunal, quais sejam, (i) requisição de cópia de documentos e objetos constantes de inquéritos e processos administrativos instaurados por órgãos ou entidades da Administração Pública Federal; (ii) requisição de vista e cópia de inquéritos policiais, ações judiciais de qualquer natureza, bem como de inquéritos e processos administrativos instaurados por outros entes da federação e (iii) requisição de esclarecimentos orais de quaisquer pessoas físicas ou jurídicas.

à Procuradoria de providências relativas ao exercício de suas competências, (iii) determinação ao Economista-Chefe de elaboração de estudos e pareceres e (iv) determinar as diligências que se fizerem necessárias ao exercício de suas funções.

A Superintendência-Geral possui poderes privativos: (i) inspeção em empresas investigadas, (ii) requerimento de busca e apreensão ao Poder Judiciário (por intermédio da Procuradoria Federal Especializada) e (iii) negociação e celebração de acordo de leniência.

Por sua vez, o Plenário e os Conselheiros do Tribunal possuem poderes específicos de (i) contratação de realização de exames, vistorias e estudos, cujas despesas serão arcadas pela empresa, se vier a ser punida, (ii) solicitação à Superintendência-Geral de realização de diligências e produção das provas que entenderem pertinentes e (iii) requisição à Procuradoria Federal de emissão de parecer jurídico.[176]

Importante observar que a lei atribui o poder de determinação de diligências complementares ao Conselheiro Relator (art. 76), implicando não ser possível a realização de instrução probatória pelos demais Conselheiros. No Processo Administrativo n. 08012.004599/1999-18 (2007), o Conselheiro Luis Fernando Schuartz explicou a "razão substantiva" do comando legal:

> (...) A razão substantiva está internamente associada à razão formal na medida em que lhe fornece um sentido mais amplo e uma justificação racional, a qual, por sua vez, se vincula à garantia da efetividade do princípio da presunção de inocência e da regra do in dúbio pro reo. Sem a concentração do poder de diligenciar e requerer informações na figura do Conselheiro Relator, corre-se o sério risco de transformar, em certos casos, a fase de instrução de um processo administrativo em algo a se perder de vista e retirar, do administrado, a legítima expectativa de ver, na falta de provas, julgado a seu favor e arquivado um procedimento que lhe é potencialmente desfavorável.[177]

---

176. O art. 78 também estabelece poder adicional ao Tribunal: "a convite do Presidente, por indicação do Conselheiro-Relator, qualquer pessoa poderá apresentar esclarecimentos ao Tribunal, a propósito de assuntos que estejam em pauta". Estar em "pauta" significa que o processo está pronto para ser decidido e que os acusados já apresentaram alegações finais (art. 77). Desse modo, a apresentação de esclarecimentos por qualquer pessoa poderia ocasionar sérios questionamentos a respeito da reabertura de instrução e ofensas ao contraditório. O Regimento Interno do CADE procurou contornar a falha legislativa, determinando a prestação dos esclarecimentos antes da notificação para apresentação de alegações finais (art. 160, parágrafo único).

177. Voto, fl. 3.259.

1.3.5. Sanções

Em caso de condenação por formação de cartel, o Tribunal do CADE pode aplicar diversas penalidades estipuladas nos arts. 37 (multas) e 38 (outras sanções), da Lei n. 12.529/11.[178]

Como pode ser visto no quadro abaixo, elaborado com base nos dados da Tabela 8 do Apêndice, as multas foram aplicadas em todas as decisões condenatórias; em 42 desses processos houve a aplicação de outras penalidades:

Quadro 10 – Penalidades impostas		
Tipo de penalidade	**Número**	**Participação**
Apenas multa	14	25%
Multas e outras penalidades	42(*)	75%

Nota: (*) *Vide* ressalva a respeito do Processo Administrativo n. 08012.004430/2002-43 (2015) nas Tabelas 5 e 8 do Apêndice: a despeito de ter havido a celebração de termos de compromisso de cessação de prática na sessão de julgamento do feito, atribuiu-se a rubrica "condenação" ao caso.

Há outras sanções (todas pecuniárias) estipuladas nos artigos seguintes, mas relacionadas a incidentes processuais ou descumprimento de decisão, a saber: (i) multa pela continuidade de atos que configurem infração após ter o Tribunal determinado sua cessação (art. 39), (ii) multa por descumprimento de medida preventiva ou termo de compromisso de cessação de prática (art. 39), (iii) multa por recusa, omissão ou retardamento injustificado de informação ou documentos (art. 40), (iv) multa por falta injustificada para prestar esclarecimentos (art. 41), (v) multa por impedir, obstruir ou dificultar a realização de inspeção (art. 42) e (vi) multa por enganosidade ou falsidade de informações, de documentos ou de declarações prestadas (art. 43).

Na aplicação das penas serão levadas em consideração agravantes e atenuantes, consoante lista do art. 45: (i) a gravidade da infração, (ii) a boa-fé do infrator, (iii) a vantagem auferida ou pretendida pelo infrator, (iv) a consumação ou não da infração, (v) o grau de lesão, ou

178. Para um panorama das sanções aplicadas pelo CADE, *vide* pesquisa jurisprudencial realizada por Flavia Chiquito dos Santos em *Aplicação de penas na repressão a cartéis*: uma análise da jurisprudência do CADE (Rio de Janeiro: Lumen Juris, 2016).

perigo de lesão, à livre concorrência, à economia nacional, aos consumidores, ou a terceiros, (vi) os efeitos econômicos negativos produzidos no mercado, (vii) a situação econômica do infrator e (viii) a reincidência.[179]

As empresas ou entidades integrantes de grupo econômico, de fato ou de direito, serão solidariamente responsáveis quando pelo menos uma delas praticar infração à ordem econômica (art. 33).

1.3.5.1. Multas

As empresas podem ser condenadas ao pagamento de 0,1% a 20% do valor do faturamento bruto, no exercício anterior à instauração do processo administrativo, no ramo de atividade empresarial em que ocorreu a infração (art. 37, I).[180] Nunca será inferior à vantagem auferida, quando for possível sua estimação.

No caso de administrador direta ou indiretamente responsável pela infração, será aplicada multa apenas se comprovada culpa ou dolo (art. 37, III). Nessa hipótese, a multa pode variar de 1% a 20% da multa aplicada à empresa.

A multa aplicada às demais pessoas jurídicas e físicas (*e.g.*, empregados) condenadas variará de R$ 50.000,00 (cinquenta mil reais) a R$ 2.000.000.000,00 (dois bilhões de reais) (art. 37, II).

1.3.5.2. Outros tipos

Além das multas, o art. 38 apresenta uma série de penalidades que podem ser impostas na decisão condenatória. As mais aplicadas são: (i) a publicação de extrato da decisão condenatória em jornal, (ii) a proibição de contratar com instituições financeiras oficiais e participar de licitação tendo por objeto aquisições, alienações, realização de obras e serviços, concessão de serviços públicos, na Administração Pública, por prazo não inferior a cinco anos, (iii) a inscrição do infrator no Cadastro Nacional de Defesa do Consumidor e (iv) a recomendação aos órgãos públicos competentes para que não seja concedido ao infrator

179. Em caso de reincidência, as multas cominadas em atendimento ao art. 37 serão aplicadas em dobro (cf. § 1º).

180. O Tribunal poderá considerar o faturamento total da empresa ou grupo de empresas quando (i) não dispuser do valor do faturamento no ramo de atividade empresarial em que ocorreu a infração ou (ii) este for apresentado de forma incompleta e/ou não demonstrado de forma inequívoca e idônea (art. 37, § 2º).

parcelamento de tributos federais por ele devidos ou para que sejam cancelados, no todo ou em parte, incentivos fiscais ou subsídios públicos.

Exemplos de penalidades pouco aplicadas são (i) a cisão de sociedade, transferência de controle societário, venda de ativos ou cessação parcial de atividade e (ii) a proibição de exercer o comércio pelo prazo de até cinco anos. Por fim, não se tem notícia de decisão resultando em recomendação aos órgãos públicos competentes para conceder licença compulsória de direito de propriedade intelectual de titularidade do infrator.

Capítulo 2

PROVA E INVESTIGAÇÃO DE CARTEL

O segundo capítulo examina diversos aspectos relacionados ao tema da prova, correlacionando-os aos resultados da análise da jurisprudência do CADE em processos administrativos de investigação de cartéis, compilados na Tabela 9 do Apêndice.

2.1. PRELIMINARMENTE: O SISTEMA DE PROVAS DA LEI ANTITRUSTE

Os sistemas ou métodos probatórios desempenham função garantidora dos direitos das partes e da legitimação do poder estatal. Nesse sentido, podem ser compreendidos como "limitações ao *objeto* da prova, aos *meios* através dos quais os dados probatórios são introduzidos no processo, além de estabelecer os *procedimentos* adequados às operações relacionadas à colheita do material probatório, ou mesmo, em certas situações, o *valor* da prova obtida".[181]

A Lei n. 12.529/11 não prevê um sistema de provas, muito menos um exclusivo a processos administrativos de investigação de cartéis; apenas possui regras esparsas[182] e faz remissão expressa ao Código de Processo Civil - CPC (Lei n. 5.869/73, revogada pela Lei n. 13.105/15) e à Lei de Processo Administrativo Federal (Lei n. 9.784/99).[183]

---

181. GOMES FILHO, Antonio Magalhães. *Direito à prova no processo penal*. São Paulo: Ed. Revista dos Tribunais, 1997. p. 92-93, notas de rodapé no original.

182. Como visto no capítulo 1, há regras esparsas a respeito de, *inter alia*, prazo de apresentação de provas, número de testemunhas e medidas de obtenção de prova (busca e apreensão, inspeção, requisição de informações e acordo de leniência).

183. O art. 115 determina, ainda, a aplicação subsidiária da Lei das Ações Civis Públicas (Lei n. 7.347/85) e do Código de Defesa do Consumidor (Lei n. 8.078/90), mas não se vislumbram nesses diplomas regras relativas à prova aplicáveis ao processo administrativo antitruste. O

Assim, desde os primeiros anos de regência da Lei n. 8.884/94, o CADE vem recorrendo de forma ampla à legislação processual civil a fim de suprir as diversas lacunas da atividade probatória, exceto se incompatível com as poucas regras especiais do diploma antitruste.[184]

Com o passar do tempo, o CADE foi se familiarizando com a Lei n. 9.784/99 e, de igual forma, passou a reconhecer a aplicação subsidiária do Código de Processo Penal – CPP, sempre na medida de sua compatibilidade à legislação concorrencial.[185] Chegou-se até mesmo a alertar ser impossível aplicar "todos os preceitos do estatuto processual civil" ao processo administrativo sancionador, "cuja finalidade é obviamente punitiva, orientando-se por princípios garantistas aplicáveis ao processo penal".[186]

Essa breve nota preliminar tem por objetivo relembrar a existência de um núcleo comum aos processos, incluindo os processos administrativos, a ser levado em consideração pelo aplicador do direito.[187]

---

entendimento é corroborado por GRINBERG, Mauro; MOTTA, Ricardo Casanova; FERNANDES, Luís Henrique. O cartel e sua prova. *Revista do IBRAC – Direito da Concorrência, Consumo e Comércio Internacional*, v. 25, p. 126-127, jan. 2014.

184. Para decisões ressaltando a aplicação da legislação processual civil, *vide* Processos Administrativos n. 08000.015337/1997-48 (1999), voto do Conselheiro Ruy Afonso de Santacruz, fl. 1.578; 08012.000677/1999-70 (2004), voto do Conselheiro Luiz Alberto Esteves Scaloppe, fl. 3.374; 08012.004860/2000-01 (2004), voto do Conselheiro Ricardo Villas Bôas Cueva, p. 4; 08012.004086/2000-21 (2005), voto do Conselheiro Luiz Alberto Esteves Scaloppe, fl. 5.661.

185. Por exemplo, no Processo Administrativo n. 08012.009088/1999-48 (2005), reconheceu-se ser mais adequado examinar o tema do litisconsórcio sob a ótica do processo penal e não do processo civil. Isso representou grande avanço, pois, em momento anterior, rechaçou-se com veemência a aplicação de regras do CPP, como pode ser visto no Processo Administrativo n. 08000.015337/1997-48 (1999): "[a]cato o entendimento da SDE e da Procuradoria do CADE, que considerou *equivocada a pretensão* (...) *de que se faça incidir nos processos administrativos conduzidos no âmbito da Lei 8.884/94 as disposições do Código de Processo Penal*. Segundo a Secretaria, a corrente de pensamento que embasa tal pretensão não encontraria ressonância na esmagadora maioria da doutrina. Ademais, o artigo 83 da Lei Brasileira de Defesa da Concorrência aponta o Código de Processo Civil como fonte subsidiária de Direito na condução dos processos cíveis e administrativos previstos na Lei, o que indica que o legislador de forma alguma teve intenção de atribuir natureza penal à atividade antitruste" (voto do Conselheiro Ruy Afonso de Santacruz, fl. 1.581-1.582, ênfase nossa).

186. Embargos de Declaração no Processo Administrativo n. 08012.009088/1999-48 (2005), voto do Conselheiro Ricardo Villas Bôas Cueva, fl. 7.856. *Vide* também Processo Administrativo n. 08012.010932/2007-18 (2015), voto do Conselheiro Márcio de Oliveira Júnior, itens 148-153.

187. Tal perspectiva proporciona a sistematização da matéria no quadro da teoria geral do processo. A despeito de eventuais críticas (*e.g.*, indefinição de linhas e âmbito de abrangência), a adoção da técnica dessa teoria é útil para os estudiosos dos diversos ramos processuais, extraindo-se deles o que há de comum e repetido, bem como distinguindo o que há de particular em cada um deles. Como explica Cândido Rangel Dinamarco, "é significativo o seu poder de síntese indutiva do significado e diretrizes do direito processual como um sistema

Isso vale em especial para a atividade probatória, exteriorizada em percurso comum, com as mesmas fases, independentemente de quem tenha originado a controvérsia: o autor (no processo civil), o Ministério Público ou o querelante (no processo penal) ou uma autoridade pública (no processo administrativo sancionador).

Todos os processos citados buscam a reconstrução histórica dos fatos controversos e possuem matriz comum, de natureza constitucional, autorizando a aplicação de soluções semelhantes a problemas parecidos.[188]

Dentro dessa perspectiva, natural haver maior proximidade entre os processos de natureza punitiva (penal e administrativo sancionador). Embora o recurso ao sistema de provas da legislação processual civil continue pertinente, o "aumento do âmbito sancionador do direito administrativo" e o fenômeno da "administrativização do direito penal"[189] justificam e demandam remissão mais imediata ao método probatório adotado no processo penal.[190]

---

de institutos, princípios e normas estruturados para o *exercício do poder* segundo determinados objetivos: passar dos campos particularizados do processo civil, trabalhista ou penal (e administrativo e legislativo e mesmo não estatal) à integração de todos eles em um só quadro e mediante uma só inserção no universo do direito" (DINAMARCO, Cândido Rangel. *A instrumentalidade do processo*. 14. ed. São Paulo: Malheiros Ed., 2009. p. 68-69, ênfase no original).

188. No processo administrativo sancionador, a inexistência da figura do juiz (substituído pela autoridade administrativa com poder de decisão conferido por lei específica), imbuído das garantias e deveres intrínsecos ao desempenho da atividade jurisdicional, não afasta a incidência de regras e princípios de matriz constitucional, aplicáveis aos mais variados ramos processuais, com maior ou menor intensidade (*e.g.*, devido processo legal, contraditório e ampla defesa, presunção de inocência etc.). A respeito da "processualidade ampla", *vide* Odete Medauar (*A processualidade no direito administrativo*, cit., 2008, p. 15-26). Para a autora, "[à] medida que os preceitos constitucionais da matéria se consolidam na aplicação prática e jurisprudencial, reforça-se a tendência a reconhecer maior amplitude para o esquema processual na Administração" (p. 82, rodapé no original).

189. Fenômenos bem retratados por Helena Regina Lobo da Costa em sua tese de livre-docência. *Direito penal econômico e direito administrativo sancionador*: *ne bis in idem* como medida de política sancionadora integrada. 2013. Tese (Livre-docência) – Faculdade de Direito da Universidade de São Paulo, São Paulo, 2013. p. 113-118. *Vide* também CASSAGNE, Juan Carlos. En torno al derecho administrativo sancionador y la aplicabilidad de los principios del derecho penal. In: MEDAUAR, Odete; SCHIRATO, Vitor Rhein (Coords.). *Poder de polícia na atualidade*. Belo Horizonte: Fórum, 2014. p. 57-77.

190. Essa tendência é observada na Europa, como pode ser medido pelo incremento de representações contra a autoridade antitruste europeia – a Comissão Europeia – por violações a direitos e garantias estabelecidos pela Convenção Europeia de Direitos Humanos, historicamente mais aplicada aos processos de natureza penal. Para um completo panorama do assunto, *vide* SCORDAMAGLIA-TOUSIS, Andreas. *EU cartel enforcement. Reconciling effective public enforcement with fundamental rights*. Wolters Kluwer, 2013.

É sob essa ótica que se propõe refletir os temas da prova no processo administrativo de investigação de cartéis. A Administração Pública deve ser capaz de abandonar concepções formalistas em prol de maior cotejamento e respeito aos direitos fundamentais dos administrados, como forma de fortalecimento e legitimação do exercício do poder.

2.2. NOÇÕES GERAIS SOBRE A PROVA: CONCEITOS, FINALIDADES E TERMINOLOGIA

Prova é uma palavra polissêmica, que possui diversos significados e sentidos. Na linguagem processual, prova é usualmente definida como o instrumento pelo qual se demonstra a ocorrência ou inocorrência dos fatos controvertidos no processo.

Antonio Carlos de Araújo Cintra, Ada Pellegrini Grinover e Cândido Rangel Dinamarco explicam que "[t]oda pretensão prende-se a algum fato, ou fatos, em que se fundamenta",[191] e é sobre tal fato ou fatos que se desenvolverá a atividade probatória. Segundo os autores, exceto nos casos de revelia, confissão ou outros previstos em lei, há um procedimento dialético a culminar na decisão do julgador:

> As afirmações de fato feitas pelo autor podem corresponder ou não à verdade. E a elas ordinariamente se contrapõem as afirmações de fato feitas pelo réu em sentido oposto, as quais, por sua vez, também podem ser ou não ser verdadeiras. As dúvidas sobre a veracidade das afirmações de fato feitas pelo autor ou por ambas as partes no processo, a propósito de dada pretensão deduzida em juízo, constituem as *questões de fato* que devem ser resolvidas pelo juiz, à vista da prova dos fatos pretéritos relevantes. [192]

Cândido Rangel Dinamarco aprofunda o modo como ocorre a dialética nos processos e o papel fundamental desempenhado pela prova:

> Na dialética da vida dos processos, em que um sujeito nega o que o outro afirmara e o juiz é, por definição, ignorante dos fatos alegados e negados, *a prova desponta como atividade de primeira grandeza diante dos objetivos do processo e necessidade de chegar a julgamentos que efetivamente conduzam as partes à ordem jurídica justa*. Se a tutela jurisdicional se dispensa a quem tem razão e não a "quem ostenta um direito inexistente" (Liebman) e se para a

---

191. CINTRA, Antonio Carlos de Araújo; GRINOVER, Ada Pellegrini; DINAMARCO, Cândido Rangel. *Teoria geral do processo*. 28. ed. São Paulo: Malheiros Ed., 2012. p. 385.

192. Id. Ibid., ênfase no original.

> constituição de cada direito subjetivo em concreto é preciso que certos fatos hajam efetivamente ocorrido (*ex facto oritur jus*), segue-se que *a reconstituição histórica dos fatos da causa é absolutamente indispensável e as questões de fato precisam ser resolvidas.*[193]

Nesse sentido, a reconstrução histórica dos fatos da causa aproxima o trabalho do julgador ao do historiador, porém com diferenças dignas de nota:

> Na atividade do juiz, há uma limitação externa quanto ao objeto da investigação. O juiz, diferentemente do historiador, não investiga os fatos que tem vontade, mas os fatos que são delimitados pela imputação contida na denúncia. Uma segunda diferença é que a atividade do juiz encontra-se limitada quanto aos meios de pesquisa. Para o historiador, qualquer fonte de pesquisa é, a princípio, apta à reconstrução dos fatos. Já no processo, o juiz possui inúmeras limitações, bastando citar a impossibilidade de utilização de provas ilícitas e ilegítimas. Finalmente, uma terceira diferença relevante é que o juiz tem a obrigatoriedade de decidir ao final. Enquanto o historiador pode abandonar a pesquisa sem chegar a uma conclusão definitiva sobre como ocorreram os fatos do passado, o juiz é obrigado a decidir, mesmo que esteja na dúvida sobre um fato relevante, situação em que terá que se valer das regras sobre o ônus da prova.[194]

A confusão terminológica é bastante discutida por Antônio Magalhães Gomes Filho, que analisa diversos significados do vocábulo, de modo a orientar o cientista do Direito à adoção de linguagem mais adequada. O autor utiliza três acepções (demonstração, experimentação e desafio), empregadas não apenas na ciência processual, mas em todas as outras ciências e na vida cotidiana:

> A prova é entendida como *demonstração* quando se diz que ela serve para estabelecer a verdade sobre determinados fatos. Nessa primeira acepção, provar significa apresentar elementos de informação idôneos para decidir se a afirmação ou negação de um fato é verdadeira. (...)
>
> Em segundo lugar, a expressão prova indica uma atividade ou *procedimento destinado a verificar a correção de uma hipótese ou afirmação*. Em outras palavras, trata-se de realizar um teste, ao fim do qual é possível admitir como verdadeira, fundada, provável etc. a proposição inicial. (...)

---

193. DINAMARCO, Cândido Rangel. *Fundamentos do processo civil moderno*. 6. ed. São Paulo: Malheiros Ed., 2010. t. 1, p. 781, nota de rodapé no original, ênfase nossa.

194. BADARÓ, Gustavo Henrique Righi Ivahy. *Direito processual penal*. São Paulo: Elsevier, 2008. t. 1, p. 195, ênfase nossa.

> Finalmente, numa terceira acepção, prova pode ainda significar *desafio ou competição*, indicando um obstáculo que deve ser superado como condição para se obter o reconhecimento de certas qualidade ou aptidões.[195]

Na ciência processual, além do uso de tais acepções genéricas, o termo prova é ainda utilizado como elementos de prova (ótica objetiva) e resultado da prova (ótica subjetiva). O resultado da prova é a conclusão extraída dos elementos de prova, "por meio de um procedimento intelectual feito pelo juiz, que permite estabelecer se a afirmação ou negação do fato é verdadeira ou não". Em outras palavras, é a "crença na existência de uma realidade", com isso não implicando "que possa constituir produto de intuições ou suspeitas do julgador; ao contrário, essa crença deve estar amparada por aqueles dados objetivos (elementos de prova) introduzidos no processo".[196]-[197]

Por fim, demais distinções devem ser feitas para fins de melhor compreensão de outros tópicos abordados no presente trabalho.

Fontes de prova são pessoas ou coisas (testemunhas, vítimas, peritos, documentos etc.), "tudo que é idôneo a fornecer resultado apreciável para a decisão do juiz".[198] São sempre anteriores ao processo.

Meios de prova são os procedimentos estabelecidos por lei para o ingresso dos elementos de prova no processo. Exemplos: prova testemunhal, prova documental, prova pericial.

---

195. GOMES FILHO, Antonio Magalhães. Notas sobre a terminologia da prova (reflexos no processo penal brasileiro), cit., p. 305, nota de rodapé no original, ênfase nossa.

196. Id. Ibid., p. 308, ênfase no original.

197. Michele Taruffo explica que resultado de prova é o significado de prova mais comum utilizado nos sistemas europeus continentais e seu equivalente nos sistemas de *common law* é o termo *proof*: "(t)em-se a prova, neste sentido, quando se estabelece que a asserção sobre o fato resta verificada ou confirmada com base nos elementos cognitivos disponíveis. Em sentido lato, 'prova' aqui é sinônimo de 'demonstração', ou melhor, de 'demonstração atingida': tem-se a prova quando o juiz estabelece que a asserção sobre o fato é confiável. Na linguagem jurídica continental este é o significado prevalente do termo, que justamente nesta acepção é normalmente usado sem outras especificações (*preuve*, *prueba*, *Beweis*). Nos sistemas de *common law* existe a respeito um termo específico: *proof* indica justamente o conhecimento conseguido com base nas *evidence* disponíveis, e entra em todas as locuções (como p. ex. *burden of proof*) que aludem ao conhecimento ou à demonstração judicial do fato, em vez de aos elementos potencialmente úteis para consegui-la" (TARUFFO, Michele. *La prova dei fatti giuridici*. Milano: Giuffrè, 1992. p. 422-423, nota de rodapé no original, tradução do italiano).

198. BADARÓ, Gustavo Henrique Righi Ivahy. Op. cit., p. 198.

Objeto da prova (*thema probandum*) são os fatos que interessam à solução de uma controvérsia. Na lição de Antonio Magalhães Gomes Filho:

> Em primeiro lugar, *a prova não objetiva simplesmente reconstruir uma realidade fática como tal, mas na medida em que os fatos a serem provados constituam pressuposto para a aplicação judicial do direito*. Para o processo (e particularmente para a atividade probatória) o próprio fato é determinado, segundo a sua idoneidade para produzir conseqüências jurídicas. Em síntese, como adverte Taruffo, é o direito que define e determina aquilo que no processo constitui o fato.
>
> Sob outro aspecto, também não é exato dizer que a prova destina-se a obter o conhecimento sobre um fato, pois, antes disso, o que se apura no processo é a verdade ou a falsidade de uma afirmação sobre um fato. É que o fato, como fenômeno do mundo real, somente poderia ser constatado no próprio momento em que se verifica; *não é possível, portanto, provar um acontecimento passado, mas somente demonstrar se uma afirmação sobre este é ou não verdadeira*.[199]

Antonio Carlos de Araújo Cintra, Ada Pellegrini Grinover e Cândido Rangel Dinamarco reiteram que as alegações de fato – e não os fatos alegados – constituem o objeto da prova. No entanto, a prova não diz respeito a todos os fatos. Segundo os autores, não deve ser admitida a prova dos seguintes fatos:

> (...) *notórios* (conhecidos de todos), dos *impertinentes* (estranhos à causa), dos *irrelevantes* (que, embora pertençam à causa, não influem na decisão), dos *incontroversos* (confessados ou admitidos por ambas as partes), dos que sejam cobertos por *presunção* legal ou de veracidade (CPC, art. 334) ou dos *impossíveis* (embora se admita a prova dos fatos *improváveis*).[200]

Por fim, cumpre registrar que, excepcionalmente, o direito também pode ser objeto de prova. Como explica Vicente Greco Filho, "apenas se se tratar de direito municipal, estadual, estrangeiro ou consuetudinário".[201]

---

199. GOMES FILHO, Antonio Magalhães. Notas sobre a terminologia da prova (reflexos no processo penal brasileiro), cit., p. 316-317, nota de rodapé no original, ênfase nossa.

200. CINTRA, Antonio Carlos de Araújo; GRINOVER, Ada Pellegrini; DINAMARCO, Cândido Rangel. Op. cit., p. 386-387 (ênfase no original). O art. 334, do CPC de 1973, corresponde ao art. 374, do CPC de 2015.

201. GRECO FILHO, Vicente. *Direito processual civil brasileiro*. 12. ed. São Paulo: Saraiva, 1997. v. 2, p. 182.

2.3. OBJETO DA PROVA

Como visto no item anterior, o objeto da prova são os fatos que interessam à solução da controvérsia. De maneira mais precisa, no processo apura-se a verdade ou a falsidade de afirmações sobre um fato.[202]

No processo administrativo de investigação de cartel, sempre haverá a afirmação sobre a ocorrência de fatos relacionados à prática de conduta coletiva para prejudicar a livre concorrência. Revela-se então necessário provar a materialidade (existência do fato delituoso) e a autoria.

A materialidade da infração será provada pela existência dos elementos examinados no item 1.2.5 acima. As partes do processo devem demonstrar, cada qual com sua carga de ônus, a verdade ou a falsidade de afirmações relacionadas àqueles pontos: (i) a presença de dois ou mais concorrentes, (ii) a existência de um acordo entre eles sob qualquer forma manifestado (acordo explícito ou implícito), (iii) o acordo tenha como propósito ou aumente a probabilidade de produção dos efeitos anticompetitivos descritos no art. 36, *caput*, da Lei n. 12.529/11 (independentemente de sua efetiva produção), e (iv) a aptidão do acordo para a produção desses efeitos (existência de poder de mercado).

Em comparação a outros delitos, de natureza administrativa ou penal, os cartéis apresentam, em decorrência de sua manifestação multiforme, dificuldade maior na comprovação da materialidade. A depender da classificação quanto à natureza (clássico ou difuso), forma de manifestação (explícito ou implícito) ou variável concorrencial atingida (preço, oferta ou mercado), as alegações de fatos podem variar de maneira sensível. Por exemplo, em caso de investigação de cartel clássico, deve-se apurar, além da existência do acordo, se foi implementado de maneira institucionalizada, com ferramentas de monitoramento, detecção e punição. Em se tratando de cartéis implícitos, deve ser investigado se a única explicação plausível para o comportamento paralelo é o acordo entre concorrentes.

Demonstrada a materialidade, avança-se na identificação da autoria. Na seara do item 1.2.5.2 acima, a responsabilidade atribuída por lei ordinária é objetiva, porém, em especial tratando-se de pessoas físicas – e pessoas jurídicas, ao menos nas hipóteses de conduta por objeto (intenção) –, deve haver comprovação de culpa, pelos motivos ali expostos.

202. No Processo Administrativo n. 08000.015337/1997-48 (1999), o Conselheiro Ruy Afonso de Santacruz corrobora esse entendimento, enfatizando serem objeto de prova apenas "os fatos litigiosos e relevantes para a solução da lide" (voto, fl. 1.578).

2.4. MEIOS DE PROVA

Os meios de prova são os instrumentos para o ingresso dos elementos de prova no processo (*e.g.*, prova testemunhal, prova documental e prova pericial). Com exceção das provas pré-constituídas, são produzidos no processo.[203]

Diversas decisões do CADE enfatizam a dificuldade de obtenção de provas em processos de investigação de cartel.[204] Conscientes da ilicitude da prática, os participantes de acordos dessa natureza não costumam deixar rastros de suas atividades ilícitas.[205] Assim, todo meio de prova idôneo a demonstrar a conduta é aceito pelo CADE: "não há um meio de prova melhor, mais eficaz ou que tenha mais valor que outro".[206]

Nos primeiros anos do período objeto da pesquisa, especial destaque foi dado ao uso da prova indiciária, tal como expressou o Conselheiro Ricardo Villas Bôas Cueva:

> Como já observei, a produção de prova da prática econômica infracional, na maioria das vezes, é feita por meio de indícios de ação concertada e não pela comprovação de existência de acordos formais, ou seja, é difícil tal prática ser documentada. Assim, sua comprovação pode e deve ser feita na apropriação do conjunto de provas que englobe os mais variados elementos de prova, dependendo do caso concreto, tais como: descrição dos fatos, notas fiscais, depoimentos. (...)[207]

---

203. Cf. Gustavo Henrique Righi Ivahy Badaró, "[o]s *meios de prova* são os instrumentos com os quais se leva ao processo elemento útil para a decisão. São os instrumentos por meio dos quais as fontes de prova são levadas ao processo: o depoimento da testemunha, a perícia no instrumento do crime etc." (BADARÓ, Gustavo Henrique Righi Ivahy. Op. cit., p. 198, ênfase no original).

204. Exemplos: Processos Administrativos n. 08012.004086/2000-21 (2005), voto do Conselheiro Luiz Alberto Esteves Scaloppe, fl. 5.661-5.662; 08012.004599/1999-18 (2007), voto do Conselheiro Luiz Carlos Delorme Prado, fl. 3.269; 08012.004039/2001-68 (2013), voto da Conselheira Ana de Oliveira Frazão, p. 23-24; 08012.004573/2004-17 e 08012.007149/2009-39 (2013), voto do Conselheiro Ricardo Machado Ruiz, p. 22; 08012.011142/2006-79 (2014), voto do Conselheiro Alessandro Serafin Octaviani Luis, p. 78-79.

205. Há exceções dignas de nota, como a existência de acordo registrado em cartório no Processo Administrativo n. 08012.001794/2004-33 (2014), no qual eram fixadas "*condições relativas ao preço, a qualidade, a quantidade, a garantia e características de produtos e serviços bem como a reclamação e composição do conflito consumo*" (voto do Conselheiro Ricardo Machado Ruiz, p. 14, ênfase no original).

206. Processo Administrativo n. 08012.004860/2000-01 (2004), voto do Conselheiro Ricardo Villas Bôas Cueva, p. 4-5.

207. Id. Ibid.

Alguns anos depois, ainda de forma tímida, o CADE passou a decidir processos nos quais foram empregadas medidas mais eficientes de obtenção de prova (*e.g.*, buscas e apreensões, acordos de leniência etc.), resultando na utilização de mais provas diretas dos acordos.

Em 2010, o Conselheiro Fernando de Magalhães Furlan correlacionou essa evolução da atuação administrativa à melhor compreensão do caráter clandestino e da dinâmica de atuação dos cartéis:

> Ocorre que o cartel é um delito grave, comumente perpetrado por agentes de elevado grau de instrução e por empresas com expressivos recursos econômicos. Trata-se de delito realizado com nível de profissionalismo invejável por organizações ilícitas consolidadas no país. Os administradores de um cartel, na maioria das vezes, são empresários competentes, que empregam o seu treinamento e habilidade em administração para a condução e ocultação de uma prática ilícita. (...)
>
> A persecução de cartéis no Brasil só começou a avançar quando os agentes públicos especializados reconheceram a dinâmica de tais condutas e a estrutura sob a qual empresas em conluio se sustentam. A partir daí, o SBDC começou a desenvolver e empregar técnicas de investigação aptas a superar os mecanismos de ocultação de acordos anticompetitivos. Buscas e apreensões, interceptações telefônicas, acordos de leniência, contato próximo com autoridades de persecução criminal, todas essas iniciativas deram novo vigor à identificação e punição de cartéis no Brasil. O sucesso de tais mecanismos está intimamente associado à percepção de que o cartel é um ilícito grave que só será descoberto caso as autoridades consigam penetrar o véu de segredo que os integrantes do cartel se esforçam para manter.[208]

Após a implementação da reforma da legislação antitruste, em 2012, o Tribunal do CADE passou a decidir mais processos de investigação de cartéis. O maior contato com processos dessa natureza parece ter contagiado seus integrantes, a ponto de, em 2013, ter-se chegado a mencionar, de maneira pouco técnica e temerária, que a prova "não deve provocar um engessamento da atuação da Administração":

> (...) para a proteção do ambiente concorrencial, o escopo probatório manuseado pela autoridade de defesa da concorrência deve adaptar-se às particularidades desse tipo de ilícito, sob pena de os direitos transindividuais não obterem tutela (...)
>
> (...) A prova deve ser hígida, consistente e ampla, resultando da combinação de uma série de elementos. Porém, não deve provocar um engessamento da atuação da Administração, que age na defesa dos direitos constitucionais, tendo

208. Processo Administrativo n. 08012.009888/2003-70, voto, p. 4-5.

como consequência última a transferência de renda da população para grupos delinquentes. Compreender a prova dessa maneira seria contrário ao direito.[209]

Diante desse panorama, revela-se oportuno investigar os principais meios de prova utilizados pelas autoridades antitruste,[210] cuja descrição por processo encontra-se na Tabela 9 do Apêndice.

Para guiar essa revisão, interessante registrar o resultado da análise jurisprudencial realizada por Luis Ortiz Blanco, que catalogou, por ordem de importância, os meios de prova utilizados pelas autoridades europeias para comprovação da materialidade e autoria da prática de cartel: (i) documentos elaborados pelo próprio acusado, em especial aqueles produzidos ao tempo da conduta sob investigação, (ii) confissões, (iii) documentos produzidos por terceiros, (iv) declarações incriminatórias de terceiros e (v) outros tipos de prova.[211]

Com base nessa constatação, o autor descreve os quatro possíveis cenários probatórios em casos de cartel, sendo os primeiros mais propensos a comprovar a prática:

> O cenário mais fácil para a Comissão obter provas robustas de infração é no qual haja leniência e compromissos de cessação de prática - quantos mais, melhor. (...)
>
> O segundo melhor cenário seria onde existem acordos de leniência, mas não compromissos de cessação de prática.
>
> O terceiro melhor cenário seria não haver acordo de leniência, mas compromissos de cessação de prática.
>
> Por fim, o pior cenário seria sem acordo de leniência e compromisso de cessação de pratica, i.e., investigações tradicionais à moda antiga (pré-leniência, pré-acordos).[212]

---

209. Processo Administrativo n. 08012.011027/2006-02, voto do Conselheiro Alessandro Serafin Octaviani Luis, p. 4.

210. O presente estudo não trata de "acareação" e "reconhecimento de pessoas e coisas", meios de prova listados no CPP. No entanto, isso não implica ser impossível utilizá-los na seara administrativa, sobretudo o primeiro – também previsto no CPC –, útil para confrontar os diversos sujeitos envolvidos no processo.

211. ORTIZ BLANCO, Luis. Standards of proof and personal conviction in EU antitrust and merger control procedures. In: EHLERMANN, Claus-Dieter; MARQUIS, Mel (Eds.). *European competition law 2009*: the evaluation of evidence and its judicial review in competition cases. Oxford e Portland: Hart Publishing, 2011. p. 182-183. A respeito do assunto, *vide* também CASTILLO DE LA TORRE, Fernando. Evidence, proof and judicial review in cartel cases. In: EHLERMANN, Claus-Dieter; MARQUIS, Mel (Eds.). Op. cit., p. 366-375.

212. ORTIZ BLANCO, Luis. Op. cit., tradução do inglês.

Conforme será mais bem explorado no item 3.6 abaixo, trata-se de análise aplicável de forma integral à realidade brasileira, havendo um claro incentivo à delação premiada (acordo de leniência) e à celebração de acordos para pôr fim aos processos (compromissos de cessação de prática).

2.4.1. Documentos

O meio de prova mais utilizado nos processos administrativos de investigação de cartéis são os documentos, definidos pelo CPP como "quaisquer escritos, instrumentos ou papéis, públicos ou particulares" (art. 232).

A Lei n. 12.529/11 é silente quanto aos requisitos de admissão e produção da prova documental, dispondo apenas sobre poderes de requisição de documentos (arts. 11, III, e 13, VI, "a", "c" e "e") e possibilidade de tratamento confidencial (art. 49). A Lei n. 9.784/99 autoriza a apresentação de documentos antes da decisão (arts. 3º, III, e 48). O CPC de 2015 disciplina a prova documental nos arts. 405 a 438 (equivalentes aos arts. 364 a 399, do CPC de 1973); o CPP o faz nos arts. 231 a 238.

Como pode ser visto na Tabela 9 do Apêndice, a prova documental foi utilizada em todos os processos examinados e assumiu as mais variadas formas. Vale destacar alguns dos diversos exemplos listados.

No Processo Administrativo n. 08012.009118/1998-26 (2001), foi considerada prova de cartel a celebração do "Instrumento Particular de Transação Comercial" pelas empresas acusadas, atuantes no mercado de construção de plataformas marítimas. Por meio do acordo, assinado às vésperas de procedimento licitatório, as partes estabeleceram prestação de serviços mútuos relacionados ao objeto do certame, independentemente de quem se sagrasse vencedor.

No Processo Administrativo n. 08012.002127/2002-14 (2005), os diversos documentos mostraram um acordo institucionalizado, com regras estabelecidas nos denominados "Bíblia", "Bolas Pretas" e "Curso Avançado de Vendas":

> A "**Bíblia**" era a lista de clientes em respeito da qual cada uma das empresas tinha prioridade de fornecimento. Esta lista foi formada entre 10/08/1999 e 05/10/99 e corresponde ao início das operações de direcionamento e da elaboração do contrato do G14.

A lista conhecida como "**Bolas Pretas**" era uma relação de clientes inadimplentes (fls. 1177, 1577 e 2994), sendo que as vendas para estes clientes não eram direcionadas e só era permitida a venda à vista. (...)

O "**Curso Avançado de Vendas**", descrito no documento de fls. 1748/1756, consiste em um conjunto de dezesseis orientações sobre como as Empresas Participantes do "Programa" deveriam proceder em relação à venda de britas.[213]

No Processo Administrativo n. 08012.001794/2004-33 (2014), as empresas do setor de equipamentos contra incêndio, com atuação no Distrito Federal, assinaram o "Instrumento Particular de Convenção da AEECI/DF – Associação das Empresas de Equipamentos Contra Incêndio do DF", contendo planilha de custos e tabela de preços sugeridos para atuação das empresas do setor.

No Processo Administrativo 08012.004702/2004-77 (2012), foi apreendido documento manuscrito com conteúdo considerado confessional, indicando a existência de reuniões entre concorrentes e o risco de serem consideradas ilegais pelo CADE e por clientes:[214]

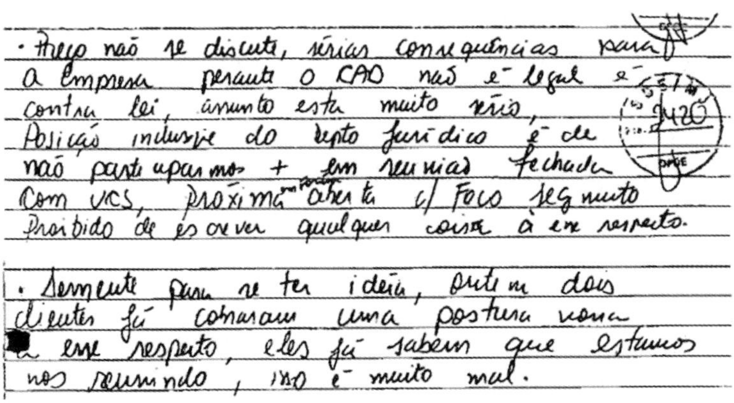
• Preço não se discute, sérias consequências para
a Empresa perante o CAD não é legal e
contra lei, assunto esta muito sério,
Posição inclusive do depto jurídico é de
não participarmos + em reuniões fechadas
com VCS, próximas abertas c/ Foco seg muito
Proibido de escrever qualquer coisa a ese respeito.

• Somente para se ter idéia, outro dia dois
clientes já cobraram uma postura nossa
a esse respeito, eles já sabem que estamos
nos reunindo, isso é muito mal.

Da análise jurisprudencial foi possível extrair alguns temas interessantes a respeito da prova documental:

a) *Forma*: sob uma espécie de rubrica de meios "moralmente legítimos", são admitidos documentos sem maior rigor formalista (*e.g.*,

213. Voto do Conselheiro Luiz Carlos Delorme Prado, fl. 13.486 (ênfase no original).

214. Voto do Conselheiro Carlos Emmanuel Joppert Ragazzo, p. 151.

documentos sem assinatura ou qualquer tipo de reconhecimento oficial[215] e cópias simples[216]).

Por outro lado, isso não implica a desobrigação de identificar a autoria, a veracidade ou a pertinência desse tipo de documento. Para atender a essa preocupação, deverão as autoridades "analisar cuidadosamente elementos como a posse e o teor dos documentos, assim como sua compatibilidade com outros elementos coletados".[217]

b) *Manejo e seleção de documentos eletrônicos apreendidos em buscas e apreensões*: seja pela existência de estoque de casos com essa característica (ainda não decididos), seja pelo incremento das técnicas de informática aplicadas à apreensão dos documentos eletrônicos nos locais das buscas, vislumbra-se tendência de aumento do debate relacionado ao tema.

As apreensões de material eletrônico geram duas ordens de preocupação. A primeira relaciona-se à integridade do conteúdo, devendo a autoridade garantir sua preservação e inviolabilidade, sob risco de tornar seu uso inadmissível no processo. A segunda gira em torno da necessidade de seleção dos documentos para oferecimento ao contraditório dos acusados.

Nos Processos Administrativos n. 08012.004702/2004-77 (2012) e 08012.011142/2006-79 (2014), o "procedimento para com-

---

215. Cf. Processo Administrativo n. 08012.009888/2003-70 (2010), voto do Conselheiro Fernando de Magalhães Furlan: "[m]edidas de busca e apreensão não visam obter documentos referentes a negócios jurídicos válidos. Pelo contrário, busca-se coletar papéis que evidenciem atos a respeito dos quais o autor ou o possuidor do documento desejam não ser associados. O fato de tais documentos não serem assinados é uma conseqüência lógica da consciência da ilicitude de seu teor pelos investigados. Não é de se esperar que um executivo de uma empresa assine um documento que comprove a sua participação em um acordo ilegal. Documentos escritos são produzidos por um cartel pelo mesmo motivo que qualquer empreitada de larga escala os produz: para organizar e controlar uma estrutura complexa demais para comunicações exclusivamente verbais. Não há interesse em atribuir qualificação jurídica a documentos referentes a suposta prática criminosa. Assinaturas estão fora de questão" (p. 43-44).

216. Cf. Processo Administrativo n. 08012.006715/2002-19 (2013), voto do Conselheiro Alessandro Serafin Octaviani Luis, p. 4.

217. Processo Administrativo n. 08012.009888/2003-70 (2010), voto do Conselheiro Fernando de Magalhães Furlan, p. 44. No Processo Administrativo n. 08012.010932/2007-18 (2015), foi admitida a utilização de documentos apócrifos, "desde que estejam devidamente combinados a outras evidências" (voto do Conselheiro Márcio de Oliveira Júnior, item 130). A observação foi reiterada pelo Conselheiro no Processo Administrativo n. 08012.010187/2004-64 (2015), voto, tópico 5.4.

provar que os documentos analisados realmente reproduzem aqueles apreendidos, bem como a simples análise desses documentos",[218] foi atribuído a um especialista em informática, denominado perito. Nas palavras do Conselheiro Carlos Emmanuel Joppert Ragazzo, apesar de observados alguns preceitos do CPC, não se trata de perícia - que demandaria a presença de técnico para a apreciação da prova -, apenas de "simples análise, por meio de pesquisa de palavras chaves dentre os documentos eletrônicos apreendidos".[219]

No Processo Administrativo n. 08012.011142/2006-79 (2014), a SDE e os acusados tiveram a oportunidade de discutir as palavras usadas no procedimento de seleção de documentos realizado pelo técnico. Diante da enormidade de dados obtidos em operações de busca e apreensão, parece saudável a opção pela transparência, feita por meio da participação dos acusados no processo prévio à seleção, discutindo os critérios de busca e a forma de sua efetiva aplicação.

Na maior parte dos casos, até a identificação dos arquivos a serem ofertados ao contraditório, o CADE confere tratamento sigiloso ao material, ofertando-se acesso apenas ao acusado proprietário das mídias.[220] A inquietação para a defesa dos demais acusados é não ter acesso àquele material, do qual poderiam ser extraídos elementos para provar sua inocência. Como dito, se os critérios de busca e seleção de documentos forem transparentes e discutidos com os acusados, o problema parece ser mitigado. No entanto, se o próprio acusador realizar a análise do material apreendido, sem a efetiva participação dos acusados e de "perito", pode-se estar diante de hipótese de restrição ao direito de ampla defesa.

---

218. Processo Administrativo n. 08012.004702/2004-77, voto do Conselheiro Carlos Emmanuel Joppert Ragazzo, p. 59.

219. Processo Administrativo n. 08012.004702/2004-77, voto, p. 58-59 (nota de rodapé no original). De acordo com Gustavo Henrique Righi Ivahy Badaró: "[c]aracterística fundamental da perícia é que o perito emite um *juízo de valor sobre os fatos*, externando sua impressão sobre a possibilidade de terem sido causados por outros acontecimentos e de virem a produzir outros." (BADARÓ, Gustavo Henrique Righi Ivahy. Op. cit., p. 225, ênfase no original).

220. Cf. Processo Administrativo n. 08012.011142/2006-79 (2014), voto do Conselheiro Alessandro Serafin Octaviani Luis: "[t]odos os documentos apreendidos compõem patrimônio exclusivo das empresas e dos empregados submetidos às diligências de busca e apreensão e, por lei, devem, em regra, permanecer de acesso exclusivo a eles, a fim, inclusive, de resguardar eventuais informações sigilosas que lá existam. A única exceção autorizada é a hipótese de determinado arquivo eletrônico ser indício de participação de algum dos Representados na conduta investigada, quando, então, tal arquivo específico deve ser disponibilizado aos Representados, para que sejam garantidos todos os meios necessários a suas amplas defesas e contraditórios" (p. 121).

c) *Possibilidade de utilização de impressões de* e-mails *(correspondências eletrônicas)*: no Processo Administrativo n. 08012.009888/2003-70 (2010), foi questionada a possibilidade de mensagem impressa apreendida no escritório de concorrente ser utilizada como prova. A preocupação era que o documento poderia ter sido forjado ("o fato de se encontrar um papel contendo suposta impressão de *e-mail* não implica necessariamente que o *e-mail* original existiu").[221]

O CADE considerou legítima a indagação, porém, naquele feito, rejeitou a tese de imprestabilidade do elemento de prova pelas seguintes razões:

> (...) Parece pouco plausível que um executivo criasse um documento que pudesse levá-lo à prisão apenas para conseguir prejudicar outra empresa. O nível de detalhe do documento dificulta ainda mais essa tese – não só estaria Pilão criando um documento que o incriminaria, como também estaria fornecendo detalhes que aumentariam consideravelmente a probabilidade de ser preso e multado. [222]

d) *Documentos estrangeiros*: seu uso é bastante comum em investigações de cartéis internacionais, que produzem efeitos em dois ou mais países. Do ponto de vista formal, não há empecilhos, desde que acompanhados de tradução ao vernáculo (juramentada ou atestada por advogado).[223] Quanto à mecânica de produção desses documentos, a discussão torna-se mais interessante, conforme será exemplificado no tópico dedicado à prova emprestada (item 2.5.3).

e) *Momento de apresentação da prova documental*: a jurisprudência revela ser admitida a juntada de documentos a qualquer momento antes da decisão.

Com relação à prova apresentada pelo administrado, não poderia ser diferente, em razão da incidência das diversas regras que instrumentalizam o direito à ampla defesa (*e.g.*, arts. 3º, III, e 38, da Lei n. 9.784/99, reflexos do art. 5º, LV, da Constituição Federal). Por isso, sob a ótica do administrado, andou mal o Regimento Interno do CADE

---

221. Voto do Conselheiro Fernando de Magalhães Furlan, p. 47.

222. Voto do Conselheiro Fernando de Magalhães Furlan, p. 75.

223. Regimento Interno do CADE, art. 48. *Vide* Processos Administrativos n. 08012.004599/1999-18 (2007), voto do Conselheiro Ricardo Villas Bôas Cueva, fl. 3.219, e 08012.010932/2007-18 (2015), voto do Conselheiro Márcio de Oliveira Júnior, tópico 4.8.

ao dispor, no art. 155, § 5º, que "a juntada de prova documental poderá ser realizada até o encerramento da instrução" (g.n.).

Referido dispositivo regimental faz sentido no tocante à restrição de juntada de novos documentos, pela Administração Pública ou terceiros, após o encerramento da instrução. Afinal, será com base no material probatório produzido na instrução que o administrado se preparará para convencer o julgador a respeito de determinadas alegações de fatos, não sendo aceitável o acusador apresentar novos elementos de prova sem antes ofertá-los ao contraditório.

No entanto, o CADE vem admitindo a juntada de documentos pelo acusador em qualquer fase do processo, inclusive após a apresentação de alegações pelos acusados no encerramento da fase instrutória. Por exemplo, no Processo Administrativo n. 08012.002127/2002-14 (2005), após o protocolo das alegações finais, a SDE juntou estudo por ela desenvolvido a respeito dos danos gerados pela prática investigada, encaminhando o processo ao CADE sem oferecer o contraditório. O CADE não reconheceu cerceamento de defesa: "houve tempo suficiente para que as Representadas contestassem os resultados daquele estudo" até a decisão.[224]

O problema também aparece em casos discutindo a juntada de documentos pelo acusador após a apresentação das defesas e antes do encerramento da instrução, *e.g.*, nos Processos Administrativos n. 08012.004599/1999-18 (2007),[225] 08012.009888/2003-70 (2010) e 08012.011142/2006-79 (2014).[226] No segundo deles, o Conselheiro Fernando de Magalhães Furlan, alicerçando-se em jurisprudência de tribunais superiores, foi bastante enfático ao afirmar "que sempre era possível a obtenção e o uso de novas provas ao longo do processo", tendo os acusados consciência dessa circunstância, "especialmente no que se refere ao produto da busca e apreensão".[227]

---

224. Voto do Conselheiro Luiz Carlos Delorme Prado, fl. 13.472. De qualquer modo, para evitar maiores discussões, o Conselheiro afirmou que não valorou o estudo, por ele considerado desnecessário. No entanto, é impossível saber em que medida o material pode de fato ter influenciado a formação da convicção (*e.g.*, na fixação do montante das multas aplicadas).

225. Voto do Conselheiro Ricardo Villas Bôas Cueva, fl. 3.221.

226. Voto do Conselheiro Alessandro Serafin Octaviani Luis: "[a] SDE juntou aos autos todos os documentos, físicos e eletrônicos, considerados como indícios de conduta investigada, dando, dessa forma, plena oportunidade para que os Representados elaborassem suas defesas em relação a todos eles. (...)" (p. 174).

227. Voto, p. 38. O mais curioso foi o Conselheiro ter também justificado a possibilidade de apresentação de novos documentos porque assim o fizeram os acusados: "[é] importante destacar também que a SDE e o CADE sempre foram receptivos à apresentação de novas

A juntada de documentos pela Administração Pública após a apresentação das defesas é possível, mas, em processos de natureza sancionadora, deve ser restrita às hipóteses necessárias para a adequada instrução (*e.g.*, documentos identificados após a análise de mídias eletrônicas apreendidas – desde que tenha sido ofertado ao acusado participar dos critérios de sua seleção –, documentos que não estavam na posse do acusador no momento da instauração etc.). Em caso de juntada de volume significativo de novos documentos, considerar a reabertura do prazo de defesa pode ser uma forma de mitigar os óbvios prejuízos decorrentes da apresentação "parcelada" de defesa.

Em especial nas situações de juntada de novos documentos pelo acusador após o encerramento da instrução, entende-se imperiosa a reabertura dessa fase, desentranhando-se dos autos o material colacionado após esse evento. A mera existência de parecer do órgão acusador com informações não contraditadas poderia influenciar de maneira decisiva o convencimento dos Conselheiros do CADE.

f) *Documentos de acesso restrito*: a existência de documentos juntados em apartados confidenciais também foi objeto de questionamento quanto a possível ofensa à ampla defesa.[228]

Nos processos administrativos conduzidos pelo CADE, é possível atribuir tratamento sigiloso a determinadas informações e documentos, consoante as Leis n. 12.529/11 (art. 49) e 9.784/99 (art. 46). Nessa hipótese, determina-se a abertura de apartados de acesso restrito ao CADE e à parte fornecedora da informação (seja o fornecimento espontâneo, seja o fornecimento decorrente de apreensão).

---

informações e argumentos. De agosto de 2004, até a presente data, as representadas tiveram inúmeras oportunidades de adequar as suas defesas aos elementos que foram gradualmente sendo coligidos. Em nenhum momento se tolheu a possibilidade de as investigadas trazerem novas manifestações para influenciar a convicção do CADE".

228. Na Europa, também existe a mesma preocupação, conforme aponta James Venit: "[a] maior familiaridade da Comissão com os autos e a restrição de acesso dos réus aos materiais que foram reproduzidos parcialmente em razão de pedidos de confidencialidade de terceiros, ou que não foram juntados aos autos, cria uma significativa disparidade que limita a habilidade do réu de descobrir os fatos e contestar as provas em casos concorrenciais" (VENIT, James. Human all too human: the gathering and assessment of evidence and the appropriate standard of proof and judicial review in Commission enforcement proceedings applying Articles 81 and 82. In: EHLERMANN, Claus-Dieter; MARQUIS, Mel (Eds.). *European competition law 2009*: the evaluation of evidence and its judicial review in competition cases. Oxford e Portland: Hart Publishing, 2011. p. 229).

No Processo Administrativo n. 08012.011142/2006-79 (2014), o Conselheiro Alessandro Serafin Octaviani Luis apresentou adequada justificativa para a atribuição de caráter confidencial a determinadas informações e documentos, argumentando que o contrário poderia implicar exposição indevida dos administrados e "colocar a Administração na paradoxal situação de repassador de informações concorrencialmente sensíveis de um concorrente para outros".[229]

Nada obstante, se a informação sigilosa for utilizada pela autoridade para formação de sua convicção, seja em sede de instrução, seja em sede decisória, os documentos deverão ser disponibilizados para os demais acusados, sob pena de violação ao contraditório e à ampla defesa. Nesse ponto convergem a jurisprudência[230] e o Regimento Interno do CADE (arts. 52, parágrafo único, e 54, II).

g) *Dever de colaboração e direito de não incriminação (*nemo tenetur se detegere*)*

Como visto no item 1.3.4, a Superintendência-Geral e os Conselheiros do CADE possuem amplos poderes de requisição de informações (escritas ou orais) e documentos. A recusa, a omissão ou o retardamento injustificado dessas informações ou documentos constituem infração punível com multa diária, nos termos do art. 40,[231] da Lei n. 12.529/11. Também serão punidas com severas multas a enganosidade e a falsidade de informações, documentos ou declarações prestadas por qualquer pessoa ao CADE, nos termos do art. 43.[232] Sob a égide da Lei n. 8.884/94, todas essas ações e omissões eram punidas na forma estabelecida no revogado art. 26.

---

229. Voto, p. 121.

230. Processo Administrativo n. 08012.011142/2006-79 (2014), voto do Conselheiro Alessandro Serafin Octaviani Luis, p. 179.

231. "Art. 40. A recusa, omissão ou retardamento injustificado de informação ou documentos solicitados pelo Cade ou pela Secretaria de Acompanhamento Econômico constitui infração punível com multa diária de R$ 5.000,00 (cinco mil reais), podendo ser aumentada em até 20 (vinte) vezes, se necessário para garantir sua eficácia, em razão da situação econômica do infrator.
§ 1º O montante fixado para a multa diária de que trata o *caput* deste artigo constará do documento que contiver a requisição da autoridade competente. (...)"

232. "Art. 43. A enganosidade ou a falsidade de informações, de documentos ou de declarações prestadas por qualquer pessoa ao Cade ou à Secretaria de Acompanhamento Econômico será punível com multa pecuniária no valor de R$ 5.000,00 (cinco mil reais) a R$ 5.000.000,00 (cinco milhões de reais), de acordo com a gravidade dos fatos e a situação econômica do infrator, sem prejuízo das demais cominações legais cabíveis."

Assim, de forma resumida, a lei antitruste pune tanto o silêncio quanto a mentira. Não se encontrou registro de condenação quanto ao primeiro tipo (omissão), mas houve um caso de condenação por conduta enganosa nos processos de investigação de cartel examinados neste estudo.

A condenação ocorreu em 1999, no bojo do Processo Administrativo n. 08000.015337/1997-48, em razão de ser falsa a negativa de participação dos acusados em reunião com o Ministério da Fazenda, considerada fundamental para a prova da materialidade da conduta investigada.[233]

Para justificar a decisão, além do correspondente dispositivo da Lei n. 8.884/94 (art. 26), o CADE invocou o art. 4º, da Lei n. 9.784/99, que impõe como deveres do administrado perante a Administração expor os fatos conforme a verdade, proceder com lealdade e boa-fé, prestar as informações que lhe forem solicitadas e colaborar com o esclarecimento dos fatos.[234]

Segundo o Conselheiro Ruy Afonso de Santacruz, "embora na esfera criminal ninguém pode *[sic]* ser compelido a produzir provas criminais contra si mesmo, na esfera administrativa a verdade e a boa-fé são exigidas", tendo os acusados feito "uma opção clara pela tentativa de enganar a autoridade competente, ciente dos riscos envolvidos". Nesse ponto, desenvolveu particular interpretação do princípio da oficialidade – com a qual não se pode concordar – para justificar sua decisão:

> Segundo o princípio da oficialidade, no processo administrativo cabe ao julgador solicitar a produção das provas, cabendo ao administrado apresentá-las conforme solicitado. Especialmente porque no processo do CADE não se faz prova e contradita de prova, sendo toda a análise e julgamento feitos com base nas informações apresentadas pelos administrados. Desse modo,

233. Segundo o Conselheiro Ruy Afonso de Santacruz, a infração foi grave porque "se cuida de uma das provas mais importantes na caracterização do ilícito em exame (inciso I), houve má-fé por parte das Representadas ao tentar refutar uma informação prestada por um órgão público, cujos atos gozam de presunção de veracidade (II), a vantagem pretendida era escapar da punição por uma eventual condenação por conduta anticoncorrencial também grave, como formação de cartel (III), e que os infratores detêm substancial poder econômico (VII) e posição dominante nos seus mercados. Todos esses agravantes indicam a necessidade de aplicação de multa elevada como forma de punir a infração e desencorajar novas tentativas de enganar a Administração na sua ação em defesa da coletividade e dos preceitos constitucionais da livre iniciativa e da livre concorrência." (voto, p. 16-17).

234. Também foram invocados dispositivos do CPC para justificar a sanção.

o princípio da boa-fé na apresentação das informações está guindado a um grau de importância maior do que nos processos civil e penal. (...)[235]

Por fim, o precedente tangenciou o tema da omissão, sendo conflitante e inconclusivo nesse ponto. De um lado, admitiu ser possível "deixar de prestar as informações que poderiam comprometer criminalmente os seus representantes"[236] (além de infração administrativa, cartel é crime). De outro, "omitir dados essenciais para o esclarecimento da verdade" implicaria "admitir a limitação do poder de polícia estatal, inviabilizando a coação contida na norma".[237]

A multa imposta pelo CADE foi invalidada pelo Tribunal Regional Federal da 1ª Região, em 2010, por duas razões. Em primeiro lugar, a multa prevista no art. 26, da Lei n. 8.884/94, só poderia ser aplicada em caso de requisição formal de apresentação de documentos, não se enquadrando no tipo legal a enganosidade de alegações em peças de defesa, como ocorreu no caso. Em segundo lugar, a exigência de confissão de fato que as acusadas viam como prejudicial para a defesa estava em desacordo com o devido processo legal.

A questão de fundo neste debate é a correlação entre o dever de colaboração e o direito à não produção de provas contra si mesmo em processos administrativos no CADE.

Não há dúvidas quanto à existência de regras de colaboração nos diversos ramos processuais. No processo administrativo, a própria Lei n. 9.784/99 atribui uma série de deveres de colaboração da Administração com o administrado (*e.g.*, art. 37) e vice-versa (art. 4º, I e IV). No entanto, conforme abordamos em outra ocasião,[238] esse dever não é absoluto, devendo ser cotejado com as regras do devido processo legal e do direito ao silêncio (Constituição Federal, art. 5º, LV e LXIII).

Concorda-se com Ana Paula Martinez, que propugna a ampla aplicação do princípio da não autoincriminação (*nemo tenetur se detegere*) aos investigados em processos administrativos de investigação de

235. Voto, p. 16.

236. Voto, p. 13.

237. Voto, p. 13-14.

238. RIBAS, Guilherme Favaro Corvo. O princípio da presunção de inocência no processo administrativo sancionador. In: MEDAUAR, Odete; SCHIRATO, Vitor Rhein (Orgs.). *Atuais rumos do processo administrativo*. São Paulo: Ed. Revista dos Tribunais, 2010. p. 175-191.

cartel, "não só em vista das rigorosas sanções a que estão sujeitas as partes, mas também porque os mesmos fatos podem constituir crime":

> (...) o indivíduo tem o direito de não confessar, não fazer declarações que podem ser usadas contra ele, não colaborar com as investigações e mesmo faltar com a verdade, desde que com o intuito único de não se autoincriminar e desde que não distorça fatos de terceiros. Com o único intuito de se defender, o indivíduo pode mentir e negar, por exemplo, que esteve em uma reunião, no caso de cartel, assim como é permitido a um foragido mentir sobre sua identidade. (...)[239]

Para além desse aspecto, é possível examinar a questão sob a ótica do ônus da prova. Estando a Administração Pública incumbida de provar o quanto alega, é ilógico impor ao administrado a produção da prova a ser usada contra ele em momento posterior. Valendo-se de raciocínio extremo, se exigível fosse a prestação incondicional de informações – por meio das quais seriam obtidas confirmações de participação em cartéis –, poder-se-ia até mesmo questionar a moralidade da política de leniência, na qual ao delator é conferida uma série de benefícios por confessar a prática de colusão. Talvez por essas razões não foram registradas outras ocorrências dessa natureza.

Em sentido contrário, Fernando de Magalhães Furlan entende que o privilégio contra a autoincriminação não tem caráter absoluto, sendo incabível "a importação de postulados do direito criminal para o processo administrativo, tanto menos para processo administrativo em matéria de defesa da ordem econômica que possui características mais de um processo objetivo que subjetivo".[240]

Ainda no tocante a assuntos relacionados à colaboração das partes no processo, registra-se ocorrência no Processo Administrativo n. 08012.009888/2003-70 (2010), no qual a SDE sugeriu ao CADE levar em consideração a ausência de colaboração no momento de apuração da multa. A despeito de concordar com o diagnóstico, o Conselheiro Fernando de Magalhães Furlan não considerou o comportamento procrastinatório como agravante porque já havia muitos elementos de prova contra os acusados.[241]

---

239. MARTINEZ, Ana Paula. *Repressão a cartéis*: interface entre direito administrativo e direito penal, cit., p. 164. A autora também abordou o mesmo exemplo de multa de enganosidade aplicada pelo CADE, concordando com a decisão do Tribunal Regional Federal da 1ª Região de anular a multa (p. 165).

240. FURLAN, Fernando de Magalhães. *Questões polêmicas em direito antitruste*, cit., p. 37.

241. Voto, p. 116.

2.4.2. Perícia

A prova pericial consiste em exame, vistoria ou avaliação (CPC de 2015, art. 464, equivalente ao art. 420, do CPC de 1973), exigindo conhecimentos técnicos ou científicos do encarregado por sua produção. Será indeferida quando (i) a prova do fato não depender do conhecimento especial de técnico, (ii) for desnecessária em vista de outras provas produzidas ou (iii) a verificação for impraticável.

Seguindo linha adotada no CPP, nos processos administrativos de investigação de cartéis, o perito prestará compromisso de bem e fielmente desempenhar seu encargo. Tanto a Superintendência-Geral quanto os acusados poderão formular quesitos e requerer esclarecimentos do perito.[242]

Quando tratar de perícia de autenticidade ou falsidade de documento, deverá ser observado o procedimento do art. 478, do CPC de 2015 (equivalente ao art. 434, do CPC de 1973).[243]

As perícias não são muito utilizadas nos processos administrativos, tendo havido alguma discussão sobre autenticidade de voz em gravações nos Processos Administrativos n. 08012.001826/2003-10 (2007)[244] e 08012.006019/2002-11 (2008).[245]

No Processo Administrativo n. 08012.002127/2002-14 (2005), houve perícia de programas de computador apreendidos no sindicato patronal das empresas produtoras de pedra britada, tendo sido identificado alto grau de sofisticação do acordo viabilizado "por meio da utilização da tecnologia da informação para objetivos ilícitos". Tal como relatado pela perícia, os programas PAE e SISCO foram consideradas as principais ferramentas do cartel.[246]

---

242. Regimento Interno do CADE, art. 155, § 4º.

243. *Vide* discussão a respeito no Processo Administrativo n. 08012.010932/2007-18 (2015), voto do Conselherio Márcio de Oliveira Júnior, tópico 3.14.

244. Voto do Conselheiro Abraham Benzaquen Sicsú, p. 17.

245. Voto da ex-Presidente Elizabeth Maria Mercier Querido Farina, p. 5.

246. Voto do Conselheiro Luiz Carlos Delorme Prado, p. 13.486: "[o] SISCO, "Sistema de Integração Comercial", era o software utilizado para organizar o sistema de cotações. Era formado por um módulo central, instalado nos computadores do Sindipedras, que era alimentado por informações das Empresas Participantes. A perícia de fls. 11.887/12.113 demonstrou que o SISCO possuía um módulo de cadastro para 'consulta de clientes' (fl. 11.927), um módulo de 'cadastro de cotações' (fl. 11.928), um módulo de 'relatório de fechamento' (fl. 11.929), um módulo de 'relatório de direcionamento' (fl. 11.930) e um módulo de 'cotações e direcionamentos' (fl. 11.931). Este software tem a capacidade de receber informações de clientes sobre

Interessante notar pedidos de realização de perícia para a investigação de similaridade de preços. No Processo Administrativo n. 08012.000283/2006-66 (2008), esse tipo de prova foi indeferido pelas seguintes razões:

> As informações sobre os preços efetivamente cobrados por Aro, Smarja e Somar solicitadas à Administração Pública estão em poder das próprias representadas, que poderiam tê-las apresentado em qualquer momento do processo.
>
> Caso fosse realmente do interesse das representadas a demonstração de que não houve paridade nos preços cobrados, ao contrário das provas dos autos e apesar de ser inútil para o afastamento da imputação do ilícito concorrencial, essas empresas teriam apresentado as notas fiscais que estão em seu poder, com a respectiva demonstração de que os preços praticados à época dos fatos investigados não eram paritários.
>
> Ressalte-se que para a constatação de um cartel, não é necessário que os preços sejam paritários, mas sim a cobrança de preços acordados. Isso porque, racionalmente, qualquer preço acordado entre concorrentes será superior ao que seria praticado em condições de concorrência e, portanto, lesivo ao bem estar social e, em última análise, ao consumidor final. (...)[247]

No Processo Administrativo n. 08000.009391/1997-17 (2013), o pedido de perícia dos preços foi de igual forma rejeitado pelo acusador. No entanto, ao analisar a alegação de cerceamento de defesa, o Tribunal apresentou inédita discordância do posicionamento da SDE:

---

orçamentos e cotações, pode executar uma rotina de direcionamento e gerar um relatório de direcionamento e um relatório com cotações e direcionamento.

O PAE, Programa de Atualização Estatística ou Programa para Aprimoramento Estatístico, consiste num software do tipo banco de dados de padrão Oracle, no qual é possível cadastrar e armazenar informações como: Empresa, Produto, Região de Distribuição e Tipo de Venda. Por meio do PAE é possível a emissão de relatórios de: Posição de Vendas, Segmento de Consumo, Região de Distribuição, Média Móvel, Produtos/Empresa e Auditoria. O software possui ainda um módulo para importação de dados de Faturamento, cuja alimentação era feita diariamente pelas Empresas Participantes. Para a implantação e utilização do PAE, as empresas necessitavam instalar e operar o Sistema Oracle. Os documentos de fls. 1.232 a 1.251 demonstram que as empresas filiadas ao Sindipedras contrataram a ACAI – Assessoria e Consultoria Administrativa e de Informática Ltda. com essa finalidade entre maio e agosto de 1999. Neste programa as empresas lançavam as vendas diárias com os números de notas fiscais, a fim de controlarem as cotas de mercado estabelecidas para cada participante do cartel e verificarem o cumprimento do ajustado."

247. Voto do Conselheiro Paulo Furquim de Azevedo, p. 8. No Processo Administrativo n. 08012.008847/2006-17 (2015) também houve o indeferimento da realização de perícia (*vide* voto do Conselheiro Márcio de Oliveira Júnior, itens 41-43).

> 32. No tocante ao pedido de realização de prova técnica, a SDE, no exercício de seu poder instrutório, entendeu que as diligências para apurar os efeitos da Tabela Lumpsum sobre os preços praticados no mercado não eram pertinentes (...).
>
> 33. Neste aspecto, forçoso salientar que, destinando-se o presente feito a averiguar a repercussão de conduta de fixação de preço, seria importante a análise dos dados relativos às margens que a referida conduta teria eventualmente alterado. Em que pese a necessidade, não houve esforço probatório algum destinado a averiguar os níveis de dispersão dos preços na prestação do serviço de rebocagem, seja antes, durante ou depois da conduta.[248]

Quanto aos pedidos de perícia para a identificação de mercado relevante e poder de mercado dos acusados, *vide* tópico sobre as "provas" econômicas (item 2.4.9).

2.4.3. Depoimento pessoal (interrogatório)

O interrogatório consiste na oitiva do acusado. Nos processos administrativos de investigação de cartel, recebe a denominação de "depoimento pessoal", consoante terminologia utilizada no CPC.

As Leis n. 12.529/11 e n. 9.784/99 são silentes a respeito da necessidade de realização de interrogatório. No entanto, em razão da aplicação subsidiária do CPC, o depoimento pessoal pode ser utilizado como meio de prova nos processos conduzidos pelo CADE.

O interrogatório também é arrolado como meio de prova no CPP, porém a doutrina divide-se quanto à sua natureza. Para alguns, trata-se de meio de prova, pois assim definido por lei; para outros, instrumento de defesa. A última corrente é mais acertada, em razão de o acusado poder invocar o direito ao silêncio (que não pode ser interpretado em prejuízo da defesa). Nas palavras de Gustavo Henrique Righy Ivahy Badaró:

> (...) Se o acusado pode se calar, não respondendo a nenhuma pergunta, o interrogatório não pode ser visto como um meio de prova, posto que não se destina a fornecer elementos de convicção ao juiz. Eventualmente, ao exercer a sua autodefesa, o acusado poderá fornecer algum elemento de convicção

---

248. Voto da Conselheira Ana de Oliveira Frazão, fl. 1.276. Trata-se de caso único de discordância. No entanto, na prática, não surtiu efeito, pois o feito foi arquivado: "(...) a ausência da prova requerida não importa em cerceamento de defesa ou qualquer prejuízo aos Representados, pois em nada altera a conclusão do feito, como se verá ao longo do voto".

> que possa ser considerado pelo juiz na formação de seu convencimento. Não é este, porém, o objetivo do interrogatório.[249]

Para o autor, se admitido como meio de prova, seria insólito, pois valeria apenas contra o acusado:

> Nenhum juiz absolveria o acusado, pois este negou a autoria dos fatos em seu interrogatório, servindo tal como "meio de prova" de que o acusado não cometeu o crime. Já no caso de confissão, o acusado seria condenado, posto que reconheceu ser o autor do delito. Ao mais, em tal caso, o "meio de prova" seria a própria confissão, e não o interrogatório em si.[250]

Cabem neste tópico as mesmas considerações feitas no item 2.4.1 a respeito da relação entre dever de colaboração e direito à não autoincriminação tratada na análise da prova documental. A interpretação restrita dos arts. 40 e 43, da Lei n. 12.529/11, poderia ensejar, de maneira equivocada, a imposição de multa em caso de omissão ou enganosidade nos esclarecimentos orais solicitados ao acusado.[251]

Guilherme de Souza Nucci observa que o direito ao silêncio não implica a adoção de postura passiva do acusado no processo, pois "há evidente propósito defensivo em atuação contrária ao fluxo de provas levantadas pelos órgãos estatais encarregados da persecução penal".[252]

Por ser ato personalíssimo, só pode ser praticado pelo acusado ou pelo representante legal, no caso de pessoa jurídica.[253]

No exame da jurisprudência, detectou-se a discussão sobre o depoimento pessoal no Processo Administrativo 08012.004599/1999-18 (2007). O Conselheiro Luis Fernando Schuartz considerou acertada a decisão da SDE de excluir menção aos depoimentos prestados à SEAE – prova contundente da conduta – por não terem sido observados os requisitos formais necessários.[254]

---

249. BADARÓ, Gustavo Henrique Righi Ivahy. Op. cit., p. 233. Guilherme de Souza Nucci lista uma série de doutrinadores favoráveis às duas correntes (NUCCI, Guilherme de Souza. *Provas no processo penal*. 2. ed. São Paulo: Ed. Revista dos Tribunais, 2011. p. 72-73).

250. BADARÓ, Gustavo Henrique Righi Ivahy. Op. cit., p. 233.

251. Gustavo Henrique Righy Ivahy Badaró ressalta não haver um direito de mentir para o acusado: "[h]á uma irrelevância jurídica na mentira do acusado, posto que de tal ato não lhe poderão advir conseqüências negativas. O direito ao silêncio do acusado inclui o direito de apresentar versão para encobrir fatos sobre os quais deseja se calar" (Id. Ibid., p. 233).

252. NUCCI, Guilherme de Souza. Op. cit., p. 70.

253. Cf. BADARÓ, Gustavo Henrique Righi Ivahy. Op. cit., p. 234.

254. Voto, p. 12.

Seria salutar a obrigatoriedade de interrogatório nos processos administrativos de investigação de cartéis, adotando-se as formalidades e procedimentos estabelecidos no CPP (arts. 185 a 196), tais como a necessidade de acompanhamento por defensor constituído ou nomeado (art. 185) e a informação do direito de permanecer calado e não responder perguntas (art. 186). Além disso, o interrogatório deve ser feito após a produção das demais provas, tal como no processo penal (art. 400).

2.4.4. Confissão

A confissão é a admissão da infração pelo acusado. Pode ocorrer em fase pré-processual (inquisitorial) ou no curso do processo administrativo, como resultado eventual do interrogatório. Além da autoria, poderão ser confessados fatos relacionados à materialidade da conduta e suas características.

A Lei n. 12.529/11 dispõe apenas incorrer em confissão quanto à matéria de fato o acusado notificado que não apresentar defesa no prazo legal (art. 71). No entanto, como visto no capítulo 1, o próprio CADE, de maneira apropriada, já rechaçou a confissão como consequência da revelia:

> (...) a revelia não nos leva a admitir como verdadeira qualquer alegação levantada em face dela. Ao revés, o princípio da verdade material demanda que, em matéria sancionatória, o julgador condene, apenas, na convicção de que as provas lhe são bastantes. (...).[255]

A confissão encontra-se disciplinada no CPC de 2015 (arts. 389 a 395, equivalentes aos arts. 348 a 354, do CPC de 1973) e no CPP (arts. 197 a 200). Nos dois códigos, é classificada como meio de prova, porém parte da doutrina questiona essa denominação. Para Gustavo Henrique Righy Ivahy Badaró, pode ser resultado eventual do interrogatório (o próprio interrogatório seria o meio de prova, para os que o consideram como tal) ou, se feita fora do processo, deverá ser retratada em documento e será este documento o meio de prova produzido no processo.[256]

---

255. Assim se posicionou o Conselheiro Luiz Carlos Delorme Prado no Processo Administrativo n. 08012.006019/2002-11 (2008), p. 63.

256. BADARÓ, Gustavo Henrique Righi Ivahy. Op. cit., p. 238. Em sentido contrário, Guilherme de Souza Nucci entende ser a própria confissão o meio de prova (NUCCI, Guilherme de Souza. Op. cit., p. 100).

A aplicação das regras do CPC não é suficiente para regular a confissão no âmbito do processo administrativo de investigação de cartéis, pois a sistemática ali adotada não foi pensada sob a ótica do direito sancionador. Deve-se, assim, aplicá-las em conjunto com as regras estabelecidas no CPP, admitindo-se, por exemplo, a retratação a qualquer momento e a obrigação de o julgador confrontá-la com as demais provas do processo, verificando se entre ela e estas existe compatibilidade ou concordância. Assim, a confissão deve ser sempre espontânea (voluntária) e realizada pelo próprio acusado ou seu representante legal, em se tratando de pessoa jurídica.

Não houve confissão nos processos administrativos objeto da pesquisa realizada neste trabalho. Isso não significa que alguns acusados não tenham confessado a prática, mas o fizeram em outros instrumentos formais a seguir examinados (acordo de leniência e compromisso de cessação de prática).

2.4.5. Acordo de leniência (delação premiada)

O acordo de leniência é o instrumento celebrado entre a Superintendência-Geral do CADE e autores da prática de cartel, pelo qual estes, em troca de imunidade e benefícios nos campos administrativo e penal, confessam a participação na infração e colaboram de maneira efetiva com as investigações.

Trata-se de poderosa ferramenta de investigação de cartéis, utilizada em diversos países, "que permite à autoridade identificar condutas que, de outra maneira, continuariam às escuras, no mesmo tempo em que garante a realização de uma investigação mais eficiente e efetiva".[257] Além disso, um efetivo programa de leniência contribui para:

> (i) desencorajar a participação de empresas em cartéis; (ii) estimular a desistência de participação em cartéis pré-estabelecidos; (iii) aumentar a probabilidade de detecção da conduta e (iv) aumentar a possibilidade de sanção pela Administração Pública. (...)[258]

257. Processo Administrativo n. 08012.004702/2004-77 (2012), voto do Conselheiro Carlos Emmanuel Joppert Ragazzo, p. 16 (nota de rodapé no original).

258. Processo Administrativo n. 08012.011027/2006-02 (2013), voto do Conselheiro Ricardo Machado Ruiz, p. 95 (nota de rodapé no original). Segundo o Conselheiro Márcio de Oliveira Júnior, o acordo de leniência desestabiliza a confiança entre os integrantes do cartel, "causando instabilidade entre os participantes do conluio e desconstruindo alinhamentos que resultavam em prejuízos à concorrência. A iminência de que algum cartelista poderá denunciar a

Introduzida no Brasil em 2000, foi utilizada pela primeira vez em 2003, no Processo Administrativo n. 08012.001826/2003-10 (2007). Entre 2003 e 2015, foram celebrados 50 acordos.[259]

No período objeto deste estudo, o CADE decidiu cinco processos iniciados a partir de celebração de acordo de leniência: Processos Administrativos n. 08012.001826/2003-10 (2007), 08012.004702/2004-77 (2012), 08012.011027/2006-02 (2013), 08012.010932/2007-18 (2015) e 08700.007611/2012-45 (2015). Nos quatro primeiros casos, a maioria dos acusados foi condenada. O último processo, que é fruto de desmembramento de outro ainda em curso perante a Superintendência-Geral, foi arquivado porque os proponentes do acordo de leniência e a antiga SDE erraram ao arrolar determinadas empresas estrangeiras no polo passivo da investigação.[260]

O instituto da leniência encontra-se disciplinado nos arts. 86 e 87, da Lei n. 12.529/11, equivalentes aos revogados arts. 35-B e 35-C, da Lei n. 8.884/94. O *Guia sobre o programa de leniência antitruste*, emitido pelo CADE em maio de 2016, também apresenta informações úteis sobre os procedimentos e rotinas adotados pela Superintendência-Geral na negociação e celebração dos acordos.[261]

Podem ser proponentes pessoas físicas e jurídicas, participantes de cartéis, inclusive seus líderes.[262] A pessoa jurídica poderá celebrar

---

prática traz desincentivos à formação e à manutenção de cartéis" (Processo Administrativo n. 08012.010932/2007-18 (2015), voto, item 202).

259. CADE. *Balanço 4 anos da Lei 12.529/11*, cit., p. 17.

260. Em 2004, os proponentes da leniência relataram à SDE a existência de um cartel internacional. Com o passar dos anos e novas investigações internas – que resultaram na celebração de mais dois acordos de leniência e dois aditivos –, verificou-se que o suposto cartel era nacional, razão pela qual o processo foi desmembrado para viabilizar o arquivamento com relação às sociedades estrangeiras.

261. Disponível em: <http://www.cade.gov.br/acesso-a-informacao/publicacoes-institucionais/guias_do_Cade/guia_programa-de-leniencia-do-cade-final.pdf>. Acesso em: 29 jul. 2016.

262. Sob a égide da Lei n. 8.884/94, era vedada a celebração de acordos de leniência pelos líderes de cartéis. Segundo explicação de Ana Paula Martinez, "não soava justo permitir que exatamente aquele que esteve à frente da conduta pudesse se beneficiar de imunidade, em prejuízo de todos os demais membros, que seguiram os passos do 'líder do cartel' ou daquele que tivesse coagido os demais a participarem". No entanto, segundo a autora, o legislador optou por excluir o requisito em razão da dificuldade de identificação dos líderes dos cartéis (MARTINEZ, Ana Paula. *Repressão a cartéis*: interface entre direito administrativo e direito penal, cit., p. 264). A ilegalidade da celebração de acordo com o líder do cartel foi arguida no Processo Administrativo n. 08012.011027/2006-02 (2013), tendo sido afastada pelo Conselheiro Ricardo Machado Ruiz porque "os Representados não trouxeram qualquer

o acordo de leniência se preenchidos os seguintes requisitos: (i) seja a primeira a se qualificar com respeito à infração noticiada ou sob investigação, (ii) cesse seu envolvimento na infração a partir da data de propositura do acordo, (iii) a Superintendência-Geral não disponha de provas suficientes para assegurar a condenação por ocasião da propositura do acordo e (iv) confesse sua participação no ilícito e coopere com as investigações e o processo administrativo de maneira plena e efetiva. O acordo com a pessoa física poderá ser celebrado se preenchidos os três últimos requisitos, não sendo necessário que seja a primeira a se qualificar.[263]

Os efeitos do acordo de leniência serão estendidos às empresas do mesmo grupo, de fato ou de direito, e a seus dirigentes, administradores, empregados e ex-empregados envolvidos na infração, desde que o firmem em conjunto com a pessoa jurídica proponente.[264]

Farão jus à concessão dos benefícios se colaborarem de maneira efetiva com a investigação e o processo administrativo e se dessa colaboração resultar (i) a identificação dos demais envolvidos na infração e (ii) a obtenção de informações e documentos que comprovem a infração noticiada ou sob investigação.

A propositura e a negociação do acordo de leniência são sigilosas, salvo no interesse das investigações e do processo administrativo.[265] A identidade do signatário do acordo também costuma ser mantida sob sigilo até a decisão pelo Tribunal do CADE.

Por serem coautores da prática de cartel, os signatários do acordo de leniência são arrolados no polo passivo do processo administrativo, sendo extinta a punibilidade apenas se cumprido o acordo.

A lei não prevê um formato fixo de acordo, devendo a estruturação e a documentação "atender às peculiaridades de cada caso concreto, especialmente quanto ao acesso dos demais partícipes da conduta investigada às informações, aos documentos e aos dados trazidos

informação que subsidiasse a alegação de que as lenientes estariam à 'frente da conduta'" (voto, p. 96).

263. Segundo Ana Paula Martinez, isso permite a celebração de acordos de leniência com pessoas físicas ligadas a concorrentes da empresa signatária (Id. Ibid., p. 264).

264. Caso a pessoa jurídica não seja proponente de acordo de leniência, isso não impedirá seu funcionário ou ex-funcionário de propô-lo, hipótese em que, caso firmado o acordo, os benefícios não se estenderão à pessoa jurídica.

265. A proposta de acordo de leniência rejeitada não será divulgada, tampouco importará em confissão quanto à matéria de fato ou reconhecimento de ilicitude da conduta analisada.

pelo denunciante".[266] No mínimo, devem estar presentes os seguintes elementos: (i) a confissão de culpa, (ii) a obrigação de colaboração, (iii) a descrição da prática, (iv) a identificação dos demais participantes do cartel e (v) os documentos e informações que comprovam a infração.[267] No Processo Administrativo n. 08012.004702/2004-77 (2012), os documentos foram organizados da seguinte maneira:

> No caso em análise, o acordo de leniência propriamente dito existente nos presentes autos é composto (i) pelo termo da celebração, no qual os lenientes se comprometem a colaborar com o SBDC de forma a cumprir as exigências e obrigações do art. 35-B da Lei nº 8.884/94; (ii) pelo Histórico de Infrações, documento que representa o cerne e ponto nodal do acordo de leniência, no qual os beneficiários da leniência, em suma, confessam sua participação no ilícito, descrevem as infrações à ordem econômica cometidas e identificam os demais co-autores da infração e (iii) por diversos outros documentos juntados que demonstram os fatos descritos no Histórico de Infrações, de modo a comprovar as infrações noticiadas.[268]

Para "trazer maior segurança jurídica para o instituto",[269] a prática do CADE é demandar a chancela de representantes do Ministério Público na celebração do acordo. A medida é salutar porque a mera celebração do acordo produz efeitos imediatos na esfera penal: (i) determina a suspensão do curso do prazo prescricional dos crimes tipificados na Lei n. 8.137/90 e dos demais crimes diretamente relacionados à prática de cartel, tais como os tipificados na Lei n. 8.666/93 e no Código Penal (art. 288), e (ii) impede o oferecimento da denúncia com relação aos signatários do acordo.

O cumprimento do acordo será atestado pelo Tribunal do CADE no momento da decisão do processo administrativo.[270] No campo administrativo, resultará na decretação da extinção da ação punitiva da Administração Pública (se a Superintendência-Geral não tinha conhecimento da prática antes da proposta de acordo) ou na redução das penas aplicáveis de 1 (um) a 2/3 (dois terços) (nas demais hipóteses). No campo penal, extinguirá automaticamente a punibilidade dos crimes de cartel.

---

266. Processo Administrativo n. 08012.004702/2004-77 (2012), voto do Conselheiro Carlos Emmanuel Joppert Ragazzo, p. 23.

267. *Vide* outros requisitos no art. 206, § 1º, do Regimento Interno.

268. Voto do Conselheiro Carlos Emmanuel Joppert Ragazzo, p. 23-24.

269. Processo Administrativo n. 08012.004702/2004-77 (2012), voto do Conselheiro Carlos Emmanuel Joppert Ragazzo, p. 19.

270. Em caso de descumprimento do acordo de leniência, o signatário ficará impedido de celebrar novo acordo de leniência pelo prazo de três anos.

Como pode ser percebido, o órgão decisório atua apenas na declaração do cumprimento do acordo, reconhecendo-se impedido por lei de decidir a respeito de sua validade, cabimento ou oportunidade na celebração. [271]

Por fim, necessário tecer considerações acerca do valor probatório das declarações dos signatários do acordo de leniência, sempre compostas de duas partes: admissão de participação na conduta e atribuição de coautoria a terceiros.[272]

Na parte em que admitem a participação na conduta, existe simples confissão. Como visto acima, nessa hipótese, a declaração deverá ser confrontada com as demais provas do processo, verificando-se sua compatibilidade e concordância. Tal procedimento foi adotado no Processo Administrativo n. 08012.004702/2004-77 (2012), tendo a análise do material probatório levado o CADE a decidir pela absolvição de uma das pessoas físicas, que assinou o acordo "para se proteger", consoante depoimento pessoal prestado na SDE.[273] Na ocasião, o Conselheiro Carlos Emmanuel Joppert Ragazzo demonstrou preocupação com o fato de inocentes assinarem o acordo:

> Sua adesão ao programa de leniência da SDE e a sua participação no acordo de leniência celebrado devem ser entendidas à luz da novidade do instituto no Brasil à época e da preocupação em ser responsabilizado por uma conduta grave, pelo simples fato de ser dirigente da empresa. Entretanto, é importante desestimular a adesão ao programa de leniência quando se é sabedor da sua inocência em relação aos fatos investigados, como é o caso do representado. [274]

Na segunda parte das declarações, os signatários do acordo de leniência atribuem coautoria a terceiros, descrevendo os detalhes da prática e em que medida os comparsas atuaram. Segundo o Conselheiro Ricardo Machado Ruiz, "essas declarações possuem valor, ainda que esse valor seja inferior ao exposto por uma testemunha imparcial, não interessada no resultado do feito, e que também presta compromisso de dizer a verdade", em razão de terem os signatários assumido

---

271. Cf. Processo Administrativo n. 08012.011027/2006-02 (2013), voto do Conselheiro Ricardo Machado Ruiz, p. 66-67.

272. Na delação, "além de confessar a autoria de um fato criminoso", o acusado "igualmente atribui a um terceiro a participação no crime como seu comparsa" (BADARÓ, Gustavo Henrique Righi Ivahy. Op. cit., p. 240).

273. Voto do Conselheiro Carlos Emmanuel Joppert Ragazzo, p. 165.

274. Voto, p. 165, rodapé no original.

"o compromisso de dizer a verdade sob pena de correrem o risco de perderem o benefício a eles conferido".[275]

O entendimento e a justificativa são inapropriados. Como reconhecido pelo CADE em outra ocasião, os signatários do acordo são sujeitos processuais, compõem o polo passivo (acusados) e possuem interesse no resultado do processo. Não são testemunhas, pois estas são terceiros desinteressados ("simples objetos processuais") e "servem tão somente como meio de prova".[276] Além disso, se é verdade que o risco de perda dos benefícios serve de incentivo para "dizer a verdade", ele também pode incentivar o signatário a mentir, como ocorreu no Processo Administrativo n. 08012.004702/2004-77 (2012) acima mencionado (pessoa física declarou-se culpada por receio de ser acusada).

Rafael Allendesalazar e Paloma Martínez-Lage entendem que a obrigação de colaborar, pedra fundamental do programa de leniência, pode resultar na distorção das declarações dos signatários do acordo:

> Em primeiro lugar, os proponentes de acordo de leniência são encorajados a incluir em seu pedido o maior número de práticas possível, mesmo que nem todas sejam anticompetitivas em sua visão. Em segundo lugar, os proponentes de acordo de leniência também são encorajados a descrever as práticas da maneira mais restritiva possível, mesmo havendo dúvidas de que sejam qualificadas como cartel.[277]

Destarte, concorda-se com Gustavo Henrique Righy Ivahy Badaró, para quem "[a] delação isolada, não corroborada por outros meios de prova, não é suficiente para fundamentar uma sentença condenatória".[278] Deve ser examinada sob intenso contraditório e sempre com a noção de tratar-se de declaração de pessoa interessada no deslinde da lide.

---

275. Processo Administrativo n. 08012.011027/2006-02 (2013), voto, p. 104. O Conselheiro evocou o art. 405, § 4º, do CPC de 1973 (equivalente ao art. 447, §§ 4º e 5º, do CPC de 2015), para autorizar a oitiva do signatário do acordo de leniência, independentemente de compromisso, cabendo ao julgador atribuir o valor que possa merecer.

276. Processo Administrativo n. 08012.004702/2004-77, voto do Conselheiro Carlos Emmanuel Joppert Ragazzo, p. 22.

277. ALLENDESALAZAR, Rafael; MARTÍNEZ-LAGE, Paloma. Evidence gathered through leniency: from the prisoner's dilema to a race to the bottom. In: EHLERMANN, Claus-Dieter; MARQUIS, Mel (Eds.). *European competition law 2009*: the evaluation of evidence and its judicial review in competition cases. Oxford e Portland: Hart Publishing, 2011. p. 574, tradução do inglês.

278. BADARÓ, Gustavo Henrique Righi Ivahy. *Direito processual penal*, cit., p. 242, nota de rodapé no original.

2.4.6. Compromisso de cessação de prática

O compromisso de cessação de prática é um acordo administrativo regulado pelo art. 85, da Lei n. 12.529/11, celebrado entre o CADE e os administrados investigados pela prática de condutas anticompetitivas (não apenas cartéis), nas fases inquisitorial (no âmbito de procedimentos preparatórios e inquéritos administrativos) ou acusatória (nos processos administrativos).[279]

O principal objetivo do acordo é regular as medidas necessárias para a cessação da prática investigada (ou ao menos da participação do investigado nela), devendo também fixar multa para o caso de descumprimento das obrigações compromissadas e, em casos de investigação de cartéis, estipular valor de contribuição pecuniária a ser recolhida ao Fundo de Defesa de Direitos Difusos.

Desde março de 2013, o compromisso de cessação de prática pode ser visto como termo de confissão nos processos administrativos de investigação de cartel, pois o Regimento Interno do CADE (art. 185) passou a condicionar sua celebração ao "reconhecimento de participação na conduta investigada por parte do compromissário".[280]

Embora somente o Tribunal possa homologar a assinatura do acordo, sua negociação pode ser conduzida tanto pela Superintendência-Geral quanto pelo Conselheiro-Relator. Na primeira hipótese, além da confissão, será obrigatória a previsão de colaboração do compromissário com a instrução processual (art. 186 do Regimento Interno).[281]

---

279. Para mais detalhes acerca dos compromissos de cessação de prática (inclusive seus benefícios para a Administração e os administrados) e do fenômeno da contratualização administrativa no direito antitruste, *vide* nosso Contratualização administrativa no direito concorrencial. In: ZANOTTA, Pedro; BRANCHER, Paulo (Orgs.). *Desafios atuais da regulação econômica e concorrência*. São Paulo: Atlas, 2010. p. 87-104.

280. O dispositivo regimental optou por utilizar o termo "reconhecimento", mais amplo e não técnico, em vez de "confissão", que exprimiria a noção de assunção de culpa, tal como feito no art. 86, § 1º, IV, da Lei n. 12.529/11 (confissão como requisito para a celebração do acordo de leniência). Por isso, na hipótese de o compromisso de cessação de prática ser utilizado como prova em ações privadas de reparação de danos ou ações civis públicas, pode haver questionamentos acerca da existência ou não de confissão.

281. Se, além de confessar, o compromissário atribuir a coautoria da infração a terceiros, e apresentar provas de suas alegações, estar-se-á diante de hipótese de delação. Será uma espécie de "acordo de leniência" sem os benefícios da leniência propriamente dita (extinção de punibilidade da infração administrativa e dos crimes de cartel). Juliana Bonacorsi de Palma analisa a evolução do tratamento legal do acordo e considera que, nos dias de hoje, está se assemelhando muito ao acordo de leniência (PALMA, Juliana Bonacorsi de. Acordos substitu-

A proposta poderá ter caráter confidencial e ser apresentada ao CADE uma única vez, não suspendendo o andamento do processo administrativo. Celebrado o acordo, o feito ficará suspenso enquanto estiver sendo cumprido o compromisso e será arquivado ao término do prazo fixado, se atendidas todas as condições ali estabelecidas. A suspensão do processo administrativo dar-se-á somente em relação ao compromissário, seguindo o processo seu curso regular para os demais acusados.

Em maio de 2016, o CADE lançou o guia "Termos de Compromisso de Cessação – TCC para casos de cartel",[282] com o objetivo de publicizar as práticas adotadas nas negociações desses acordos.

Houve a celebração de termos de compromisso de cessação em seis processos administrativos revisados durante a pesquisa empírica: 08012.002493/2005-16 (2007) (uma pessoa jurídica e duas pessoas físicas), 08012.011027/2006-02 (2013) (duas pessoas jurídicas e duas pessoas físicas), 08012.011142/2006-79 (2014) (uma pessoa jurídica), 08012.006969/2000-75 (2015) (uma pessoa jurídica), 08012.010932/2007-18 (2015) (cinco pessoas jurídicas) e 08012.004430/2002-43 (2015) (oito pessoas jurídicas, duas pessoas físicas e uma associação de classe).

No primeiro e no terceiro processos, houve disposição expressa nos termos de que sua celebração "não importa a confissão quanto à matéria de fato e nem o reconhecimento de culpa ou de qualquer ilicitude pela Compromissária, seus acionistas, gestores e prepostos".[283]

Nos demais, foi exigido o "reconhecimento de participação na conduta investigada",[284] tendo os documentos então sido considerados na formação da convicção do julgador,[285] e, em alguns casos, como verdadeiras "confissões das condutas".[286]

---

tivos dão mais eficácia ao direito da concorrência? In: SUNDFELD, Carlos Ari; ROSILHO, André. *Direito da regulação e políticas públicas*. São Paulo: Malheiros Ed, 2014. p. 234).

282. Disponível em: <http://www.cade.gov.br/acesso-a-informacao/publicacoes-institucionais/guias_do_Cade/guia-tcc-versao-final-1.pdf>. Acesso em: 29 jul. 2016.

283. Cláusula 1 dos Termos de Compromisso, que foram celebrados na mesma data (28.11.2007).

284. Exemplo: Termo de Compromisso celebrado em 20.02.2013, cláusula 2.1, no âmbito do Processo Administrativo n. 08012.011027/2006-02 (2013). *Vide* também Processo Administrativo n. 08012.006969/2000-75 (2015), voto do Conselheiro Gilvandro Vasconcelos Coelho de Araújo, item 18.

285. Processo Administrativo n. 08012.011027/2006-02 (2013), voto do Conselheiro Ricardo Machado Ruiz, p. 117.

286. Cf. Processos Administrativos n. 08012.010932/2007-18 (2015) e 08012.004430/2002-43 (2015), votos do Conselheiro Márcio de Oliveira Júnior, item 4 e item 77.

Dois desses processos foram iniciados a partir de acordos de leniência: 08012.011027/2006-02 (2013) e 08012.010932/2007-18 (2015). A tendência é que esse número aumente bastante (*vide* item 3.6).

2.4.7. Testemunhas

A prova testemunhal encontra-se disciplinada nos seguintes diplomas: Lei n. 12.529/11 (art. 70), Regimento Interno do CADE (art. 155, §§ 2º e 3º), CPC de 2015 (arts. 442 a 463, equivalentes aos arts. 400 a 419, do CPC de 1973) e CPP (arts. 202 a 225).

Segundo Vicente Greco Filho, testemunha é "a pessoa desinteressada que presta depoimento sobre os fatos pertinentes e relevantes do processo".[287] Podem depor como testemunhas todas as pessoas, exceto as incapazes, impedidas ou suspeitas (CPC de 2015, art. 447, equivalente ao art. 405, do CPC de 1973).[288] A testemunha não é obrigada a depor sobre fatos que lhe acarretem grave dano ou a cujo respeito, por estado ou profissão, deva guardar sigilo (CPC de 2015, art. 448, equivalente ao art. 406, do CPC de 1973).

A Lei n. 12.529/11 não prevê o número de testemunhas indicadas pela Superintendência-Geral, dispondo apenas que ao acusado é permitido arrolar na defesa três testemunhas (art. 70). O número é bastante aquém do estabelecido no CPC de 2015 (dez para cada parte, sendo três, no máximo, para a prova de cada fato, cf. art. 357, § 6º, correspondente ao art. 407, parágrafo único, do CPC de 1973) e no CPP (oito para cada parte no procedimento ordinário, art. 401).[289] No entanto, admitidos no processo administrativo de investigação de cartéis quaisquer meios de prova lícitos, não se sustentaria eventual rejeição de apresentação de testemunhas em número superior a três, desde que relevantes para a apuração do fato.[290]

---

287. GRECO FILHO, Vicente. *Manual de processo penal*. 7. ed. São Paulo: Saraiva, 2009. p. 222.

288. O CPP possui regras um pouco distintas, não havendo tantas restrições como no CPC. Poderão recusar a depor familiares do acusado (art. 206) e serão proibidas de depor, exceto se desobrigadas pela parte interessada, as pessoas que, em razão de função, ministério, ofício ou profissão, devam guardar segredo (art. 207). As partes poderão contraditar a testemunha ou arguir circunstâncias ou suspeições de parcialidade, fazendo consignar a contradita em ata (art. 214).

289. De acordo com o CPC de 2015 (art. 461, I, equivalente ao art. 418, I, do CPC de 1973) e o CPP (art. 209), o juiz poderá ouvir outras testemunhas.

290. Lei n. 9.784/99, art. 38, § 2º: "Somente poderão ser recusadas, mediante decisão fundamentada, as provas propostas pelos interessados quando sejam ilícitas, impertinentes, desnecessárias ou protelatórias".

Consoante o art. 25 da Lei n. 9.784/99, o Regimento Interno do CADE determina a realização das oitivas nas dependências do órgão, salvo se comprovada a impossibilidade de deslocamento da testemunha, sob as expensas da parte que a arrolou, admitindo-se a utilização de meio de videoconferência (art. 155, §§ 2º e 3º).[291]

O procedimento será oral. No início, a testemunha deve prestar compromisso de dizer a verdade do que souber e lhe for perguntado, sob pena de crime de falso testemunho, e relatar eventual interesse no feito. As perguntas serão feitas diretamente para as testemunhas, não se admitindo aquelas que puderem induzir a resposta, não tiverem relação com a causa ou importarem na repetição de outra já respondida. Seguindo orientação do CPP (art. 400), entende-se conveniente a oitiva das testemunhas da acusação e da defesa, nessa ordem. Ao final, o depoimento será reduzido a termo e assinado pelos presentes, facultando-se às partes sua gravação.

A falta injustificada sujeitará a testemunha à multa de até R$ 15.000,00 (quinze mil reais) para cada falta (Lei n. 12.529/11, art. 41). A enganosidade ou a falsidade de declarações, além de ensejar as sanções por crime de falso testemunho, podem acarretar na aplicação de multa de até R$ R$ 5.000.000,00 (cinco milhões de reais), de acordo com a gravidade dos fatos e a situação econômica do infrator.[292]

Este meio de prova não possui papel de destaque nos processos administrativos de investigação de cartéis. Embora tenha sido produzida em diversos feitos, ou mesmo emprestada de outros, por si só não serviu de base para condenações, tendo havido diversos alertas para o cuidado de valorar a prova testemunhal:

> Provas testemunhais são importantes para a caracterização de cartéis. Essas, no entanto, dependem para sua valoração de outros elementos, tais como, evidências suplementares documentais ou obtidas a partir de análise de dados disponíveis. Na ausência de fontes suplementares que corroborem provas testemunhais,

291. O CPC de 2015 (art. 454, equivalente ao art. 411, do CPC de 1973) e o CPP (arts. 220 e 221) apresentam exceções à regra que podem ser aplicáveis aos processos administrativos. Por exemplo, pode ser ouvida onde estiver a testemunha idosa ou enferma impossibilitada de se locomover (CPP, art. 220). *Vide* discussão referente ao indeferimento de oitiva de testemunhas em seus domicílios no Processo Administrativo n. 08012.011142/2006-79 (2014), voto do Conselheiro Alessandro Serafin Octaviani Luis, p. 156-157.

292. Por analogia ao depoimento pessoal, a testemunha também poderá invocar o direito à não autoincriminação se tiver de declarar fato que lhe possa ser imputado como delito (*vide* extensa jurisprudência de tribunais superiores citada por MARTINEZ, Ana Paula. *Repressão a cartéis*: interface entre direito administrativo e direito penal, cit., p. 164-165).

> essas dependem da credibilidade da testemunha, que por sua vez deve ser avaliada pela autoridade julgadora: Isto *[sic]* é, o peso de tais provas depende do convencimento da autoridade julgadora da sua veracidade, o que, por sua vez, está sujeito é algum grau de subjetividade.[293]

Na mesma linha, no Processo Administrativo n. 08012.012676/1999-12 (2014), o Conselheiro Alessandro Serafin Octaviani Luis admitiu o uso da prova testemunhal para demonstrar a prática de cartel, porém indicou alguns elementos a serem considerados em sua valoração: "(i) qualidade da testemunha; (ii) plausibilidade das alegações; (iii) grau de detalhes (não sendo suficiente apenas alegações genéricas de existência de colusão); (iv) corroboração com outros elementos probatórios, seja com outras provas testemunhais ou com provas econômicas, por exemplo, entre outros".[294]

Da análise jurisprudencial foi possível extrair uma série de discussões e incidentes processuais relacionados ao tema da prova testemunhal:

a) *Rejeição de testemunhas*: o indeferimento de provas deve ser sempre motivado e limitado às hipóteses previstas no art. 38, § 2º, da Lei n. 9.784/99 (quando sejam ilícitas, impertinentes, desnecessárias ou protelatórias). No entanto, no Processo Administrativo n. 08012.006019/2002-11 (2008), o Conselheiro Luiz Carlos Delorme Prado quis dar maior amplitude ao poder-dever detido pela Administração Pública, declarando, de forma equivocada, que "oitiva de testemunhas não consiste em direito subjetivo da representada, mas de ato discricionário do administrador, que há de avaliar sua conveniência e oportunidade".[295]

No Processo Administrativo n. 08012.004702/2004-77 (2012), o Conselheiro Carlos Emmanuel Joppert Ragazzo negou o pedido de oitiva de testemunhas para tratar de documentos eletrônicos existentes nos autos desde a fase de instrução na SDE, porém por ele impressos ao tempo em que os autos se encontravam no CADE. As justificativas do indeferimento foram: (i) "o requerimento de produção de prova testemunhal foi encerrado na fase de instrução realizada pela SDE e os representados participaram ativamente dessa fase", (ii) os acusados

---

293. Processo Administrativo n. 08012.004599/1999-18 (2007), voto do Conselheiro Luiz Carlos Delorme Prado, fl. 3.270.

294. Voto, p. 17.

295. Voto, p. 13 (ênfase no original).

puderam se manifestar sobre os depoimentos colhidos e (iii) não houve manifestação dos acusados sobre referidos documentos eletrônicos.[296]

b) *Testemunha indireta ("de ouvir dizer")*: o CADE deparou-se com essa situação no Processo Administrativo n. 08012.006019/2002-11 (2008), tendo aceitado o testemunho indireto "apenas como informações cuja veracidade há de ser atestada em outras fontes".[297]

c) *Testemunha ouvida na fase inquisitorial*: no Processo Administrativo n. 08012.008224/1998-38 (2013), o Tribunal entendeu não ter havido violação ao contraditório por ocorrência de oitivas em sede de averiguação preliminar (equivalente ao atual inquérito administrativo): "não há que se falar, antes da instauração do processo administrativo, em imprescindibilidade de contraditório, pois a instrução processual realizada possui nítido caráter inquisitivo". Para a Conselheira Ana Frazão, o "contraditório deve ser estritamente observado apenas no momento processual oportuno, isto é, a partir da instauração do processo administrativo, diligência essa que foi cumprida satisfatoriamente".[298]

Nessas situações, entende-se recomendável a adoção, no processo administrativo, da regra do art. 155 do CPP: "[o] juiz formará sua convicção pela livre apreciação da prova produzida em contraditório judicial, não podendo fundamentar sua decisão exclusivamente nos elementos informativos colhidos na investigação, ressalvadas as provas cautelares, não repetíveis e antecipadas".[299]

d) *Testemunhas suspeitas ou impedidas*: no Processo Administrativo 08012.011142/2006-79 (2014), o CADE rejeitou preliminar de suspeição de ex-funcionário de empresa acusada sob a justificativa de poder colher o depoimento mesmo se suspeito fosse.[300] Não obstante, no caso concreto, o depoimento foi recebido como denúncia

---

296. Voto, p. 12.

297. Voto do Conselheiro Luiz Carlos Delorme Prado, p. 47. A decisão está em linha com a doutrina, cf. BADARÓ, Gustavo Henrique Righi Ivahy. Op. cit., p. 247.

298. Voto, p. 11.

299. *Vide* críticas ao dispositivo do CPP feitas por Aury Lopes Júnior e Ricardo Gloeckner (*Investigação preliminar no processo penal*. 5. ed. São Paulo: Saraiva, 2013. p. 211-212).

300. Cf. art. 405, § 4º, do CPC de 1973 (equivalente ao art. 447, §§ 4º e 5º, do CPC de 2015): Sendo estritamente necessário, o juiz ouvirá testemunhas impedidas ou suspeitas; mas os seus depoimentos serão prestados independentemente de compromisso (art. 415) e o juiz lhes atribuirá o valor que possam merecer.

inicial apta a movimentar a máquina estatal para angariar indícios da prática de cartel.[301]

O CADE também já aceitou depoimentos de representantes (denunciantes),[302] ressaltando caber à Administração Pública, "mediante critérios de persuasão racional e razoabilidade, a atribuição de valor às provas apresentadas pelos interessados no julgamento do feito, a partir da sua contextualização e convergência com as demais provas".[303]

André Marques Gilberto concorda que a Superintendência-Geral e o Tribunal têm permissão para ouvir terceiros interessados[304] no curso do processo, porém adverte: "a decisão a ser proferida não poderá levar em consideração, como motivação, somente o que foi afirmado em sede de prova testemunhal pelo interessado".[305]

e) *Conversão de prova testemunhal em documental*: a preliminar de cerceamento de defesa em razão de "realização de oitivas por meio de ofício" foi rejeitada no Processo Administrativo n. 08012.011142/2006-79 (2014). Segundo o Conselheiro Alessandro Serafin Octaviani Luis, "o que houve foi a alteração, por livre escolha dos Representados, da natureza da prova, transformando-a de testemunhal para documental".[306]

f) *Signatário do acordo de leniência não* é testemunha: *vide* discussão da jurisprudência no item 2.4.5 acima (acordo de leniência).

---

301. Voto do Conselheiro Alessandro Serafin Octaviani Luis, p. 78-79.

302. Os processos disciplinados na Lei n. 12.529/11 poderão ser instaurados a partir de denúncia feita por pessoa denominada "representante", que poderá solicitar a realização de diligências à Superintendência-Geral (art. 66, §§ 1º e 7º). Em alguns casos examinados, o representante era também a vítima, ou melhor, o ofendido (art. 201 do CPP). Pode ser considerado suspeito nos termos do CPC de 2015, art. 447, § 3º, II, equivalente ao art. 405, § 3º, IV, do CPC de 1973 ("o que tiver interesse no litígio").

303. Processo Administrativo n. 08012.008224/1998-38 (2013), voto da Conselheira Ana de Oliveira Frazão, p. 9-10.

304. De acordo com o art. 50, I, da Lei n. 12.529/11, terceiros interessados são aqueles titulares de direitos ou interesses que possam ser afetados pela decisão a ser adotada.

305. GILBERTO, André Marques. *O processo antitruste sancionador*: aspectos processuais na repressão das infrações à concorrência no Brasil, cit., p. 178. Segundo o autor, a advertência vale para todas as testemunhas, sejam elas suspeitas/impedidas ou não.

306. Voto, p. 157-158.

2.4.8. Indícios

O indício não é um meio de prova,[307] mas o resultado probatório de um meio de prova; "é o fato provado, que permite, mediante inferência, concluir pela ocorrência de outro fato".[308] O art. 239 do CPP define indício como a circunstância conhecida e provada, que, tendo relação com o fato, autorize, por indução, concluir-se a existência de outra ou outras circunstâncias.

O CADE sempre destacou a relevância dos indícios para a caracterização de cartéis.[309] Conforme mencionado na introdução deste item 2.4, embora existam provas diretas em diversas investigações, muitos processos foram decididos com base na prova indiciária, sobretudo nos primeiros anos de regência da Lei n. 8.884/94, quando ainda não empregadas técnicas mais sofisticadas de investigação (*e.g.*, acordo de leniência).[310]

No Processo Administrativo n. 08000.015337/1997-48 (1999), o Conselheiro Ruy Afonso de Santacruz indicou a relevância da prova indiciária para a caracterização de infração à ordem econômica, com o "mesmo valor da prova direta":

> Mesmo no processo penal – onde a verdade dos fatos acarreta uma condenação criminal – a prova indiciária, por si só, pode dar ensejo a uma decisão condenatória, nos termos do art. 239 do Código de Processo Penal. A doutrina, a jurisprudência e o sistema de provas adotado permite ao julgador reconhecer a existência de um ilícito pautado única e exclusivamente em prova indiciária. (...)

---

307. Guilherme de Souza Nucci defende ser o indício um meio de prova indireta (NUCCI, Guilherme de Souza. Op. cit., p. 201).

308. BADARÓ, Gustavo Henrique Righi Ivahy. Op. cit., p. 266. E continua: "[o] que pode ser provado é o fato indicativo (p. ex.: uma testemunha que viu o acusado com uma faca suja de sangue e a vítima esfaqueada aos seus pés)".

309. *Vide* Processos Administrativos n. 08012.004086/2000-21 (2005), voto do Conselheiro Luiz Alberto Esteves Scaloppe, fl. 5.661-5.662; 08012.009088/1999-48 (2005) e 08012.004599/1999-18 (2007), votos do Conselheiro Ricardo Villas Bôas Cueva, p. 6 e fl. 3.290-3.291; 08012.002493/2005-16 (2007), voto do Conselheiro Luis Fernando Schuartz, fl. 4.715-4.716; 08012.011668/2007-30 (2013), voto da Conselheira Ana de Oliveira Frazão, fl. 1.597; 08012.009988/2006-49 (2014), voto do Conselheiro Alessandro Serafin Octaviani Luis, p. 8-9; 08012.006199/2009-07 (2014), 08012.010932/2007-18 (2015) e 08012.001273/2010-24 (2015), votos do Conselheiro Márcio de Oliveira Júnior, fl. 4.748-4.753, item 230 e tópico 3.4.

310. No Processo Administrativo n. 08012.004039/2001-68 (2013), voto da Conselheira Ana de Oliveira Frazão, p. 24-25, destacou-se a importância dos indícios especialmente para a comprovação de cartéis implícitos (paralelismo de condutas). *Vide* mais exemplos desse tipo de prática no item 1.2.2.2.

> O CADE tem trabalhado com quase todos os tipos de provas admitidas em processo, a saber, as provas documentais – contratos, atas de assembléias, acordo de acionistas – as provas testemunhais colhidas em audiências de instrução requisitadas por seus membros, bem como inspeções "*in loco*". No entanto, a maior parte da prova colhida nos processos do CADE pauta-se em indícios que, analisados à luz da teoria econômica, fazem concluir pela existência de uma conduta restritiva da concorrência.[311]

Ao longo do tempo, foi-se firmando na jurisprudência entendimento a respeito da qualidade dos indícios suficientes para embasar a decisão condenatória. Por exemplo, no Processo Administrativo n. 08012.004860/2000-01 (2004), o Conselheiro Ricardo Villas Bôas Cueva explicou que um conjunto de indícios, "quando concatenados e veementes, não neutralizados por contra-indícios e analisados à luz da teoria econômica", pode levar "a concluir pela existência de uma conduta restritiva da concorrência que autoriza a condenação".[312]

Com relação à suficiência de indícios a autorizar a instauração do processo administrativo, *vide* item 1.3.3.3.1.

Por fim, cumpre registrar que "relações de proximidade e parentesco entre sócios, diretores e representantes" de empresas podem ser consideradas pelo CADE como indício de prática anticompetitiva, na medida em que "revelam um ambiente propício à troca de informações concorrencialmente sensíveis entre elas, reforçando o juízo de probabilidade de atuação colusiva".[313]

2.4.9. Prova econômica

Em algumas ocasiões, o CADE utilizou a expressão "prova econômica" para denominar o resultado do exame de determinadas ale-

311. Voto, fl 1.579-1.581 (ênfase no original).

312. Voto, p. 4-5, ênfase no original. Nessa linha, *vide* Processo Administrativo n. 08012.011142/2006-79 (2014), voto do Conselheiro Márcio de Oliveira Júnior, p. 13-14, escorando-se em entendimento do Superior Tribunal de Justiça.

313. Processo Administrativo n. 08012.008184/2011-90 (2015), voto do Conselheiro Gilvandro Vasconcelos Coelho de Araújo, item 79. A discussão apareceu antes no Processo Administrativo n. 08012.006199/2009-07 (2014), tendo o Conselheiro Márcio de Oliveira Júnior considerado a relação de parentesco como "prova econômica" (voto, fl. 4.828-4.834). *Vide* também Processos Administrativos n. 08012.011437/2010-21 (2015), voto do Conselheiro Gilvandro Vasconcelos Coelho de Araújo, item 50, e 08012.008847/2006-17 (2015), voto do Conselheiro Márcio de Oliveira Júnior, item 116.

gações de fato desenvolvido à luz da teoria econômica.[314] Trata-se de patente impropriedade terminológica, decorrente da umbilical relação entre Direito e Economia na análise dos processos antitruste, nos quais são empregados diversos conceitos econômicos, tais como mercado relevante e poder de mercado.

A aceitação da "prova" econômica foi bem resumida pelo Conselheiro Ruy Afonso de Santacruz, no Processo Administrativo n. 08000.015337/1997-48 (1999):

> Ademais, a Lei nº 8.884/94 incorpora em seus dispositivos conceitos vagos como os de mercado relevante, posição dominante, eficiência econômica e só poderá ser fielmente aplicada se tais conceitos vagos forem preenchidos com os conceitos da ciência econômica. A conjugação de todos estes conceitos, dentre outros, nos termos da Lei nº 8.884/94, vão formar um conjunto probatório apto a imputar a um agente econômico a prática de uma infração.
>
> Não é por outra razão que a doutrina de Direito Econômico identifica como um dos princípios norteadores deste ramo do direito o princípio da análise econômica do direito. (...)
>
> Assim, um possível desdobramento do princípio da análise econômica do Direito é a validade da prova econômica colhida dos dados do processo. No estudo dos indícios de ordem econômica, a premissa maior não é tão-somente *"um princípio de razão ou regra de experiência"*. É mais que isso, na medida em que se insere no conjunto de teorias e conceitos de natureza científica. Tais provas vão determinar o mercado relevante do produto, o mercado geográfico, a estrutura do mercado – variando de estruturas mais concentradas como monopólio e o oligopólio até estruturas pulverizadas.[315]

Na realidade, a "prova" econômica consiste em resultado de análise dos dados brutos do processo, estes sim carreados aos autos por meio de provas documentais, testemunhais ou perícias.[316] Tal como na

---

314. A doutrina também o faz. *Vide* NOMAN, Gustavo Lage. *Das provas em processo concorrencial*, cit., p. 69.

315. Voto, fl. 1.581 (ênfase no original). A respeito da importância e contribuição da prova econômica, *vide* Processo Administrativo n. 08012.008847/2006-17 (2015), voto do Conselheiro Márcio de Oliveira Júnior, item 134.

316. No caso de cartéis em licitações, o Conselheiro Márcio de Oliveira Júnior cita exemplos de "provas econômicas": "cálculos de probabilidade de baixíssima ocorrência das alegadas coincidências, presença de mecanismos de diminuição de transparência econômica entre concorrentes (proximidade familiar, entidades de classe, encontros periódicos coletivos com os formuladores do edital, por exemplo), preços vis, coincidência de regiões designadas a um único agente em licitações consecutivas, entre outros" (Processo Administrativo n. 08012.006199/2009-07 (2014), voto, fl. 4.817). No Processo Administrativo n. 08012.011437/2010-21 (2015), o Conse-

ciência do Direito, esses dados são examinados e interpretados de acordo com critérios estabelecidos pelos operadores da ciência da Economia.

Por óbvio a documentação da conclusão desse processo argumentativo pode influenciar o processo de convencimento do julgador. Por exemplo, no Processo Administrativo n. 08012.002097/1999-81 (2005), o mercado relevante definido foi de "jornais diários não-especializados, de grande circulação, que contenham cadernos voltados ao Estado do Rio de Janeiro, vendidos em bancas daquele estado", tendo o CADE aceitado a análise desenvolvida pelo acusador de que os acusados detinham 100% de participação nesse mercado, e, portanto, poder de mercado.[317] Rechaça-se apenas o rótulo de "prova" à análise desenvolvida para chegar a esse resultado. No exemplo citado, a "prova" são os dados usados para atingir a conclusão a respeito do mercado relevante e da existência de poder de mercado, tais como preços praticados, número e tipo de clientes atendidos etc.

Em última instância, traçando paralelo com o Direito, aceitar um parecer econômico como "prova" equivale a aceitar o parecer favorável à condenação emitido pela Superintendência-Geral como tal.

No Processo Administrativo n. 08012.006019/2002-11 (2008), o Conselheiro Luiz Carlos Delorme Prado admitiu que "[o] uso de técnicas econométricas pode ser muito útil em estudos para demonstrar (ou não) comportamentos anticompetitivos". No entanto, condicionou sua validade aos seguintes fatores: "(i) as hipóteses subjacentes ao modelo devem ser claramente explicitadas, (ii) os dados utilizados na análise devem ser disponibilizados, e (iii) alguma medida de precisão da técnica deve ser apresentada".[318]

Em 2010, a posição de aceitação da "prova" econômica em casos de cartel mudou de forma radical. No Processo Administrativo n. 08012.009888/2003-70, o Conselheiro Fernando de Magalhães Furlan

---

lheiro Gilvandro Vasconcelos Coelho de Araújo exemplifica que a repetição de preços e erros de digitação ou ortografia em documentos apresentados durante o procedimento licitatório é elemento contundente de comunicação entre concorrentes (voto, item 32). No Processo Administrativo n. 08012.001273/2010-24 (2015), o Conselheiro Márcio de Oliveira Júnior explica como o comportamento dos acusados em pregões pode ser considerado uma prova econômica (voto, tópico 4.5).

317. Voto do Conselheiro Ricardo Villas Bôas Cueva, p. 7-8 (ênfase no original). Se, por exemplo, a definição incluísse "jornais especializados", as participações de mercado seriam reduzidas e poderia não ter sido identificado poder de mercado a autorizar a decisão condenatória.

318. Voto, p. 42.

pugnou pela impossibilidade de utilização de pareceres em face de provas diretas de existência de cartel:

> Alegações fulcradas em projeções de cenários econômicos possíveis e embasadas em estudos econométricos derivados a partir de um fato predefinido têm força reduzida quando confrontadas com as evidências dos autos. (...)
>
> Não há nenhuma interpretação verossímil que autorize admitir tais argumentos em face do acervo probatório dos autos. Empresas e executivos não passam anos escrevendo, armazenando e trocando entre si documentos comprovando uma prática ilícita que não executam. Não é possível conceber que várias empresas se reunissem para definir regras de um cartel apenas por esporte. Não se admite a ideia de que menções documentadas e explícitas a divisões de mercados e clientes sejam apenas atos de dissimulação que não tinham pretensão de serem executados.[319]

No Processo Administrativo n. 08012.004702/2004-77 (2012), o Conselheiro Carlos Emmanuel Joppert Ragazzo também descartou os pareceres econômicos apresentados, "diante das dúvidas que geram a respeito do tratamento padronizado e isonômico dos dados" e dos "problemas ainda mais agudos no que tange à metodologia empregada".[320]

A despeito de não haver ocorrências registradas na jurisprudência, necessário estender as preocupações com metodologia e tratamento de dados aos pareceres produzidos por órgãos públicos e pelas próprias autoridades antitruste. Assim como não são "provas" os pareceres apresentados pelos acusados, pelas mesmas razões não são aqueles produzidos pela Administração Pública.

2.5. MEIOS DE OBTENÇÃO DE PROVA

2.5.1. Busca e apreensão

Apesar de listada como meio de prova no CPP, a busca e apreensão é um meio de produção de prova, ou, de forma mais precisa, medida cautelar visando a assegurar a produção da prova.

---

319. Voto, p. 100. Mais adiante, em posicionamento bastante polêmico, o Conselheiro questiona a competência dos próprios pareceristas: "[e]ste caso demonstrou que os pareceres econômicos apresentados podem ser de pouquíssima valia para o CADE. Seja por ausência de disposição ou ausência de habilidade de seus autores, os pareceres simplesmente não trouxeram ao Conselho elementos relevantes ou confiáveis" (p. 101).

320. Voto, p. 128.

Encontra-se disciplinada no art. 13, VI, "d", da Lei n. 12.529/11, que reproduziu grande parte do revogado art. 35-A, da Lei n. 8.884/94. O dispositivo faz expressa remissão, no que couber, aos arts. 839 a 843, do CPC de 1973, parcialmente correspondentes ao art. 536, do CPC de 2015.

A medida será requerida ao Poder Judiciário pela Superintendência-Geral, por meio da Procuradoria, sendo inexigível a propositura de ação principal. Daí decorrem duas constatações: o processo principal ao qual a operação de busca e apreensão se relaciona é um inquérito administrativo ou processo administrativo, enquanto o destinatário dos documentos e provas produzidos pela medida é o próprio CADE.[321] Assim, como ressaltou o Conselheiro Carlos Emmanuel Joppert Ragazzo no Processo Administrativo n. 08012.004702/2004-77 (2012), "a obtenção dos documentos apreendidos no procedimento de busca e apreensão não se trata de prova emprestada, mas sim de produção originária do conjunto probatório".[322]

A Superintendência-Geral pode requisitar a busca e apreensão no curso do inquérito administrativo ou processo administrativo, sendo bastante comum fazê-lo na fase inquisitorial. Na visão do Conselheiro Alessandro Serafin Octaviani Luis, para além de haver previsão legal para a realização da diligência nesta fase,[323] os tribunais superiores "já se manifestaram sobre a legitimidade de buscas e apreensões realizadas sem a ciência precedente do investigado, nos casos em que o prévio conhecimento do feito possa frustrar a finalidade da medida (...)".[324]

Para a concessão da medida, é necessária a demonstração de indícios da prática (*fumus boni iuris*) e de *periculum in mora*. Este é de fácil comprovação, pois a perda do elemento "surpresa" e a dificuldade de obtenção de prova em investigações de cartel são, em geral, suficientes. Aquela exige mais esforço, devendo a Superintendência-Geral, por meio da Procuradoria, demonstrar elementos mínimos de materialidade (inclusive alguma análise preliminar de poder de mercado) e autoria.[325]

---

321. Cf. Processo Administrativo n. 08012.004702/2004-77 (2012), voto do Conselheiro Carlos Emmanuel Joppert Ragazzo, p. 32.

322. Id. Ibid.

323. Processo Administrativo n. 08012.011142/2006-79 (2014), voto, p. 91.

324. Id. Ibid., p. 94.

325. *Vide* GILBERTO, André Marques. Op. cit., p. 211-212, para outras considerações sobre a necessidade de demonstração de indícios para a concessão de autorização judicial.

Deferido o pedido, o juiz deverá descrever no mandado quais coisas poderão ser apreendidas, dentre objetos, papéis de qualquer natureza, livros comerciais, computadores e arquivos magnéticos de empresa ou pessoa física.

Além da exposição de motivos e finalidade da diligência e de sua expedição por autoridade competente, o Conselheiro Carlos Emmanuel Joppert Ragazzo destacou como requisito de legalidade do mandado a indicação do local da busca.[326] No entanto, não é necessário prever com exatidão a localização dos documentos:

> Não há como exigir que o juízo, de antemão, possa prever exatamente a localidade de cada documento relacionado à investigação, sendo necessária apenas a estipulação de um endereço determinado. O mandado deve determinar o recolhimento dos documentos em localidade específica que tenham relação com a infração, sem fazer restrições quanto à propriedade dos documentos. Assim, pessoas físicas e jurídicas ligadas aos supostos autores da infração investigada, presente no endereço indicado, estarão sempre sujeitas aos efeitos do cumprimento do mandado.[327]

O cumprimento do mandado será feito por oficiais de justiça, sendo comum o juiz autorizar a participação da Superintendência-Geral:

> A determinação de participação da autoridade solicitante – no caso, a SDE – durante a operação de busca e apreensão foi essencial justamente para: (i) permitir a eficiência da necessária triagem de documentos e papéis; (ii) garantir que fosse obtido o maior número possível de provas a respeito da conduta investigada; e (iii) evitar que fossem apreendidos documentos e papéis que não se relacionam com o objeto da investigação.[328]

Ao final da diligência, será lavrado auto de busca e apreensão circunstanciado, registrando-se todos os incidentes ocorridos, a lista do material apreendido e outros detalhes.

A primeira busca e apreensão foi realizada em 16 de julho de 2003, ainda sob a égide da Lei n. 8.884/94, no âmbito do Processo Administrativo n. 08012.002127/2002-14 (investigação de cartel no mercado de pedra britada, na Região Metropolitana de São Paulo). Na ocasião, foram apreendidos documentos fundamentais para embasar a condenação de diversas pessoas, conforme descritos no item 2.4.1 acima.

326. Processo Administrativo n. 08012.004702/2004-77 (2012), voto, p. 30.

327. Id. Ibid.

328. Id. Ibid., p. 29.

Nessas diligências, os técnicos voltam a atenção para documentos que possam demonstrar a "existência de uma cultura compartilhada, que substituiria a gramática da concorrência pelo de ajuste prévio e secreto".[329] O Conselheiro Alessandro Serafin Octaviano Luis destacou algumas expressões indicativas de comportamento colusivo:

> (...) "acertar preços", "confirmar preços com palavra final", "não estão sabendo do aumento", "informou que não deu tempo de fazer a tabela", "combinar com concorrentes", "valor ajustado entre associação e empresa", "acordar preços", "compatibilizar maximização do resultado", "fixação da política de preços", "objetivos conjuntos", "preços iguais", "realinhar preços", "fazer pressão para aproximar do novo preço". (...)[330]

Entre 2003 e 2010, foram expedidos 295 mandados;[331] entre 2011 e 2015, foram realizadas buscas e apreensões no âmbito de 16 investigações.[332] No entanto, a despeito de sua intensa utilização, foram poucas as decisões de casos nos quais a diligência foi realizada: Processos Administrativos n. 08012.002127/2002-14 (2005), 08012.004702/2004-77 (2012), 08012.011027/2006-02 (2013), 08012.011142/2006-79 (2014), 08012.009611/2008-51 (2014), 08012.010932/2007-18 (2015) e 08700.007611/2012-45 (2015). Apenas no último caso não houve condenação pelo CADE, porque se trata de processo desmembrado de outro ainda em instrução (*vide* ressalva no item 2.4.5).

Há ainda buscas e apreensões realizadas pelas autoridades criminais para fins de instrução das correspondentes investigações, inquéritos policiais ou processos penais. Na pesquisa jurisprudencial, foram identificados cinco casos em que esse tipo de busca e apreensão aconteceu: Processos Administrativos n. 08012.001826/2003-10 (2007), 08012.000283/2006-66 (2008), 08012.009888/2003-70 (2010), 08012.011668/2007-30 (2013) e 08012.011853/2008-13 (2014). Com

---

329. Processo Administrativo n. 08012.011142/2006-79 (2014), voto do Conselheiro Alessandro Serafin Octaviani Luis, p. 256.

330. Id. Ibid. (ênfase no original).

331. FALECK, Diego. Apresentação política brasileira de defesa da concorrência: combate a cartéis e programa de leniência. In: ENCONTRO NACIONAL DA 3ª CÂMARA DE COORDENAÇÃO E REVISÃO DO MPF, 11. 2010. p. 6. Disponível em: <http://3ccr.pgr.mpf.mp.br/secretaria-executiva-1/coordenacao/eventos/vii-encontro-docs/xi-encontro/anexos-1/sde>. Acesso em: 01 dez. 2014. Para esse período, não foi identificado o número de processos administrativos aos quais esses mandados são associados.

332. CADE. *Balanço 4 anos da Lei 12.529/11*, cit., p. 16. O CADE não forneceu o número de mandados de busca e apreensão expedidos entre 2011 e 2014.

exceção do segundo, os demais contaram com a participação da SDE na diligência. Houve condenação pelo CADE em todos esses processos.

No Processo Administrativo n. 08012.001826/2003-10 (2007), o Conselheiro Abraham Benzaquen Sicsú rejeitou a preliminar de invalidade das provas colhidas a partir de busca e apreensão criminal em razão da participação da SDE.[333] O mesmo aconteceu no Processo Administrativo n. 08012.009888/2003-70 (2010), na decisão motivada pelo Conselheiro Fernando de Magalhães Furlan:

> A tese esbarra no fato de que a participação de agentes da SDE havia sido determinada pelo próprio Juiz que autorizou a realização da busca e apreensão (fl. 1054). Nesta ocasião, o Juiz responsável asseverou que a presença de técnicos da SDE "certamente contribuirá, para um exame mais acurado quanto à pertinência e importância do material e documentos aptos a serem apreendidos". Como toda autoridade administrativa, a SDE tem o dever de cumprir determinações judiciais, não lhe sendo admissível abster-se de colaborar com a investigação criminal.[334]

Se autorizado pelo juiz criminal, o material apreendido é trasladado ao processo administrativo (*vide* comentários sobre a prova emprestada no item 2.5.3 abaixo). Isso representa uma vantagem para a Superintendência-Geral, pois, além de não movimentar a enxuta máquina do CADE para solicitar e defender o uso da medida, beneficia-se da experiência e da capilaridade das autoridades criminais, com presença em todo território brasileiro.

Com exceção do Processo Administrativo n. 08700.007611/2012-45 (2015), resultante de desmembramento de outro ainda em curso, houve condenação em todos os casos nos quais foram realizadas buscas e apreensões (requeridas pela SDE ou pelo Ministério Público), representando 19,6% dos processos administrativos que resultaram em condenação, o que mostra a relevância do instrumento para a prática antitruste.

Além dos questionamentos relativos à ilegalidade das diligências, acima reportados, no Processo Administrativo n. 08012.004702/2004-77 (2012) foi alegado cerceamento de defesa por não terem sido juntados todos os elementos apreendidos. A preliminar foi rejeitada, tendo o Conselheiro Carlos Emmanuel Joppert Ragazzo apresentado genérica e insuficiente justificativa:

333. Voto, p. 15-16.

334. Voto, p. 48.

> tanto a SDE quanto os representados tiveram acesso aos mesmos documentos obtidos junto à Polícia Federal em São Paulo, depositária de todos os documentos apreendidos. Só há que se discutir o acesso de documentos presentes nos autos, pois neles é que se fundamenta a decisão do órgão julgador. Beira o impossível analisar o direito de acesso dos representados aos documentos que não estavam de posse da SDE.[335]

Apesar de terem sido reportados poucos incidentes nos votos dos processos examinados,[336] outro tema que poderá aparecer em diligências de busca e apreensão é o tratamento de informações privilegiadas e protegidas por segredo profissional.[337]

2.5.2. Inspeção

A inspeção é um mecanismo de busca de provas previsto no art. 13, VI, "c", da Lei n. 12.529/11, e no Regimento Interno do CADE (arts. 75 e 76).

Não depende de autorização judicial, tal como nas buscas e apreensões, e pode ser deferida pela Superintendência-Geral, pelo Plenário do Tribunal e pelo Conselheiro Relator, em sede de procedimento preparatório, inquérito administrativo ou processo administrativo. A inspeção é realizada pela Superintendência-Geral, na sede social, estabelecimento, escritório, filial ou sucursal de empresa investigada.

Podem ser inspecionados estoques, objetos, papéis de qualquer natureza, livros comerciais, computadores e arquivos eletrônicos, permitida extração ou requisição de cópias de quaisquer documentos ou dados eletrônicos.

Ao final da inspeção, será lavrado auto com a descrição dos fatos e incidentes ocorridos. Se impedir, obstruir ou dificultar a realiza-

335. Voto, p. 33, nota de rodapé no original.

336. No Processo Administrativo n. 08012.009611/2008-51 (2014), foi arguida a ilegalidade das transcrições das mensagens do programa MSN apreendidas, pois não teriam sido submetidas a contraditório. A preliminar foi rejeitada, tendo o Conselheiro Gilvandro Vasconcelos Coelho de Araújo indicado que o exercício do contraditório foi diferido para momento posterior à diligência (voto, p. 21). No Processo Administrativo n. 08012.010932/2007-18 (2015), a preliminar de inconstitucionalidade da diligência foi igualmente rejeitada, reconhecendo-se que o contraditório é diferido (voto do Conselheiro Márcio de Oliveira Júnior, item 95).

337. Na Europa, a discussão sobre sigilo de comunicações entre empresas e advogados é antiga e intensa, conforme relata Ivo van Bael (*Due process in EU competition proceedings*. Wolters Kluwer, 2011, p. 102 e 153-156).

ção de inspeção, o inspecionado estará sujeito ao pagamento de multa de R$ 20.000,00 (vinte mil reais) a R$ 400.000,00 (quatrocentos mil reais), conforme sua situação econômica, mediante lavratura de auto de infração (art. 42, da Lei n. 12.529/11).

Além do debate sobre a constitucionalidade do dispositivo em vista do art. 5º, X (direito à intimidade e privacidade) e XI (inviolabilidade do domicílio), da Constituição Federal,[338] ainda discutida no âmbito da Ação Direta de Inconstitucionalidade n. 4.474, a principal polêmica do dispositivo reside na exclusão da obrigação de notificação prévia da decisão de realização da diligência, tal como existia no revogado art. 35, § 2º, da Lei n. 8.884/94.[339] O Regimento Interno apenas estipula que a empresa será intimada da decisão, com indicação do local e data, bem como da finalidade da inspeção. No entanto, na prática, a intimação pode ser feita no momento da realização da diligência.

Entende-se não ser possível a realização da inspeção "surpresa", que equivaleria a uma espécie de busca e apreensão sem autorização judicial. A empresa investigada deve ser notificada com antecedência, podendo, mediante conhecimento dos objetivos da inspeção, questionar seu cabimento e escopo.

Se existirem indícios de conduta de cartel e destruição ou ocultação de provas (*periculum in mora*), então estar-se-ia diante de hipótese de requisição de busca e apreensão, procedimento mais invasivo e, portanto, revestido de maior rigor. Também não pode a inspeção ser usada para a coleta de indícios, devendo prestar-se apenas para esclarecimento de dúvidas a respeito de pontos específicos.

Na jurisprudência examinada, a inspeção foi realizada apenas no Processo Administrativo n. 08012.002493/2005-16 (2007). No entanto, não houve discussão a respeito de seu cabimento, procedimento e finalidade; os votos dos Conselheiros apenas citaram os documentos "apreendidos" na ocasião.

2.5.3. Prova emprestada

A prova emprestada é aquela produzida em um processo, para nele gerar efeitos, sendo depois transportada, na forma documental,

338. Cf. detalhado por GILBERTO, André Marques. Op. cit., p. 214-215.

339. Sobre o assunto, *vide* MARTINEZ, Ana Paula. *Repressão a cartéis*: interface entre direito administrativo e direito penal, cit., p. 167-168.

para outro, visando a gerar efeitos em processo distinto; "[é] o aproveitamento de atividade probatória anteriormente desenvolvida, através do traslado dos elementos que a documentaram".[340]

Embora trasladada na forma de documento, a prova emprestada poderá ter, no processo secundário, o valor probante originário.[341] Esta característica confere-lhe regime jurídico específico, que "não se identifica com o da prova documental nem com o da prova que se emprestou, em sua essência de origem".[342]

Com relação ao sigilo, o art. 51, do Regimento Interno do CADE, prevê que a prova emprestada receberá o tratamento determinado pelo juízo ou autoridade que presidiu o processo de origem.

Para que a prova emprestada tenha valor jurídico, alguns requisitos devem ser observados. Segundo Egon Bockmann Moreira, esses "requisitos aplicam-se ao processo administrativo com lastro nos princípios da ampla defesa, contraditório e devido processo legal", sendo inadmissível a atenuação do rigor de tais exigências sob a justificativa de busca pela "verdade material".[343] Segundo o autor, os seguintes elementos devem estar presentes:

> (a) transcrição integral da prova anteriormente produzida, desde o ato que a autorizou até sua conclusão final, através de documentos legítimos; (b) que tenha sido validamente realizada (contraditório, ampla defesa, devido processo legal, etc.); (c) que no processo anterior se tenha concretizado a participação das mesmas partes do atual (especialmente aquele contra quem será utilizada a prova); (d) observância das normas que permitem a juntada de documentos no processo atual; e (e) a semelhança do fato que será objeto da prova.[344]

Em linhas gerais, sobretudo com relação a provas produzidas no curso de instrução criminal, o CADE admite seu empréstimo na

340. TALAMINI, Eduardo. Prova emprestada no processo civil e penal. *Revista de Processo*, São Paulo, n. 91, p. 93, jul./set. 1998.

341. De acordo com o art. 372, do CPC de 2015, "o juiz poderá admitir a utilização de prova produzida em outro processo, atribuindo-lhe o valor que considerar adequado, observado o contraditório".

342. Id. Ibid., p. 94. Para o autor, não constitui prova emprestada "o traslado de prova documental já apresentada em outro processo" por inexistir contraste entre forma e valor potencial (p. 94).

343. MOREIRA, Egon Bockmann. *Processo administrativo*: princípios constitucionais e a Lei 9.784/1999. 3. ed. São Paulo: Malheiros Ed., 2007. p. 344.

344. MOREIRA, Egon Bockmann. Op. cit., p. 344.

presença de três elementos: "(i) a licitude da prova no juízo em que foi produzida, (ii) a oportunidade de contraditório no juízo em que foi produzida e (iii) a possibilidade de uso da prova emprestada para o juízo administrativo".[345-346]

No Processo Administrativo n. 08012.004599/1999-18 (2007), foram admitidos como prova da conduta os acordos criminais (*plea agreements*) contendo admissão de culpa perante as autoridades americanas. Para o Conselheiro Ricardo Villas Bôas Cueva, além de terem sido "produzidos levando-se em conta as regras processuais das suas respectivas jurisdições de origem", houve contraditório na origem em razão da identidade das partes ("as mesmas empresas e grupos econômicos condenados naquelas jurisdições são representados neste processo administrativo").[347]

O mesmo expediente foi adotado no Processo Administrativo n. 08012.010932/2007-18 (2015), tendo sido acostado aos autos vasto material oriundo de processos conduzidos por autoridades estrangeiras. Segundo o Conselheiro Márcio de Oliveira Júnior, "[n]ada no ordenamento jurídico impede que os documentos internacionais acostados sejam conhecidos como elementos de prova por autoridades judiciárias e administrativas nacionais, seja em razão de sua forma, seja em razão da sua produção".[348]

---

345. Processo Administrativo n. 08012.005495/2002-14 (2011), voto do Conselheiro Carlos Emanuel Joppert Ragazzo, p. 17. Com relação aos dois primeiros pontos, uma vez havendo autorização judicial para o traslado, o CADE entende que não pode opinar sobre sua licitude, devendo o questionamento ser feito diretamente para o Poder Judiciário. Nessa linha, *vide* também a manifestação do Conselheiro Eduardo Pontual no Processo Administrativo n. 08012.011853/2008-13 (2014): "(...) dado que o compartilhamento das provas foram devidamente autorizadas judicialmente a partir de pedido do Ministério Público [...], considero que não cabe ao CADE invalidar ou considerar nulas administrativamente provas que, segundo o Poder Judiciário, permanecem válidas e eficazes." (p. 11-12). Também houve discussão sobre os requisitos nos Processos Administrativos n. 08012.001273/2010-24 (2015) e 08700.000649/2013-78 (2015), votos dos Conselheiros Márcio de Oliveira Júnior e Gilvandro Vasconcelos Coelho de Araújo, item 39 e tópico II.4.

346. O art. 372, do CPC de 2015, obriga o CADE a oferecer a prova emprestada ao contraditório.

347. Voto, fl. 3.219. Em voto divergente vencido, o Conselheiro Luis Fernando Schuartz expressou, de maneira apropriada, preocupação com a aceitação desse tipo de prova, alertando que "[o]s conteúdos dessas declarações possivelmente teriam sido diferentes, se aqueles que as prestaram fossem alertados, previamente, de que as informações transmitidas à autoridade norte-americana e à autoridade européia seriam, eventualmente, utilizadas *enquanto prova* noutra jurisdição" (voto, fl. 3.252, ênfase no original).

348. Voto, item 316.

No Processo Administrativo n. 08012.006019/2002-11 (2008), o Conselheiro Luiz Carlos Delorme Prado foi além, entendendo que nem mesmo a ausência do contraditório no processo de origem "contamina a possibilidade de (re)instrução em sede administrativa",[349] pois, nessa hipótese, estar-se-ia diante de "lastro documental" a ser submetido ao crivo do contraditório perante a autoridade antitruste:

> (...) Em não tendo passado pelo contraditório nos autos de origem não há prova emprestada, mas lastro documental que, passando pelo contraditório nos autos de destino, torna-se prova apta a instruir o convencimento do julgador. Tal situação é plenamente equiparável àquela em que se analisam novos elementos probatórios, inexistindo, no presente caso, vício de origem que não possa ser sanado pela (re)instrução nos presentes autos. (...)[350]

André Marques Gilberto mostra preocupação com a "enorme (e indesejada, sob o ponto de vista formal) flexibilização pelo CADE" no tocante à utilização da prova emprestada.[351]

Com relação às interceptações telefônicas, houve o empréstimo do produto obtido nessas diligências para 15 processos administrativos. Desse universo, 12 são relacionados ao mercado de varejo de combustíveis e 11 resultaram em condenação (19,6% dos casos condenados). Nesses casos, podem ser encontradas diversas discussões a respeito desse relevante meio de obtenção de prova (*e.g.*, licitude e legalidade da medida e empréstimo do processo criminal ao administrativo).[352]

---

349. Voto, p. 26.

350. Id. Ibid.

351. GILBERTO, André Marques. Op. cit., p. 227.

352. *Vide* Processos Administrativos n. 08012.002299/2000-18 (2002), voto do Conselheiro Roberto Augusto Castellanos Pfeiffer, fl. 2.828; 08012.0004036/2001-18 (2003), voto do Conselheiro Thompson Almeida Andrade, fl. 1.736-1.737; 08012.000283/2006-66 (2008), voto do Conselheiro Paulo Furquim de Azevedo, p. 9-10; 08012.009888/2003-70 (2010), voto do Conselheiro Fernando de Magalhães Furlan, p. 29; 08012.005495/2002-14 (2011), voto do Conselheiro Carlos Emmanuel Joppert Ragazzo, p. 17; 08012.010215/2007-96 (2013), voto do Conselheiro Eduardo Pontual Ribeiro, p. 19; 08012.004573/2004-17 e 08012.007149/2009-39 (2013), voto do Conselheiro Ricardo Machado Ruiz, p. 15-16; 08012.011668/2007-30 (2013), voto da Conselheira Ana de Oliveira Frazão, p. 1.578; 08012.011853/2008-13 (2014), voto do Conselheiro Eduardo Pontual Ribeiro, p. 11; 08012.004472/2000-12 (2014), voto da Conselheira Ana de Oliveira Frazão, p. 12-13; 08012.008847/2006-17, voto do Conselheiro Márcio de Oliveira Júnior, itens 33-38; 08700.000649/2013-78 (2015), voto do Conselheiro Gilvandro Vasconcelos Coelho Araújo, item II.4. Não houve discussão a respeito desses temas nos Processos Administrativos n. 08012.008166/1999-14 (2009) e 08012.012676/1999-12 (2014).

Importante ressalvar que interceptação telefônica não se confunde com gravação telefônica clandestina. Aquela é autorizada por um juiz, no curso de instrução criminal, consoante a Constituição Federal (art. 5º, XII) e a Lei n. 9.296/96, enquanto esta é feita por um dos interlocutores sem conhecimento do outro.

Segundo a Conselheira Ana de Oliveira Frazão, as gravações clandestinas também são aceitas pelo CADE como meio de prova: "[a] jurisprudência nacional firmou entendimento de que gravação clandestina feita por um dos interlocutores sem o conhecimento do outro não se trata de interceptação telefônica e constitui prova lícita quando ausente causa legal de sigilo ou de reserva da conversação".[353]

2.6. MOMENTOS DA PROVA

Sob a perspectiva temporal, a atividade probatória pode ser dividida em quatro momentos: a propositura, a admissão, a produção e a valoração.[354]

2.6.1. Propositura

A proposição ocorre quando as partes requerem a realização das provas sobre os fatos controvertidos que sejam relevantes e pertinentes.

No processo administrativo de investigação de cartel, os acusados propõem as provas na apresentação da defesa, enquanto a acusação pode fazê-lo no prazo de 30 dias desse evento.[355]

---

353. Processo Administrativo n. 08012.001003/2000-41 (2013), p. 12-13. *Vide* também Processos Administrativos n. 08012.001826/2003-10 (2007), voto do Conselheiro Abraham Benzaquen Sicsú, p. 15; 08012.006019/2002-11 (2008), voto do Conselheiro Luiz Carlos Delorme Prado, p. 15-16; 08012.007356/2010-27 (2015), voto da Conselheira Ana de Oliveira Frazão, tópico IV.3.

354. Poder-se-ia incluir uma quinta fase, pré-processual, que, no processo penal e no administrativo sancionador, é a investigação, usualmente associada à atividade desempenhada durante o inquérito policial ou administrativo. Como adverte Gustavo Henrique Righi Ivahy Badaró, normalmente, "a doutrina aponta apenas os quatro últimos momentos, não fazendo referência ao momento da investigação" (BADARÓ, Gustavo Henrique Righi Ivahy. *Direito processual penal*, cit., p. 204), mas o direito à investigação das fontes de prova pode ser considerado como uma fase autônoma para fins científicos.

355. No processo penal, a acusação propõe as provas no momento do oferecimento da denúncia ou queixa, enquanto o acusado o faz no momento de apresentação da defesa prévia. Esse deveria ser o procedimento adotado no processo administrativo de investigação de cartel, em razão de sua natureza sancionadora.

2.6.2. Admissão

A admissão ou o deferimento da prova será feito por despacho motivado da Superintendência-Geral, observados os princípios constitucionais aplicáveis (*e.g.*, art. 5º, LIV - devido processo legal, LV - contraditório e ampla defesa e LVI - inadmissibilidade de provas obtidas por meios ilícitos), bem como o art. 38, § 2º, da Lei n. 9.784/99.

Ao direito à prova corresponde, como verso da mesma moeda, um direito à exclusão das provas que contrariem o ordenamento. Esse é o entendimento de Antonio Magalhães Gomes Filho, que cataloga os limites probatórios de acordo com sua natureza: (i) extraprocessuais (políticos), "como ocorre em relação à proibição de introdução de provas obtidas com violação de direitos fundamentais", ou (ii) processuais (lógicos, epistemológicos), "quando se excluem, por exemplo, as provas impertinentes, irrelevantes, ou que possam conduzir o julgador a uma avaliação errônea".[356]

2.6.3. Produção

Após requerida e deferida, a prova é então produzida. Com exceção dos pré-constituídos, os meios de prova devem ser produzidos em contraditório, na presença das partes, consoante os procedimentos mencionados no item 2.4 acima.

2.6.4. Valoração

A valoração é o momento final da atividade probatória, no qual o julgador examinará as alegações de fatos feitas pelas partes e os elementos de prova (dados brutos coligidos ao processo) a elas relacionados, de modo a efetuar um exercício intelectual de busca da verdade. Por meio desse trabalho, o julgador confirmará ou não os fatos (ou melhor, as alegações de fato) sob controvérsia, motivando seu raciocínio e suas escolhas.

O tema da valoração da prova é dos mais importantes da ciência do processo, "na medida em que a correta verificação dos fatos em que se assentam as pretensões das partes é pressuposto fundamental para a prolação da decisão justa".[357]

---

356. GOMES FILHO, Antonio Magalhães. *Direito à prova no processo penal*, cit., p. 93.

357. Id. Notas sobre a terminologia da prova (reflexos no processo penal brasileiro), cit., p. 303.

Há basicamente três métodos ou sistemas de valoração das provas: sistema da prova legal, sistema da íntima convicção e sistema da persuasão racional ou do livre convencimento.

2.6.4.1. Sistema da prova legal

O sistema da prova legal é associado ao de povos primitivos que procuravam demonstrar um fato e apurar a verdade influenciados pela religião; "invocava-se a proteção divina na busca da verdade".[358] Gustavo Henrique Righi Ivahy Badaró fornece detalhes: "[n]o sistema da prova legal, em sua fase rudimentar, prevaleciam as ordálias ou Juízos de Deus, bem como os duelos. A prova era revelada por Deus, sendo que o juiz apenas seguia tal resultado".[359]

As ordálias ou julgamentos de Deus eram métodos de descoberta da verdade que empregavam expedientes cruéis, tais como a "prova pelo fogo" (acusado era obrigado a caminhar sobre ferros quentes), "prova das bebidas amargas" (acusada de adultério era obrigada a ingerir bebidas amargas; se contraísse o rosto, seria considerada culpada), "prova das serpentes" (acusado seria considerado culpado se mordido por serpentes sobre as quais era lançado) e "prova da água fria" (acusado seria considerado culpado se afundasse em reservatório de água no qual era atirado).[360]

Entre gregos e romanos – e até hoje em alguns ordenamentos –, o juramento era igualmente prestigiado, porquanto consistia em "invocação da divindade como testemunha da verdade". Ao perder prestígio, foi substituído pelos duelos, nos quais se considerava que Deus não permitiria a vitória do litigante sem razão no pleito ou defesa.[361]

De forma gradativa e até a Revolução Francesa, predominou, nos ordenamentos de *civil law*, o sistema da prova tarifada, isto é, "provas cujo valor era prefixado pelo legislador, sem possibilidade de alteração pelo juiz, cuja atuação era meramente formal e mecânica".[362] Bom exemplo consistia na disposição das Ordenações determinando que

---

358. LOPES, João Batista. *A prova no direito processual civil*. 3. ed. São Paulo: Ed. Revista dos Tribunais, 2006. p. 19.

359. BADARÓ, Gustavo Henrique Righi Ivahy. Op. cit., p. 208, nota de rodapé omitida.

360. Exemplos e explicação citados por LOPES, João Batista. Op. cit., p. 19-20.

361. Cf. LOPES, João Batista. Op. cit., p. 20.

362. Id. Ibid., p. 21.

"o depoimento de uma única testemunha valia como meia prova e os depoimentos de duas testemunhas como prova plena". [363]

Ao analisar a prova tarifada, Gustavo Henrique Righi Ivahy Badaró destaca sua existência no ordenamento jurídico brasileiro, tanto no Código de Processo Civil, quanto no Código de Processo Penal:

> São resquícios deste sistema no ordenamento brasileiro a necessidade da prova por instrumento público (CPC, art. 366) e a vedação da exclusivamente testemunhal em determinados contratos (CPC, art. 401). No processo penal, a prova do estado das pessoas somente poderá ser feita na forma determinada pela lei civil (em regra, instrumento público, como certidão de casamento, certidão de óbito etc... – CPP, art. 155). [364]

Não são identificadas na Lei n. 12.529/11 ou em regulamentos disposições relativas à prova tarifada. Já houve comentários a respeito desse sistema nas decisões no CADE, rechaçando-se sua utilização:

> O moderno sistema processual não mais se pauta no critério legal de apreciação das provas, no qual a lei determinava restritivamente a hierarquia dos diferentes tipos de prova e onde a atividade do julgador se restringia a aferir o tipo de prova e fixar um resultado que era praticamente automático. (...)
>
> De toda sorte, é importante destacar que o sistema de provas, tanto no processo penal, civil ou administrativo, não se coaduna com a hierarquia das provas, de modo que não há um meio de provar melhor ou mais eficaz que outro, que tenha maior ou menor prestígio, que tenha maior valor de prova que outro.[365]

2.6.4.2. Sistema da íntima convicção

No sistema da valoração *secundum conscientiam*, o julgador tem plena liberdade de valorar a prova dos autos, podendo decidir de acordo com suas próprias convicções e mesmo contra a prova dos autos, o que pode resultar em julgamentos arbitrários e parciais.

---

363. Id. Ibid., p. 53.

364. BADARÓ, Gustavo Henrique Righi Ivahy. Op. cit., nota de rodapé omitida. O art. 366, do CPC de 1973, equivale ao art. 406, do CPC de 2015. Não há neste correspondente para o art. 401, do CPC de 1973.

365. Processo Administrativo n. 08000.015337/1997-48 (1999), voto do Conselheiro Ruy Afonso de Santacruz, fl. 1.579. *Vide* também o Processo Administrativo n. 08012.006199/2009-07 (2014), voto do Conselheiro Márcio de Oliveira Júnior, fl. 4.818.

Gustavo Henrique Righi Ivahy Badaró explica o sistema da seguinte maneira e aponta que, no Brasil, é empregado nos julgamentos realizados pelo Tribunal do Júri:

> No *sistema da íntima convicção*, o juiz julga de acordo com o seu convencimento pessoal, mas não precisa motivá-lo ou justificar o julgado, podendo levar em conta para a formação do seu convencimento, inclusive, provas que não constavam do processo, ou fruto do seu próprio conhecimento privado. Foi adotado pelo Código Napoleônico de 1808. No sistema atual, a única previsão de julgamento pela íntima convicção é no Tribunal do Júri, na decisão dos jurados (CPP, art. 464).[366]

2.6.4.3. Sistema da persuasão racional ou do livre convencimento motivado

No ordenamento pátrio, nos mais variados ramos do processo, prevalece o sistema do livre convencimento motivado do juiz/julgador.[367]

Como explica Marina Gascón Abellán, nesse sistema, "a valoração da prova deve ser concebida como uma atividade racional consistente na eleição da hipótese mais provável dentre as diversas possíveis reconstruções dos fatos".[368]

Aplica-se um conjunto de regras e princípios com vistas a afastar a arbitrariedade e conferir maior segurança jurídica e justiça às decisões. Antonio Carlos de Araújo Cintra, Ada Pellegrini Grinover e Cândido Rangel Dinamarco explicam que, no sistema do devido processo legal, persuasão racional "significa convencimento formado com liberdade intelectual mas sempre apoiado na prova constante dos autos e acompanhado do dever de fornecer a motivação dos caminhos do raciocínio que conduziram o juiz à conclusão".[369]

O julgador é livre para decidir, "mas deverá fazê-lo somente levando em conta as provas existentes no processo (*quod non est*

---

366. BADARÓ, Gustavo Henrique Righi Ivahy. Op. cit., p. 208-209, ênfase no original.

367. Por exemplo, no processo criminal, encontra-se previsto no art. 155 c.c. o art. 381, III, do CPP. No processo civil, encontra-se previsto nos arts. 371 e 489, § 1º, do CPC de 2015, equivalente ao art. 131, do CPC de 1973.

368. GASCÓN ABELLÁN, Marina. *Los hechos en el derecho*: bases argumentales de la prueba. Madrid: Marcial Pons, 1999. p. 161, nota de rodapé no original, tradução do espanhol.

369. CINTRA, Antonio Carlos de Araújo; GRINOVER, Ada Pellegrini; DINAMARCO, Cândido Rangel. *Teoria geral do processo*, cit., p. 389.

in actis non est in mundus)", fazendo-o "de forma lógica e racional, confrontando umas com as outras, segundo as regras da lógica e da experiência".[370] Ademais, todo o convencimento do juiz deverá ser motivado (por isso também é denominado sistema do livre convencimento motivado).

Em síntese, os principais elementos desse método de valoração são (i) a liberdade do julgador, (ii) adstrita aos elementos de prova, (iii) exercida de maneira lógica e racional e, sobretudo, (iv) sempre de maneira motivada.

Na ainda atual lição de Moacyr Amaral Santos, a liberdade conferida ao julgador na apreciação da prova "não é um mero arbítrio, senão um critério de atuação ajustado aos deveres profissionais". Nesse sentido, o "juiz, não obstante aprecie as provas livremente, não segue as suas impressões pessoais, mas tira a convicção das provas produzidas, ponderando sôbre a qualidade e *vis probandi* destas; e sem peias, e sim condicionada a regras jurídicas, a regras da lógica, a regras de experiências, tanto que o juiz deve mencionar na sentença os motivos que a formaram".[371]

No CADE, desde os primeiros anos de aplicação da Lei n. 8.884/94, sempre houve destaque à aplicação do sistema do livre convencimento motivado aos processos de investigação de cartéis. No Processo Administrativo n. 08000.015337/1997-48 (1999), o Conselheiro Ruy Afonso de Santacruz assim afirmou:

> Além de destinatário e investigador, o Conselheiro do CADE é responsável pela valoração da prova carreada aos autos, de modo a formar sua certeza ou convicção a respeito dos fatos litigiosos. Esta valoração da prova deve dar-se à luz do sistema de persuasão racional, segundo o qual o juiz deve apreciar livremente as provas coligidas aos autos para formar seu convencimento sobre a verdade dos fatos atendo-se, exclusivamente, àquelas que entender mais convincentes.[372]

O Conselheiro Ricardo Villas Bôas Cueva tratou do sistema em diversas decisões, tais como no Processo Administrativo n. 08012.004599/1999-18 (2007), quando recorreu à exposição de moti-

370. BADARÓ, Gustavo Henrique Righi Ivahy. Op. cit., p. 208-209.

371. SANTOS, Moacyr Amaral. *Prova judiciária no cível e comercial*. 4. ed. São Paulo: Max Limonad, 1970. v. 1. p. 347.

372. Voto, fl. 1.579.

vos do CPP para ilustrar o modo como o livre convencimento motivado foi idealizado e positivado no ordenamento pátrio:

> Em nosso sistema jurídico, tributário do direito continental europeu de caráter romano-germânico, não se cogita de padrões de prova, diferentemente da *common law*. Aqui impera o princípio do livre convencimento, ou livre convicção, consagrado no art. 157 do Código de Processo Penal, "segundo o qual o juiz forma sua convicção pela livre apreciação da prova, não ficando adstrito a critérios valorativos e apriorísticos e é livre em sua escolha, aceitação e valoração. (...)
>
> Claro está, portanto, que o juiz, conquanto adstrito à prova dos autos, pode livremente apreciá-las, a fim de formar seu convencimento, o qual deve ser sempre motivado, por força do art. 381, III, do CPP, sem que se cogite de um sistema de provas pré-tarifadas.[373]

2.7. ÔNUS DA PROVA

A Lei n. 12.529/11 não contém regras a respeito do ônus da prova. Por sua vez, a Lei n. 9.784/99 trata do ônus subjetivo no art. 36, ao prever que "cabe ao interessado a prova dos fatos que tenha alegado, sem prejuízo do dever atribuído ao órgão competente para a instrução".

---

373. Voto, fl. 3.287-3.288, ênfase no original. O Conselheiro reproduziu o item VII da exposição de motivos do CPP: "[o] projeto abandonou radicalmente o sistema chamado da certeza legal. Atribui ao juiz a faculdade de iniciativa de provas complementares ou supletivas, quer no curso da instrução criminal, quer a final, antes de proferir a sentença. Não serão atendíveis as restrições às provas estabelecidas pela lei civil, salvo quanto ao estado das pessoas; nem é prefixada uma hierarquia de provas: na livre apreciação destas, o juiz formará, honesta e lealmente, a sua convicção. A própria confissão do acusado não constitui, fatalmente, prova plena de sua culpabilidade. Todas as provas são relativas: nenhuma terá, ex vi legis, valor decisivo, ou necessariamente maior prestígio que outra. Se é certo que o juiz fica adstrito às provas constantes dos autos, não é menos certo que não ficará subordinado a nenhum critério apriorístico no apurar, por meio delas, a verdade material. O juiz criminal é, assim, restituído a sua própria consciência. Nunca é demais, porém, advertir que livre convencimento não quer dizer puro capricho de opinião ou mero arbítrio na apreciação das provas. O juiz está livre de preconceitos legais na aferição das provas, mas não pode abstrair-se ou alhear-se a seu conteúdo. Não estará ele dispensado de motivar sua sentença. E precisamente nisso reside a suficiente garantia do direito das partes e do interesse processual.
Por outro lado, o juiz deixará de ser um espectador inerte da produção de provas. Sua intervenção na atividade processual é permitida, não somente para dirigir a marcha da ação penal e julgar a final, mas também para ordenar, de ofício, as provas que lhe parecerem úteis ao esclarecimento da verdade. Para a indagação desta, não estará sujeito a preclusões. Enquanto não estiver averiguada a matéria da acusação ou da defesa, e houver uma fonte de prova ainda não explorada, o juiz não deverá pronunciar o in dubio pro reo ou o non liquet" (ênfase no original).

Além disso, o art. 37 determina que, quando o administrado alegar a existência de fatos e dados registrados em documentos da própria Administração, esta será responsável por sua obtenção.

Gustavo Henrique Righi Ivahy Badaró pondera que, no processo penal, de maneira distinta do processo civil, "diante da garantia constitucional da presunção de inocência, não há distribuição do ônus da prova, que pesa todo sobre a acusação".[374] No processo administrativo sancionador, aplica-se de igual forma o princípio. Segundo Rafael Munhoz de Mello, "[a]o outorgar aos particulares tal garantia, a Constituição Federal os desincumbiu da produção de prova de sua própria inocência".[375] O Conselheiro Ricardo Villas Bôas Cueva corrobora esse entendimento:

> O benefício da dúvida, a garantia de que ninguém é obrigado a provar a própria inocência, decorre, como se sabe, do princípio da presunção da inocência, que pode ser visto de dois ângulos: trata-se, por um lado, de corretamente distribuir o ônus da prova, que incumbe ao acusador, e, por outro, de garantir a livre valoração do conjunto probatório pelo julgador. Sob este último prisma, todas as provas constantes dos autos devem ser levadas em consideração para a apuração da responsabilidade do acusado.[376]

A presunção de inocência, contudo, admite prova em contrário, que deverá ser produzida pelo acusador.[377] Além disso, em seu

---

374. BADARÓ, Gustavo Henrique Righi Ivahy. Op. cit., p. 211. *Vide* posição semelhante no Processo Administrativo n. 08012.008847/2006-17 (2015), voto do Conselheiro Márcio de Oliveira Júnior, item 23.

375. MELLO, Rafael Munhoz de. *Princípios constitucionais do direito administrativo sancionador*: as sanções à luz da Constituição Federal de 1988, cit., p. 247.

376. Processo Administrativo n. 08012.004599/1999-18 (2007), voto, fl. 3.289-3.290 (rodapé no original). Posição também adotada pelo mesmo Conselheiro no Processo Administrativo n. 08012.009088/1999-48 (2005), voto, p. 10-11.

377. MELLO, Rafael Munhoz de. Op. cit., p. 247. Na Europa, Aindrias Ó Caoimh corrobora o entendimento de que o ônus da prova em casos de cartel recai sobre a Comissão Europeia, embora reconheça que, diante de determinadas presunções, o ônus de rebatê-las recairá sobre o acusado, se desejar fazê-lo (CAOIMH, Aindrias Ó. Standard of proof, standards of review and evaluation of evidence in antitrust and merger cases: perspective of Court of Justice of the European Union. In: EHLERMANN, Claus-Dieter; MARQUIS, Mel (Eds.). *European competition law 2009*: the evaluation of evidence and its judicial review in competition cases. Oxford e Portland: Hart Publishing, 2011. p. 276). No contexto brasileiro, pode-se afirmar que uma dessas presunções seria a existência de poder de mercado quando os acusados tiverem participação superior a 20% em dado segmento da economia (item 1.2.5.6); nesta hipótese, a prova de que essa participação não confere poder de mercado caberia aos próprios acusados.

aspecto objetivo, impõe verdadeiro padrão de decisão ao julgador, tal como opinamos em outra ocasião: havendo dúvida sobre a materialidade ou autoria da infração sob investigação, o acusado deve ser absolvido.[378]

378. RIBAS, Guilherme Favaro Corvo. O princípio da presunção de inocência no processo administrativo sancionador, cit., p. 187-189. Na mesma linha, o Conselheiro Ricardo Villas Bôas Cueva: "[o] princípio não constitui regra de prova ou padrão de prova, mas padrão de decisão (que deflui não da lei, mas, como já se viu, do princípio da reunião da presunção da inocência). Ou seja, não pode ser utilizado na valoração das provas, mas somente quando após tal valoração restem dúvidas que impeçam a decisão. De todo modo, não se tem por ferido o princípio apenas porque o julgador, na opinião do condenado, deveria ter expressado dúvida, mas somente se, a despeito de uma dúvida efetivamente existente, proferiu seu juízo condenatório" (Processo Administrativo n. 08012.004599/1999-18 (2007), voto, fl. 3.290, rodapé no original).

Capítulo 3

ELEMENTOS QUE IMPACTAM O PROCESSO E A ATIVIDADE PROBATÓRIA EM INVESTIGAÇÕES DE CARTEL

O terceiro capítulo analisa os elementos que impactam, sob a ótica do contraditório e das finalidades do processo administrativo, o bom andamento das investigações de cartéis e a atividade probatória. Em linhas gerais, decorrem do arranjo institucional, da multiplicidade de tarefas desempenhadas pela autoridade administrativa e da insuficiência dos mecanismos de controle.

3.1. DISTANCIAMENTO DO JULGADOR DA ATIVIDADE PROBATÓRIA ANTES DA FASE DE VALORAÇÃO

A principal constatação do presente estudo é o distanciamento do Tribunal do CADE das diversas etapas da atividade probatória antes da valoração, conduzidas de maneira predominante pelo órgão acusador. Esse tipo de deficiência pode ser dividido em dois grupos: (i) inexistência de fiscalização imediata dos atos da Superintendência-Geral e insuficiência da fiscalização diferida e (ii) comprometimento da atividade de valoração.

Antes de analisar cada grupo, interessante apontar que, em diversos processos administrativos examinados na pesquisa empírica, a própria constitucionalidade da estrutura dual dos órgãos antitruste no Brasil foi objeto de discussão. Embora não seja relevante pela arguição em si – não se está diante de inconstitucionalidade –, o debate revela a existência de inquietação quanto à legitimidade do arranjo institucional, ao menos sob a perspectiva de justificação do exercício do poder sancionador pela Administração Pública.

3.1.1. Nota preliminar: a alegação de inconstitucionalidade da configuração institucional da autoridade administrativa

A inconstitucionalidade do sistema dual de defesa da concorrência foi arguida em diversos processos administrativos.[379] A alegação pode ser resumida da seguinte maneira: sendo o CADE um órgão "judicante", a separação das funções de instrução e decisão entre a Superintendência-Geral (ou a extinta SDE) e o Tribunal (ou antigo colegiado do CADE) representaria uma ofensa ao princípio constitucional do juiz natural insculpido no art. 5º, LIII ("ninguém será processado nem sentenciado senão pela autoridade competente").

De maneira apropriada, o CADE vem refutando essa preliminar, com base em dois argumentos. O primeiro é de ordem funcional. Sendo o CADE – tal como a antiga SDE – integrante do Poder Executivo, desempenha função administrativa, não jurisdicional. De tal sorte, sua competência encontra-se prevista em lei, não sendo admissível, portanto, falar-se em afronta à Constituição:

> Os órgãos de defesa da ordem econômica (CADE e SDE) integram o Poder Executivo, não tendo, portanto, jurisdição. Em matéria administrativa, a competência das pessoas jurídicas políticas consta da Constituição Federal, e a competência dos órgãos e servidores encontra-se nas leis. As competências da SDE e do CADE estão definidas em lei, portanto, não podem ser tidas como inconstitucionais.[380]

---

379. Por exemplo, Processos Administrativos n. 08000.004436/1995-04 (2004), voto do Conselheiro Cleveland Prates Teixeira, fl. 8-9; 08012.002127/2002-14 (2005), voto do Conselheiro Luiz Carlos Delorme Prado, fl. 13.472; 08012.004086/2000-21 (2005), voto do Conselheiro Luiz Alberto Esteves Scaloppe, fl. 5.646; 08000.001164/1997-53 (2006) e 08000.001164/1997-53 (2006), votos do Conselheiro Luís Fernando Rigato Vasconcellos, p. 16 e p. 16-17; 08012.006019/2002-11 (2008), voto do Conselheiro Luiz Carlos Delorme Prado, p. 11; 08012.009888/2003-70 (2010), voto do Conselheiro Fernando de Magalhães Furlan, p. 40; 08012.008501/2007-91 (2013), voto da Conselheira Ana de Oliveira Frazão, p. 26-27; 08012.011142/2006-79 (2014), voto do Conselheiro Alessandro Serafin Octaviani Luis, p. 182; 08012.010932/2007-18 (2015), voto do Conselheiro Márcio de Oliveira Júnior, itens 97-104.

380. Processo Administrativo n. 08000.015337/1997-48 (1999), voto do Conselheiro Ruy Afonso de Santacruz, fl. 1.584-1.585. Na mesma linha, AGUIAR, Jean Menezes de. Rechaço à judicialização das decisões do CADE. In: ZANOTTA, Pedro; BRANCHER, Paulo (Coords.). *Desafios atuais do direito da concorrência*. São Paulo: Singular, 2008. p. 206.

De fato, a Lei n. 12.529/11 é imprecisa ao definir o CADE como "entidade *judicante* com *jurisdição* em todo o território nacional" (art. 4º). O CADE é um órgão da Administração Federal, exercendo função administrativa, cujas peculiaridades serão refletidas no respectivo processo, que, portanto, "não depende do processo jurisdicional, nem ao mesmo se funde em termos de concepção".[381]

Como lembrado em algumas decisões,[382] essa estrutura é bastante comum na Administração Pública. A própria Lei n. 9.784/99 a reconhece, ao determinar: "[o] órgão de instrução que não for competente para emitir a decisão final elaborará relatório indicando o pedido inicial, o conteúdo das fases do procedimento e formulará proposta de decisão, objetivamente justificada, encaminhando o processo à autoridade competente" (art. 47).

Em geral, a doutrina aceita a estrutura "Administração-parte" e "Administração-juiz", porém o faz com cautela: com base no princípio constitucional da igualdade (art. 5º, *caput*), deve ser garantida a imparcialidade do órgão decisório para impedir a coleta seletiva de provas em prejuízo do administrado. Nas palavras de Rafael Munhoz de Mello:

> Deve-se abrandar a indesejável e inevitável situação com a divisão das atividades próprias da Administração-parte das típicas da Administração-juiz entre órgãos distintos: um órgão administrativo deve ser competente para praticar os atos próprios de parte; outro, os atos próprios de condutor do processo e julgador.[383]

O segundo argumento utilizado pelo CADE para afastar a alegação relaciona-se à possibilidade de revisão da atividade probatória: uma vez não adstrito à opinião da Superintendência-Geral ou da SDE, o julgador pode "ratificar" a prova, realizar novas diligências ou de-

---

381. Cf. MEDAUAR, Odete. *A processualidade no direito administrativo*, cit., p. 58. Na mesma obra, a autora apresenta três elementos de distinção entre as funções administrativa e jurisdicional: "em primeiro lugar, a função administrativa não visa precipuamente à atuação da lei, embora, como já se observou, deva nortear-se pelo princípio da legalidade. Em segundo lugar, inexiste na função administrativa o caráter de substitutividade em relação a dois sujeitos em disputa: havendo situação de controvérsia em seu âmbito, a própria Administração toma a decisão que vai solucioná-la. Quanto aos efeitos de seus atos, falta-lhes a imutabilidade decorrente da coisa julgada; de regra, podem ser revistos por outros atos administrativos ou por atos jurisdicionais" (p. 57-58).

382. Por exemplo, no Processo Administrativo n. 08000.015337/1997-48 (1999), voto do Conselheiro João Bosco Leopoldino da Fonseca, p. 1-2.

383. MELLO, Rafael Munhoz de. Op. cit., p. 231.

terminar o retorno dos autos ao acusador para fazê-lo. Nesse sentido, colaciona-se o posicionamento adotado pelo Conselheiro João Bosco Leopoldino da Fonseca:

> Saliente-se que o artigo 43 da Lei n.º 8.884/94 confere ao Conselheiro Relator a competência para ratificar a prova produzida, podendo facultar a produção de novas provas, quando entender insuficientes para a formação de sua convicção os elementos existentes nos autos. Desta sorte, embora não tenha participado das atividades de instrução, assume, neste momento, toda a prova produzida, após examiná-la por inteiro.[384]

O Conselheiro Fernando de Magalhães Furlan desenvolve o argumento, ressaltando que a possibilidade de produção de novas provas no momento decisório constitui "garantia a mais para o investigado":

> O fato de haver segregação entre a produção inicial das provas e a sua análise final constitui uma garantia a mais para o investigado. Assegura-se que eventuais juízos preliminares não afetem a apreciação pela autoridade judicante, que só terá acesso aos autos após o fim da instrução. A possibilidade de realização de novas diligências pelo CADE também reforça o caráter vantajoso para investigados da estrutura de investigação e julgamento estabelecida pela Lei n º 8.884/94. [385]

O entendimento de inexistência de inconstitucionalidade é acertado, contudo a discussão presta-se ao seguinte questionamento: o arranjo funciona de maneira adequada em todos os processos administrativos antitruste? Se examinados os processos de atos de concentração, que sempre dominaram a pauta do CADE, a resposta seria positiva.[386] No entanto, tratando-se de processos sancionadores, que podem resultar em severas penalidades, a resposta parece ser negativa, como será abordado ao longo deste capítulo.

---

384. Processo Administrativo n. 08000.015337/1997-48 (1999), voto, p. 1-2 (ênfase no original). O voto complementa o entendimento do Conselheiro Ruy Afonso de Santacruz no mesmo processo: "[a]dicionalmente, concluída a instrução por parte da SDE, esta emite seu parecer (relatório final), que é enviado ao CADE, que pode ou não acolhê-lo. Desse modo, o CADE, e seus conselheiros, têm poder para determinar a produção de provas, tanto pelas partes quanto por outros agentes, ou então, se julgar necessário, devolver o processo à SDE para que esta produza as provas que o Conselho julgar necessárias" (voto, fl. 1.584-1.585).

385. Processo Administrativo n. 08012.009888/2003-70 (2010), voto, p. 40.

386. Os atos de concentração são processos de menor complexidade do ponto de vista do impacto de decisões; sendo o controle realizado antes da efetivação do negócio jurídico, o pior cenário para o administrado seria a rejeição de seu pedido.

3.1.2. Inexistência de fiscalização imediata dos atos da Superintendência-Geral e insuficiência da fiscalização diferida

A Superintendência-Geral do CADE, tal como a extinta SDE, possui papel de destaque na instrução dos processos administrativos de investigação de cartel. Para tanto, edita uma série de atos administrativos passíveis ou não de controle pelo Tribunal.

Na primeira hipótese, o controle sempre será diferido, realizado após o término da instrução processual, quando os autos forem encaminhados ao Tribunal.[387] No segundo caso, eventuais irregularidades somente poderão ser corrigidas pelo próprio órgão ou o Poder Judiciário.

A seguir serão pormenorizadas as preocupações advindas do distanciamento do julgador, organizadas de acordo com os tipos de atos (sujeitos ou não ao controle diferido). Como será visto, os Conselheiros do CADE ficam alheios a diversas decisões, tanto na fase pré-processual (antes da instauração do processo administrativo), quanto na fase processual (desde a instauração até a conclusão da instrução probatória). O objetivo da exposição é ilustrar o quão relevante seria a participação de um terceiro isento para o célere e seguro desenvolvimento do processo.

a) Atos não sujeitos ao controle diferido:

Na *fase pré-processual ou inquisitorial* (procedimento preparatório ou inquérito administrativo), os Conselheiros do CADE não participam da atividade de coleta de material para fundamentar a decisão de instaurar ou não o processo administrativo. Dentre os atos cabíveis nessa fase, três serão discutidos em razão de sua relevância: a celebração de acordo de leniência, a requisição de busca e apreensão e a realização de inspeção.[388]

O primeiro ato é a formalização do acordo de leniência (delação premiada). O julgador não participa da negociação e não homologa o

387. Trata-se de significativa diferença em comparação aos esquemas processuais penal e civil, nos quais o juiz participa de todas as fases, não apenas no momento da valoração.

388. Exemplos de outros atos adotados nessa fase e não sujeitos ao controle do Tribunal: decretação de sigilo dos feitos para não prejudicar o andamento das investigações; requisição de informações, documentos e esclarecimentos orais a pessoas investigadas e terceiros, e requisição de auxílio de outros órgãos da Administração Pública para esclarecimentos de questões e diligências.

contrato, limitando-se, no momento da decisão, a atestar o cumprimento das obrigações nele previstas e aplicar ou não os benefícios da leniência. A jurisprudência nesse ponto é bastante clara, não tendo o Tribunal feito qualquer tipo de consideração sobre a legalidade, a conveniência ou a oportunidade de celebração do instrumento (*vide* item 2.4.5).

Sendo a delação a principal ferramenta de detecção de cartéis, não parece recomendável deixar o julgador alheio à sua gênese. Nesse ponto, revela-se mais adequada a maneira como a Lei n. 12.850/13 (art. 4º, §§ 6º e 7º) regulou o procedimento: após a negociação com a autoridade policial ou o Ministério Público, o juiz homologa o acordo mediante a verificação de sua "regularidade, legalidade e voluntariedade". Não se trata de dinâmica desconhecida do CADE: nos compromissos de cessação de prática, a Superintendência-Geral pode negociar os acordos se o feito estiver em trâmite naquele órgão, mas somente o Tribunal tem competência para homologá-lo.

O segundo ato é a requisição de medidas de busca e apreensão. Além de não examinar a conveniência e a oportunidade da requisição dos mandados feita pela Superintendência-Geral, o julgador não verifica se existem indícios e perigo a justificar a necessidade de medida tão invasiva.

Pode-se argumentar que, em vista da necessária revisão pelo Poder Judiciário da existência de *fumus boni iuris* e *periculum in mora*, a participação do Tribunal acarretaria em duplicidade de trabalho. No entanto, em especial no tocante à existência de indícios de prática anticompetitiva (materialidade, autoria e existência de poder de mercado),[389] o mecanismo de revisão interna das requisições contribuiria para a solidez dos requerimentos e o aumento das chances de sucesso nos embates judiciais que se seguem à demanda.[390] Além disso, consciente do distanciamento dos juízes da prática concorrencial (cf. item 3.7), a Superintendência-Geral pode não produzir material com a mesma qualidade que empregaria se houvesse controle dentro da própria estrutura administrativa.

---

389. O *periculum in mora* costuma ser facilmente provado em razão da patente dificuldade de obtenção de provas de cartéis, marcadas por sua clandestinidade (*vide* comentários no item 2.5.1).

390. Nesse ponto, convém registrar que a proliferação de mandados de busca e apreensão ocasionou o surgimento de intensa atividade contenciosa a demandar tempo e recursos do CADE para seu gerenciamento.

O terceiro ato é a realização de inspeção. Exceto quando o julgador solicita a medida diretamente - do que não se tem notícia até o presente momento -, ele não examina a adequação do objeto da requisição, o material e os locais a serem inspecionados, se a medida é necessária ou se outra menos gravosa poderia ser adotada. Além disso, não decide sobre os incidentes ocorridos na diligência, cabendo ao administrado recorrer de eventuais excessos ao Poder Judiciário.

Além desses três atos, o julgador não controla os prazos das investigações. Existe uma série de prazos - considerados "impróprios" - cujo descumprimento, segundo o entendimento do CADE, não acarreta qualquer prejuízo ou nulidade (*vide* item 1.3.3.1).[391] Ora, embora existam louváveis justificativas para a demora na condução dos trabalhos do acusador (*e.g.*, o baixo número de servidores), não é conveniente, sob a ótica do direito à razoável duração dos processos (Constituição Federal, art. 5º, LXXVIII), inexistir qualquer tipo de fiscalização.

No período examinado, 664 dias (média) distanciaram o início da fase inquisitorial da instauração do processo administrativo, conforme exposto na Tabela 10 do Apêndice. Esse número é muito superior ao prazo de conclusão do inquérito administrativo, estabelecido no art. 66, § 9º, da Lei n. 12.529/11 (180 dias prorrogáveis por mais 60).

Por fim, a Lei n. 12.529/11 não prevê a possibilidade de revisão do ato de conversão do procedimento preparatório ou do inquérito administrativo em processo administrativo.[392] Seria conveniente o julgador examinar a proposta de instauração antes da edição do ato, a fim de não deixar a decisão de fazê-lo nas mãos daquele que funcionou ao mesmo tempo como investigador e acusador.

No processo penal,[393] a participação do juiz é reduzida apenas na fase inquisitorial, quando a autoridade policial colhe os elementos informativos a serem utilizados pelo Ministério Público, que então decidirá pelo oferecimento da denúncia ou o arquivamento do

391. Exemplos desse entendimento podem ser vistos nos votos dos Conselheiros Gilvandro Vasconcelos Coelho de Araújo e Márcio de Oliveira Júnior nos Processos Administrativos n. 08012.009611/2008-51 (2014), fl. 141-142, e 08012.006199/2009-07 (2014), fl. 4.724, respectivamente.

392. De igual sorte, o julgador não revisa o ato de conversão do procedimento preparatório em inquérito administrativo.

393. Neste estudo, a comparação com o direito processual penal sempre terá em mente o processo de rito ordinário adotado na apuração de crimes de ação condicional pública, nos quais a acusação é privativa do Ministério Público.

inquérito. No entanto, mesmo nessa etapa, controla os prazos de inquérito, examina as requisições de busca e apreensão, os pedidos de interceptação telefônica etc., sempre com vistas a manter a boa ordem do feito e controlar a atuação das autoridades envolvidas na investigação. Além disso, no final, será apenas o juiz a decidir pela aceitação ou rejeição da denúncia.

Na fase *processual* ou *acusatória*, após a instauração do feito e até o encerramento da instrução probatória pela Superintendência-Geral, os Conselheiros do CADE estão alijados de todas as discussões relacionadas à propositura,[394] admissão e produção de provas. Nesta última, por exemplo, não participam dos depoimentos pessoais (interrogatórios), oitivas de testemunhas e perícias, tampouco controlam os prazos. Além disso, é o próprio órgão acusador – e não o julgador – que determina o encerramento da instrução processual.

A preocupação com a centralização da instrução probatória nas mãos do acusador já foi objeto de questionamento perante o Tribunal. No Processo Administrativo n. 08012.004702/2004-77 (2012), o Conselheiro Carlos Emmanuel Joppert Ragazzo limitou-se a justificar o amplo poder do acusador na instrução com base na lei, não tecendo comentários a respeito do cabimento de tal dinâmica no contexto de processos de cunho acusatório:

> A autoridade que preside um processo instrutório possui a prerrogativa de decidir quantas e quais serão as provas produzidas ao longo do processo, bem como o meio que será empregado para obtê-las – seja documental, testemunhal, pericial, dentre outras. Tendo alcançado patamar suficiente de provas para a formação de sua livre convicção, não há obrigação legal de continuidade da instrução para melhor esclarecer a tese de defesa dos representados.[395]

Com relação ao último aspecto, embora o acusado tenha o direito de apresentar ou propor novas provas ao Tribunal, não parece ser a melhor prática atribuir ao acusador o poder de finalizar a instrução probatória "[t]endo alcançado patamar suficiente de provas para a formação de sua livre convicção", pois, como será tratado

394. Os pedidos de produção de provas pelo acusador são muito raros, pois a maior parte das informações por ele utilizadas no processo é colhida na fase inquisitorial.

395. Voto, p. 40, rodapé no original.

adiante, muitas vezes esta já é formada antes mesmo da instauração do processo.

b) Atos sujeitos ao controle diferido:

O Tribunal é competente para revisar uma série de atos da Superintendência-Geral, mas somente pode fazê-lo na fase decisória, concluída a instrução. A exceção fica por conta dos atos de arquivamento de procedimento preparatório e de inquérito administrativo, cujo controle só pode ser feito na fase inquisitorial (*vide* itens 1.3.3.1 e 1.3.3.2).

Ao criar tais exceções, quis o legislador limitar o poder da Superintendência-Geral de decidir sozinha pelo arquivamento de investigações em caso de insuficiência de indícios. Trata-se de relevante freio,[396] contudo sua operacionalidade é controversa, ao menos no tocante ao inquérito administrativo. Explica-se: ao reverter a decisão de arquivamento, o próprio Tribunal pode transformar o inquérito em processo administrativo e realizar as diligências probatórias necessárias, ou determinar à Superintendência-Geral que o faça (Lei n. 12.529/11, art. 67, § 2º).[397] Se exercer esse poder, poderão ser suscitadas legítimas preocupações quanto à imparcialidade do Tribunal, que terá assumido as vestes do acusador.

Com relação aos demais atos sujeitos ao controle diferido, como pode ser visto nos capítulos anteriores, os vários exemplos extraídos da jurisprudência mostram um alto grau de concordância do Tribunal com a Superintendência-Geral (ou a SDE).[398] Aliás, é muito comum o julgador repetir a argumentação do acusador ao responder questionamentos relacionados à prova.

---

396. No processo penal, o arquivamento do inquérito policial pelo Ministério Público é sempre homologado pelo juiz. Em caso de discordância, este encaminhará o caso ao Procurador-Geral, que poderá confirmar a decisão de arquivamento ou designar novo promotor. Renato Stanziola Vieira posiciona-se contra tal poder: "ao juiz não compete valorar tal pleito para se substituir a quem exclusivamente poderia pleitear condenação e com isso condenar o acusado" (VIEIRA, Renato Stanziola. *Paridade de armas no processo penal*. Brasília: Gazeta Jurídica, 2014. p. 69).

397. Essa possibilidade não existia na Lei n. 8.884/94 e, até o momento da conclusão deste estudo, não há notícia de ocorrência.

398. *Vide*, em especial, os exemplos citados nos itens 1.3.3.1.1 (instauração de processo administrativo) e 2.4 (meios de prova, nos tópicos dedicados à prova documental, perícia, testemunhas e leniência).

Também foi constatada a existência de casos em que os Conselheiros deixam de examinar questões relativas à admissão ou produção de provas pelo acusador (dentre outras preliminares de mérito), sob a justificativa de não terem sido suscitadas ao longo da instrução[399] ou reiteradas nas alegações finais, neste caso presumindo terem recebido tratamento adequado do acusador.[400]

A revisão diferida não se mostra suficiente e apropriada por duas razões. A primeira delas é a insegurança jurídica decorrente do longo tempo de processamento dos feitos, havendo distâncias muito significativas entre o início da investigação (pelo acusador) e a valoração do material probatório (pelo julgador). De acordo com os dados colacionados na Tabela 10 do Apêndice, a tramitação dos processos administrativos de investigação de cartéis, desde o início da fase inquisitorial até a decisão, levou, em média, 2.845 dias (7,8 anos).

A demora é resultado de diversos fatores, alguns sob o controle da Administração, outros não; dentre eles, os mais citados são: grande estoque de casos, ineficiência na separação de tarefas, priorização dos trabalhos relacionados a atos de concentração, elevado número de acusados por processo, dificuldade de citação dos acusados – em especial quando há estrangeiros compondo o polo passivo –, recursos humanos escassos, excesso de órgãos pareceristas etc.[401]

---

399. Exemplo: "[c]ontra a referida decisão, não houve qualquer impugnação ou manifestação por parte dos Representados, que optaram por aguardar o encerramento da instrução processual para alegar a nulidade. Assim, não há que se cogitar de qualquer violação ao contraditório e à ampla defesa, diante da concordância tácita dos Representados com a referida decisão do Secretário de Direito Econômico" (Processo Administrativo n. 08012.000998/1999-83 (2012), voto da Conselheira Ana de Oliveira Frazão, p. 13).

400. Exemplos: "[a]penas analisarei as questões trazidas como preliminares de mérito nas defesas e alegações finais. Questões incidentais já respondidas ao longo da instrução não serão retomadas aqui, pois considero que as questões não reiteradas nas alegações finais foram aceitas pelos representados como tendo recebido tratamento adequado e suficiente pela SDE" (Processo Administrativo n. 08012.004702/2004-77 (2012), voto do Conselheiro Carlos Emmanuel Joppert Ragazzo, p. 16); "[a]s preliminares suscitadas foram afastadas pelo então Secretário de Direito Econômico, em 8 de agosto de 2005. Como não houve nova manifestação das partes, entendo que estão em concordância com a determinação da Secretaria." (Processo Administrativo n. 08012.001794/2004-33 (2014), voto do Conselheiro Ricardo Machado Ruiz, p. 9). No Processo Administrativo n. 08012.000377/2004-73 (2015), discutiu-se a admissão e obrigação de valoração de informações e documentos apresentados após o prazo de alegações finais (voto do Conselheiro Márcio de Oliveira Júnior, itens 81 a 86).

401. *Vide* diagnóstico apresentado na Exposição de Motivos n. 00107-A, elaborada em 01.09.2005 pelos Ministros da Justiça, Fazenda e Planejamento: "[o]s recursos materiais e humanos disponíveis aos órgãos integrantes do SBDC são absolutamente insuficientes para fazer frente às

Bem por isso, como mostra o quadro abaixo, elaborado a partir dos dados da Tabela 4 do Apêndice, houve muitos casos de arquivamento de processos administrativos de investigação de cartéis pela incidência da prescrição no período desta pesquisa:[402-403]

Quadro 11 - Processos prescritos

Tipo de processo	Número	Participação
Com decisão de mérito	97	80,2%
Prescritos	24	19,8%
Total	121	100%

A ausência de fiscalização imediata dos atos do acusador limita o impacto educativo que as decisões do Tribunal poderiam exercer sobre a condução da atividade probatória. O nível de concordância com as questões de prova decididas pelo acusador é um indício de que talvez haja mais preocupação em legitimar seus atos, com vistas a garantir alguma efetividade à política pública de combate a cartéis, do que propriamente disciplina-lo.[404]

A segunda razão é a criação de incentivos negativos para o administrado se defender com todas as armas na etapa do feito conduzida pela Superintendência-Geral, enfraquecendo-se o contraditório. Por resultar de igual forma da multiplicidade de tarefas do acusador, essa deficiência será esmiuçada no item 3.2 abaixo.

suas atribuições, principalmente no que concerne à instrução dos processos. Tal atividade é eminentemente complexa e dispendiosa, notadamente nos casos de investigações atinentes à prática de cartel, infração que costuma ser de difícil detecção".

402. A prescrição encontra-se prevista no art. 46, da Lei n. 12.529/11. À época dos processos administrativos regidos pela Lei n. 8.884/94, as mesmas regras eram aplicáveis, contudo com base nas disposições da Lei n. 9.873/99.

403. O número poderia ser bem maior, não adotasse o Tribunal entendimento tão restrito – às vezes, peculiar – a respeito de quais atos interrompem o prazo prescricional. Por exemplo, até mesmo o mero envio de resposta a questionamento do Ministério Público sobre o andamento da investigação administrativa é visto como "ato de apuração da infração" a justificar a interrupção.

404. De fato, na pesquisa empírica, raros foram os casos de divergência em questão de prova, tal como o registrado no Processo Administrativo n. 08000.009391/1997-17 (2013), no qual o Tribunal discordou do indeferimento de perícia de preços proposto por um dos acusados (item 2.4.2).

3.1.3. Comprometimento da atividade de valoração

O fato de o julgador tomar conhecimento do processo após a conclusão da fase instrutória – como visto no item anterior, o período de tempo a separar os dois eventos costuma ser muito longo – prejudica a precisa avaliação do conjunto probatório, cujos principais eventos e tópicos são organizados pelo acusador em seu parecer final, consoante seus próprios critérios de convencimento.[405]

Por exemplo, com relação à prova testemunhal e ao depoimento pessoal (interrogatório), os Conselheiros do CADE deixam de avaliar o comportamento dos depoentes e não realizam perguntas. No tocante à prova documental, *inter alia*, não examinam a totalidade dos documentos apreendidos, cuja seleção prévia é feita pelo acusador (cf. item 2.4.1).

O julgador poderia compensar o reduzido contato com a prova e os diversos atores do processo (denunciantes, signatários do acordo de leniência, testemunhas, acusados) mediante a realização de instrução probatória complementar.[406] No entanto, a despeito de deterem poderes para tanto (item 1.3.4), os Conselheiros do CADE fazem deles pouco uso.

---

405. Além de afetar a qualidade da prova, esse fenômeno implica certa ineficiência. Mesmo se executado com diligência e zelo, o julgador terá de reexaminar, de um lado, todas as decisões interlocutórias e manifestações do acusador e, de outro, todas as petições, alegações e provas apresentadas pelos acusados desde o início do processo, demandando muito mais tempo e recursos em comparação ao hipotético cenário em que estivesse presente desde o início.

406. O tema dos poderes investigatórios do julgador é dos mais calorosos na doutrina processual civil e penal. Adota-se neste trabalho posicionamento favorável à utilização desses poderes nos processos de investigação de cartel, conquanto exercidos de acordo com os limites impostos pela lei, sob pena de violação ao princípio da imparcialidade intrínseco à função decisória. Mostra-se desarrazoado dever o julgador permanecer inerte quando se depara com fontes de prova úteis no processo de descoberta da verdade. Por outro lado, ele não pode eternizar o processo para tentar comprovar eventual tese. Como explica Carlos Ari Sundfeld: "[o] exercício desses poderes instrutórios por iniciativa do Cade, contudo, apesar de ser expressão do necessário impulso oficial ao processo, só tem cabimento em caráter excepcional. A excepcionalidade de seu uso decorre de circunstâncias evidentes, relacionadas à *fase processual* (que é de julgamento e não de instrução do feito) e à *competência do Cade* (que é também de julgamento e não de instrução do processo). Não pode o Conselheiro--Relator, por exemplo, pretender que toda uma nova instrução se reinicie no Cade, ainda que mediante a produção de provas pertinentes ao seu objeto, em substituição ao resultado de instrução completamente deficiente da SDE" (SUNDFELD, Carlos Ari. Poder instrutório do relator no processo administrativo. In: *Direito administrativo econômico*. São Paulo: Ed. Revista dos Tribunais, 2013. p. 579. [Coleção pareceres, v. 1]). Nessa linha, o Processo Administrativo n. 08012.004086/2000-21 (2005) apresenta exemplo de instrução adequada nessa fase processual, realizada para o "espancamento de eventuais dúvidas do presidente do feito" (voto do Conselheiro Luiz Alberto Esteves Scaloppe, fl. 5.642, ênfase no original).

No final dos anos 1990, as decisões em casos de cartel apontavam para o incremento da participação do julgador na instrução dos processos administrativos:

> O julgador é o destinatário da prova produzida pelas partes. No processo administrativo, com o princípio da oficialidade, a autoridade administrativa que julga tem a função de colher a prova. Na Lei nº 8.884/94, o princípio da oficialidade é facilmente visualizado no art. 7º, inciso IX, que coloca o Conselheiro da CADE na diligente condição de investigador, com o "munus" público de colher as provas, independentemente de requerimento das partes, visando esclarecer os fatos alegados.[407]

Entretanto, conforme quadro abaixo, elaborado com base nos dados da Tabela 11 do Apêndice, essa tendência não foi confirmada ao longo do tempo: a realização de diligências adicionais ocorreu em poucos processos administrativos,[408] indicando nível elevado de aceitação da atividade instrutória desenvolvida pelo acusador:

Quadro 12 – Realização de instrução pelos Conselheiros		
Sim	15	15,5%
Não	82	82,5%
Total	121	100%

O nível de aceitação também é medido pelo impressionante índice de coincidência de opiniões entre o acusador e o julgador no tocante a condenações e absolvições, como pode ser observado na Tabela 12 do Apêndice, cujos dados são apresentados no quadro abaixo. Houve divergência total em apenas quatro processos administrativos; em outros 14, o Tribunal (ou o antigo CADE) divergiu parcialmente;[409] nos restantes 79, a concordância foi absoluta.

---

407. Processo Administrativo n. 08000.015337/1997-48 (1999), voto do Conselheiro Ruy Afonso de Santacruz, fl. 1.578.

408. Por não serem atos de instrução, nessa análise não foram levadas em consideração a solicitação de pareceres à Procuradoria e ao Ministério Público Federal e a determinação de abertura de prazo para alegações finais.

409. Por exemplo, no Processo Administrativo n. 08012.009888/2003-70 (2010), a SDE sugeriu a condenação de todos os acusados e o CADE absolveu uma pessoa física. Nesses casos, atribuiu-se "parcial" ao nível de aceitação, pelo julgador, da opinião do acusador. As explicações sobre a metodologia encontram-se na Tabela 12.

Quadro 13 – Convergência entre SDE/SG e Tribunal		
Convergência total	79	81,5%
Convergência parcial	14	14,4%
Divergência	4	4,1%

Considerando apenas os 28 processos nos quais a Superintendência-Geral atuou (28,9% dos casos revistos nesta pesquisa), o índice de convergência continua elevado:

Quadro 14 – Convergência entre SG e Tribunal		
Convergência total	21	75,0%
Convergência parcial	5	17,9%
Divergência	2	7,1%

Chama atenção, ainda, a pouca quantidade de vistas solicitadas. Os dados da Tabela 13 do Apêndice, apresentados no quadro abaixo, revelam pedidos dessa natureza em 24,7% dos feitos; destes, ocorreram discussões sobre questões de prova em 62,5%.[410]

Quadro 15 – Pedidos de vista de Conselheiros		
Sim	24	24,7%
Não	73	75,3%
Total	97	100%

Além do Relator, os demais seis Conselheiros aptos a decidir têm direito a vistas para examinar o processo administrativo de

410. Há muito tempo são realizadas reuniões entre os Conselheiros do CADE, às vésperas das sessões de julgamento, para discutir os casos da pauta (conhecidas como "plenarinhos"). A apresentação prévia do caso pelo Relator a seus pares pode ser a causa de não haver tantos pedidos de vista. Para raro caso de intensa discussão, ao longo das sessões de julgamento, *vide* o Processo Administrativo n. 08012.004599/1999-18 (2007), no qual houve um verdadeiro "duelo" intelectual entre os Conselheiros Luis Fernando Schuartz e Ricardo Villas Bôas Cueva, com a participação de diversos outros Conselheiros. Não à toa, os resultados daquela discussão são bastante significativos para a compreensão de alguns pontos da jurisprudência e são citados em diversos momentos deste estudo.

maneira mais detida.[411] A ausência dessa prática vai de encontro à própria essência de um Tribunal, órgão colegiado composto por pessoas com distintas origens, cuja interação resultaria na promoção do debate (inclusive do peso das provas), na possibilidade de influência na formação da convicção dos pares e no estímulo à melhor preparação dos relatores.

Outra medida desse fenômeno é o baixo nível de divergência entre os Conselheiros, conforme quadro abaixo, elaborado com base nos dados da Tabela 14 do Apêndice:[412]

Quadro 16 – Convergência entre Conselheiros		
Decisões unânimes	85	87,6%
Decisões não unânimes	12	12,4%
Total	97	100%

Esse número é muito significativo se levado em consideração o fato de que, em média, 19 pessoas (jurídicas ou físicas) foram investigadas em cada processo (*vide* item 1.3.3), implicando a existência de autos bastante volumosos e repletos de manifestações, incidentes processuais, elementos de prova etc.

O pouco uso de poderes de instrução, o significativo grau de concordância com a opinião do acusador, a pouca utilização de vistas para revisão dos votos dos Conselheiros Relatores e o alto índice de unanimidade nos julgamentos são fenômenos capazes de gerar dúvidas a respeito da necessidade de separação dos órgãos de investigação/acusação e decisório, dos pontos de vista da existência de ambiente favorável à implementação de contraditório e da eficiência da Administração Pública.

411. A importância das vistas foi explicada pelo Conselheiro Luiz Alberto Esteves Scaloppe no Processo Administrativo n. 08012.000677/1999-70 (2004): "[s]olicitei vistas dos autos por se tratar de suposta infração da ordem econômica por querer analisar melhor as provas trazidas aos autos, para poder fixar a existência dessas práticas imputadas, as autorias e, finalmente, a relação entre os fatos e os tipos infracionais descritos na legislação que tutela a concorrência neste país" (voto, fl. 3.374).

412. A unanimidade foi medida apenas com relação à decisão de condenação ou arquivamento, não tendo sido examinados outros elementos das decisões, como o montante das multas ou os tipos de penalidades impostas.

Sob a ótica da existência de ambiente favorável ao contraditório – onde acusação e defesa poderiam de maneira efetiva e completa dispor de suas armas para convencer o julgador –, os fenômenos identificados forçam pensar em que medida o acusador, sabendo que o julgador tende a concordar com suas opiniões, apenas busca a comprovação de suas teses, abstendo-se de engajamento mais efetivo no diálogo processual com a defesa.

Do exclusivo ponto de vista da eficiência da máquina administrativa, os dados mostram que talvez seja mais conveniente o Brasil adotar o modelo de agência única, tal como o europeu. A Comissão Europeia é um órgão administrativo, responsável pela investigação, instrução e decisão, cabendo às cortes europeias a revisão das decisões. A adoção dessa estrutura poderia beneficiar a celeridade dos processos e antecipar a revisão pelo Judiciário brasileiro, que tende a ser acionado, em caso de condenação, em qualquer dos cenários institucionais.

Não é tão absurdo pensar nessa solução. Isso foi feito dentro do próprio CADE, com relação aos processos de atos de concentração, passando a Superintendência-Geral, desde maio de 2012, a decidir a maior parte deles. Nesse cenário hipotético, os quadros do Tribunal poderiam ser absorvidos pela própria Superintendência-Geral, que passaria a ser estruturada em duas unidades, uma voltada à análise de condutas e outra, à análise de estruturas.

A despeito de ser possível, não se trata de adequada solução, pois agravar-se-ia o *déficit* de contraditório. Ao contrário, como será proposto nas notas conclusivas, o Tribunal pode passar a ter um papel de muito mais destaque e importância nos processos de investigação de cartel.

3.2. MULTIPLICIDADE DE FUNÇÕES EXERCIDAS PELO ACUSADOR

A atuação da Superintendência-Geral como investigador, acusador e julgador – neste caso, nas matérias de sua competência (*e.g.*, todas as questões durante a instrução probatória) – gera distorções nas esperadas condutas da defesa e da acusação (e, portanto, do contraditório), ao menos nos processos em que são empregados métodos mais sofisticados de investigação (ou seja, naqueles em que o acusador engaja seus escassos recursos na investigação e detecção da prática).[413]

413. Existem diversos processos administrativos iniciados por denúncias não tão bem fundamentadas. Muitos eram instaurados por razões políticas (*e.g.*, as denúncias encaminhadas

Do ponto de vista do administrado, essa exclusiva atuação do acusador - não sendo possível qualquer manifestação imediata do julgador sobre as questões interlocutórias - pode levar à busca prematura da tutela jurisdicional ou à superficialidade da defesa enquanto o processo estiver sendo conduzido pela Superintendência-Geral, em desincentivo à instauração de verdadeiro contraditório. Por que produzir provas ou discutir questões com o acusador se ele possui a tendência de confirmação de suas teses acusatórias?

A tendência natural do administrado é discutir os atos da Superintendência-Geral quando o processo é remetido ao Tribunal, após encerrada a instrução processual, ou, mais ainda, perante o Poder Judiciário, em caso de condenação.

Não foram encontrados dados objetivos para avaliar como a atuação da Superintendência-Geral na fase inquisitorial e durante a instrução do processo administrativo afeta o nível de argumentação ou a qualidade de contraprovas apresentadas pela defesa. O impacto parece ser negativo de modo geral,[414] mas esse exame qualitativo dependeria do auxílio de acusados e defensores, o que não se mostrou viável e útil no decorrer da pesquisa.[415]

O único dado disponível é a referida tendência de judicialização de determinadas questões relacionadas à atividade probatória em momentos anteriores à fase decisória. Exemplos de intensa discussão judicial nas fases pré-processual e de instrução podem ser encontrados

---

pelo Ministério Público, em geral, estimulam a autoridade administrativa a mostrar-se mais dinâmica e atuante) ou em decorrência de obrigação legal (*e.g.*, a Lei n. 8.884/94, art. 30, § 2º, determinava a instauração imediata de processo em caso de representação encaminhada pelo Congresso Nacional; isso mudou com a Lei n. 12.529/11, art. 66, § 6º, que faculta à Superintendência-Geral instaurar inquérito administrativo ou processo administrativo nessa hipótese).

414. Wouter P. J. Wils cita a visão negativa de alguns defensores quanto à possibilidade de efetiva defesa nos processos administrativos perante a Comissão Europeia (WILS, Wouter P. J. The combination of the investigative and prosecutorial function with the adjudicative function in EC antitrust enforcement: a legal and economic analysi. *World Competition*, v. 27, n. 2, p. 13, 2004. Disponível em: <http://ssrn.com/abstract=1319251>. Acesso em: 18 mar. 2014. p. 13).

415. As estratégias de defesa são muito individuais e levam em consideração diversos elementos além da atuação da autoridade administrativa. Nas investigações de cartel, em geral, são considerados o grau de exposição dos acusados, as implicações do processo administrativo na seara criminal, os impactos das decisões em ações de reparação de danos (em especial em outros países) etc. Seria muito difícil isolar a variável "postura da autoridade" de forma a avaliar seu impacto específico na atuação dos defensores.

nos Processos Administrativos n. 08012.004702/2004-77 (2012)[416] e 08012.011142/2006-79 (2014).[417]

Em linhas gerais, acredita-se que a maneira mais eficiente de estimular o acusado a engajar-se no contraditório desde o início do processo administrativo – e não esperar para fazê-lo perante o Tribunal ou o Poder Judiciário, após a decisão administrativa condenatória – seria imbuir o Tribunal de poderes de controle imediato sobre os atos da Superintendência-Geral na fase pré-processual e instrutória.[418]

Se a estrutura permitisse o efetivo e imediato diálogo entre a defesa, o acusador e o julgador, não é difícil imaginar um aumento do esforço argumentativo das partes e da qualidade da prova produzida.[419]

---

416. O Conselheiro Carlos Emmanuel Joppert Ragazzo resumiu no voto os principais eventos judiciais relacionados à possibilidade de uso dos documentos eletrônicos apreendidos (voto, p. 7-11). Juliano Souza de Albuquerque Maranhão, Paulo Furquim de Azevedo e Tercio Sampaio Ferraz Junior examinam os detalhes dessa batalha judicial e apontam que a interferência do Poder Judiciário resultou em significativo atraso no desenvolvimento do processo administrativo: "[e]xemplos como esse sinalizam aos acusados em âmbito administrativo que a possibilidade de recurso ao Judiciário por meio de diversas ações pode ser uma boa estratégia para interromper ou atrasar a atividade administrativa antes de sua decisão final" (MARANHÃO, Juliano Souza de Albuquerque; AZEVEDO, Paulo Furquim de; FERRAZ JUNIOR, Tercio Sampaio. *Direito regulatório e concorrencial no Poder Judiciário*. São Paulo: Singular, 2014. p. 166-169).

417. O resultado favorável ao CADE no "embate" relacionado ao uso dos documentos apreendidos pela SDE foi festejado pelo Conselheiro Alessandro Serafin Octaviani Luis: "[c]omo se vê, rara vez na história brasileira terá havido um embate tão grande sobre a legalidade de uma busca e apreensão. A autoridade de defesa da concorrência, de posse de uma série de indícios, houve por bem recorrer ao Poder Judiciário para chegar ao coração das empresas, seus documentos internos, físicos e digitais (que podem expressar suas práticas, lícitas e ilícitas). As investigadas não fizeram por menos: com o auxílio dos mais competentes defensores e pareceristas, foram ao Poder Judiciário, afirmar em bom som: 'não podem ser colhidos tais documentos; se colhidos, não podem ser juntados; se juntados, não podem ser olhados; se olhados, não podem ser levados em consideração.' Perante tal embate entre a autoridade de defesa da concorrência – representada por um notável grupo de advogados da União, cuja excelência é uma das honras da construção da democracia brasileira pós 1988 – e as investigadas – representadas, como asseverado, por alguns dos mais importantes escritórios de direito concorrencial do Brasil – o Poder Judiciário, após amplíssimo e demorado escrutínio, foi acertadamente claro: os documentos podem ser colhidos, juntados, olhados e levados em conta. (...)" (voto, p. 105).

418. A necessidade de haver instância de controle para coibir eventuais abusos da Administração Pública é discutida por Vitor Rhein Schirato, que remonta a Montesquieu para relembrar a tendência de abuso de poder por quem o detém, avançando até onde encontrar limites (SCHIRATO, Vitor Rhein. O processo administrativo como instrumento do Estado de Direito e da Democracia. In: MEDAUAR, Odete; SCHIRATO, Vitor R. (Orgs.). *Atuais rumos do processo administrativo*. São Paulo: Ed. Revista dos Tribunais, 2010. p. 27).

419. Daí o sentido da distribuição, no processo penal, das tarefas de defesa, acusação e decisão a três pessoas distintas, cada qual desempenhando papéis fundamentais para possibilitar a mais

James Venit corrobora essa visão ao comparar o modelo europeu (semelhante ao brasileiro) com um sistema adversarial, tal como o norte-americano:[420] "[o] sistema resultante é certamente muito diferente do sistema 'adversarial' no qual as partes (privadas ou um acusador e um réu) contestam os fatos e sua interpretação perante um juiz imparcial".[421]

Sob a perspectiva do acusador, o acúmulo de funções impacta a qualidade da acusação e o comportamento da Superintendência-Geral no curso do processo administrativo.

Na Europa, o assunto é estudado há décadas, tendo as críticas de ausência de imparcialidade da acusação motivado constante aprimoramento dos regulamentos para conferir maior transparência e freios e contrapesos à atuação da autoridade administrativa.[422] Por exemplo, em 2010, foram editados manuais de boas práticas sobre a condução de processos adminis-

---

precisa reconstrução histórica dos fatos controversos. Para Aury Lopes Jr. e Ricardo Jacobsen Gloeckner, a "separação das atividades processuais, a exigir uma atuação equidistante das partes, veda que se possa delegar, a uma dessas partes, a comistão de funções, o que, em última instância, comprometeria a capacidade autocrítica dos sujeitos processuais" (LOPES JÚNIOR, Aury; GLOECKNER, Ricardo Jacobsen. *Investigação preliminar no processo penal*, cit., p. 61-62).

420. Christine A. Varney explica como funciona o sistema adversarial nos Estados Unidos: "(...) Em nosso sistema judiciário, juízes neutros que não possuem relação com a Divisão Antitruste têm a tarefa de decidir as questões de fato em litígio e avaliar a solidez de nossas teorias jurídicas. Entre outras importantes funções, os juízes decidem em fase instrutória, avaliam a credibilidade da testemunha e decidem questões de fato em litígio. Em uma ação pública, as partes têm plena oportunidade de contestar nossas provas, apresentar suas próprias provas e expor sua própria interpretação da lei" (VARNEY, Christine A. *Discurso proferido na Conferência de Concorrência da International Bar Association*, Itália, 12.09.2009. Disponível em: <https://www.competitionpolicyinternational.com/remarks-by-assistant-attorney-general-christine-a-varney-at-the-competition-conference>. Acesso em: 09 set. 2014, tradução do inglês).

421. VENIT, James. Human all too human: the gathering and assessment of evidence and the appropriate standard of proof and judicial review in Commission enforcement proceedings applying Articles 81 and 82, cit., 2011, p. 199 (tradução do inglês).

422. Um resumo das iniciativas da Comissão Europeia nessa seara pode ser encontrado no documento da ORGANIZAÇÃO PARA A COOPERAÇÃO E DESENVOLVIMENTO ECONÔMICO – OCDE. *Roundtable on procedural fairness*: transparency issues in civil and administrative proceedings – European Union. 16 Feb. 2010. Disponível em: <http://ec.europa.eu/competition/international/multilateral/2010_fairness_feb.pdf>. Acesso em: 01 set. 2014): "[p]ara garantir que todos os pontos de vista e provas pertinentes sejam devidamente levados em consideração antes da decisão final, e que a avaliação proposta pela equipe do caso seja sólida, há uma série de salvaguardas no processo de tomada de decisão que se opõe a qualquer sugestão de viés institucional" (p. 5, tradução do inglês). Dentre essas medidas, destacam-se (i) a realização de painéis de revisão interna (*peer review panels*), nos quais equipes de servidores avaliam os times responsáveis por determinadas investigações, identificando as falhas existentes, (ii) a atuação dos *Hearing Officers* e (iii) a atuação independente da Comissão de Serviços Legais, funcionando como espécie de Procuradoria.

trativos de condutas anticompetitivas[423] e a atuação dos *Hearing Officers*, os autodenominados "guardiões do justo procedimento perante a Comissão".[424]

De maneira geral, a preocupação reside no viés acusatório dos órgãos encarregados da investigação e persecução. Baseando-se em estudos de psicologia forense e epistemologia, Wouter P. J. Wils catalogou três tipos de tendências de cunho psicológico (predisposições cognitivas) a que estão sujeitas as autoridades de defesa da concorrência e que podem impactar sua capacidade de conduzir a decisões isentas: (i) tendência de confirmação, (ii) tendência de evitar dissonância cognitiva e justificar esforços pretéritos e (iii) tendência de mostrar nível elevado de cumprimento da lei.[425] Segundo James Venit, esses vieses fazem parte da natural tendência de "qualquer agência reguladora de ser parcial devido à sua *raison d'*être como órgão de fiscalização e punição".[426]

O viés de confirmação consiste na tendência do homem de procurar elementos a confirmar suas teses e crenças: "buscar o que se quer encontrar e encontrar aquilo que se busca".[427] Nas investigações de condutas anticompetitivas, a partir do momento da instauração do processo administrativo, já está instalada a crença inicial de que a violação será provada ao final.[428] James Venit explica que, ao incidir sobre a atividade probatória, "o viés de confirmação pode causar diversas interpretações equivocadas e levar a uma abordagem seletiva que filtra as provas que sustentam um conjunto de teorias, eliminando todas aquelas que contradizem tais teorias".[429]

---

423. COMISSÃO EUROPEIA. *Best Practices on the conduct of proceedings concerning Articles 101 and 102 TFEU*. Disponível em: <http://ec.europa.eu/competition/consultations/2010_best_practices/best_practice_articles.pdf>. Acesso em: 01 set. 2014.

424. COMISSÃO EUROPEIA. *Guidance on procedures of the Hearing Officers in proceedings relating to Articles 101 and 102 TFEU (ex-articles 81 and 82 EC)*. p. 4. Disponível em: <http://ec.europa.eu/competition/consultations/2010_best_practices/hearing_officers.pdf>. Acesso em: 01 set. 2014. Os *Hearing Officers* são servidores independentes, nomeados pelo Colegiado de Comissionários da Comissão Europeia, cujo objetivo é verificar, *ex officio* ou a pedido das partes, se os direitos das pessoas jurídicas relacionados ao devido processo legal estão sendo respeitados durante a investigação. Para tanto, possuem poderes de realizar avaliações independentes, preparar anotações sobre a acuidade dos processos e, até mesmo, decidir determinados tipos de incidentes relacionados a confidencialidade, extensão de prazos etc.

425. WILS, Wouter P. J. Op. cit., p. 15-16.

426. VENIT, James. Op. cit., p. 193, tradução do inglês.

427. Id. Ibid., p. 201, tradução do inglês.

428. WILS, Wouter P. J. Op. cit., p. 16.

429. VENIT, James. Op. cit., p. 201, tradução do inglês. No Processo Administrativo n. 08012.010187/2004-64 (2015), o Conselheiro Márcio de Oliveira Júnior reconheceu que, de

A segunda tendência resulta de mais complexa elaboração. Depois da instauração do processo administrativo, pode o acusador identificar, com base em novas informações coletadas, que o caso não culminará em condenação ou não é tão expressivo como imaginava. Nesse instante, é bastante comum ocorrer o fenômeno psicológico "viés retrospectivo" (*hindsight bias*), pelo qual a autoridade, de maneira falsa, acredita que poderia ter previsto esse resultado desde o início. Como explica Wouter P. J. Wils, esse fenômeno cria uma situação de dissonância cognitiva, entrando a falsa conclusão em conflito com a confiança da pessoa em seu próprio julgamento anterior. Assim, tende-se a eliminar o desconforto evitando as informações que possam gerar a dissonância, inclusive como forma de justificar ao mundo externo a decisão de instauração e o dispêndio de recursos e energia.[430]

Os dados das Tabelas 10 e 12 do Apêndice são indícios da incidência dessas duas tendências do acusador. Fazendo um corte na pesquisa com relação aos processos administrativos instaurados antes e depois de 17 de julho de 2003 – data da realização da primeira busca e apreensão coordenada pela SDE, que marca o início da era de priorização ao combate a cartéis no Brasil –, pode ser visto que, no primeiro grupo, o acusador sugeriu a condenação em 44,7% deles. Já no segundo grupo, esse percentual subiu para 74,0%. Nos sete casos em que foram empregados métodos mais sofisticados de obtenção de provas,[431] a marca atingiu 85,7%,[432] indicando tendência de chancela das decisões de alocação dos escassos recursos estatais.

Como explica Wouter P. J. Wils:

> A limitação de recursos é uma realidade, o que também se aplica à política antitruste. A Comissão Europeia e seu Diretório-Geral de Competição possuem recursos limitados para utilização na política antitruste, assim como seus servidores possuem limitação de tempo e energia a serem dedicados às suas múltiplas tarefas. Assim, em todos os níveis, há uma necessidade constante de alocar esses recursos de forma eficiente. Os indivíduos envolvidos devem

---

maneira geral, o "pré-julgamento" por parte do acusador pode inviabilizar a ampla defesa do acusado, "uma vez que a reunião de provas na instrução ficaria viesada e contrariaria o princípio basilar da presunção de inocência" (voto, item 18).

430. WILS, Wouter P. J. Op. cit., p. 17-18.

431. Foram considerados os casos em que foram celebrados acordos de leniência ou realizadas buscas e apreensões e inspeções na esfera administrativa.

432. Se excluído o Processo Administrativo n. 08700.007611/2012-45 (2015), resultante de desmembramento de outro ainda em curso, chega-se a 100%.

justificar ao mundo exterior, dentro da instituição e a si mesmos que não há desperdício dos escassos recursos, de tempo ou energia.[433]

A terceira predisposição cognitiva seria o desejo de mostrar alto nível de cumprimento da lei. Sendo a dissuasão um dos objetivos da política antitruste (cf. item 3.6), é de se esperar do acusador a condução da instrução de forma tendenciosa ao atingimento de tal objetivo, dando-se publicidade das investigações, processos e opiniões.[434] Wouter P. J. Wils entende que essa tendência ocorre de igual forma em razão do desejo dos servidores de adquirir respeito junto a colegas. Nas palavras de James Venit:

> Há uma tendência natural do indivíduo envolvido em um ramo legítimo de atividade de acreditar na importância dessa atividade e que suas ações estão contribuindo para o desenvolvimento de objetivos importantes. No contexto de política pública, em que o objetivo é deter e punir determinadas formas de conduta, a prioridade recai, sem nenhuma surpresa, sobre as ações de fiscalização e punição. É mais provável que os servidores sejam reconhecidos e recompensados, o que também significa dizer promovidos, com base no número e importância dos casos cuja persecução obteve êxito, e não naqueles que não tenham sido instaurados ou abandonados depois de instaurados.[435]

O mesmo autor alerta que a combinação dessas três tendências humanas nos processos administrativos de investigação de condutas anticompetitivas não pode ser menosprezada:

> Por estarem tão enraizados na tendência natural do ser humano de acreditar em suas próprias hipóteses e na real necessidade de utilização de tempo e recursos em uma investigação, a ingerência dessas três formas de viés e os perigos que representam à avaliação objetiva das provas não devem ser subestimados.[436]

---

433. WILS, Wouter P. J. Op. cit., p. 17, tradução do inglês.

434. Nesse contexto, é bastante comum a inserção nas apresentações institucionais do CADE dos números de mandados de busca e apreensão, acordos de leniências etc. Exemplo desse tipo de informação pode ser encontrado no CADE. *Balanço 4 anos da Lei 12.529/11*, cit.

435. VENIT, James. Op. cit., p. 202, tradução do inglês.

436. VENIT, James. Op. cit., tradução do inglês. Philip Lowe rebate a percepção de que exista um viés condenatório da Comissão Europeia; segundo o autor, o público dá pouca atenção às diversas decisões de rejeição de denúncias de cartel (LOWE, Philip. Taking sound decisions on the basis of available evidence. In: EHLERMANN, Claus-Dieter; MARQUIS, Mel (Eds.). *European competition law 2009*: the evaluation of evidence and its judicial review in competition cases. Oxford e Portland: Hart Publishing, 2011. p. 171).

Para mitigar a incidência dessas predisposições, o ideal seria isolar a atividade da autoridade administrativa na função de acusação. Aliás, foram os próprios idealizadores da reforma de 2011 a definir de maneira precisa o papel desempenhado pela Superintendência-Geral: "promotor da concorrência".[437] Nesse contexto, não deveria o órgão desincumbir-se de obrigações não relacionadas à acusação; somente o foco em demonstrar a existência do cartel e sua autoria deveria importar, desse modo incentivando a defesa ao desejado duelo dialético.

Tema assemelhado é bastante discutido no processo penal. Como mostram Aury Lopes Jr. e Ricardo Jacobsen Gloeckner, a doutrina divide-se a respeito da possibilidade de o promotor atuar em atividades outras além da acusação: para alguns, a atuação do Ministério Público como titular da ação penal e fiscal da lei lhe ungiria com o manto da imparcialidade, o que autorizaria sua participação ativa na fase de investigação; para outros, não faz sentido falar em imparcialidade se a figura nasceu para ser o "contraditor natural do imputado".[438]

Para os autores, "quanto maior é a parcialidade das partes, mais garantida está a imparcialidade do juiz", ou seja, "o processo penal e o juiz necessitam de que a parte seja parte; é imprescindível sua parcialidade".[439] Na mesma linha, Sérgio Marcos de Moraes Pitombo aponta que a possibilidade de o Ministério Público desempenhar outras funções – tratava o autor dos poderes de investigação – poderia levar à "busca orientada de prova".[440] Gustavo Henrique Righi Ivahy Badaró encerra a discussão com forte opinião, com a qual se concorda: "[n]o processo acusatório, em que

437. Exposição de Motivos n. 00107-A, elaborada em 01.09.2005 pelos Ministérios da Justiça, Fazenda e Planejamento: "[c]om a nova proposta, foi conferida maior autonomia à representação dos interesses dos consumidores no processo decisório. O Superintendente-Geral da Agência passa a exercer a função de 'promotor da concorrência' perante o Tribunal. Ademais, além dos representantes legais das partes, o Superintendente-Geral também poderá sustentar oralmente suas posições perante o CADE, garantindo com isso, maior equilíbrio de interesses" (item 6).

438. LOPES JÚNIOR, Aury; GLOECKNER, Ricardo Jacobsen. Op. cit., p. 155-169.

439. Id. Ibid., p. 164, ênfase no original.

440. "A acusação formal, clara e fiel à prova é garantia de defesa, em Juízo, do acusado. Espera-se, então, do acusador público imparcialidade. (...). Dirigir a investigação e a instrução preparatória, no sistema vigorante, pode comprometer a imparcialidade. Desponta o risco da procura orientada de prova, para alicerçar certo propósito, antes estabelecido; com abandono, até, do que interessa ao envolvido. Imparcialidade viciada desatende à justiça" (PITOMBO, Sérgio Marcos de Moraes. Procedimento administrativo criminal, realizado pelo Ministério Público. *Revista Criminal*, ano 5, v. 15, p. 155-157, set./dez. 2011. Texto elaborado em 2002).

se acentua a relação dialética entre as partes, o Ministério Público deve ser uma parte verdadeira, isto é, uma parte parcial".[441]

O problema no processo administrativo sancionador é que a importação da solução do processo penal – qual seja, a dedicação exclusiva da Superintendência-Geral à acusação – demandaria um "juiz" imparcial, ativo em todas as fases, figura esta inexistente no processo antitruste,[442] como será aprofundado no item 3.6 abaixo.

3.3. PROXIMIDADE FÍSICA E INSTITUCIONAL ENTRE O ACUSADOR E O JULGADOR

Em paralelo aos problemas causados pela má distribuição de funções entre os órgãos acusador e julgador, há outro tópico merecedor de atenção: desde maio de 2012, eles passaram a pertencer à mesma estrutura organizacional. Embora suas funções e competências sejam bem delimitadas por lei, a proximidade física e institucional entre os servidores dos dois órgãos pode comprometer o contraditório e a paridade de armas entre as partes do processo.

O atual arranjo foi fruto de mudança legislativa aprovada em 2011, após seis anos de discussão no Congresso Nacional. A principal motivação da reforma era tornar a atuação dos órgãos antitruste mais efetiva, eliminando-se os gargalos decorrentes do complexo arranjo institucional então vigente.[443] A lógica era que, ao imprimir maior eficiência à análise de atos de concentração, mais tempo e recursos seriam destinados ao combate a condutas anticompetitivas, sobretudo os cartéis.[444]

441. BADARÓ, Gustavo Henrique Righi Ivahy. *Direito processual penal*, cit., p. 150.

442. Esse, aliás, é o principal traço distintivo da função administrativa em comparação à função jurisdicional. Enquanto nesta a controvérsia é submetida a e dirigida por um terceiro sujeito imparcial, naquela a Administração Pública funciona como parte e juiz ao mesmo tempo (*vide* item 3.1.1).

443. Como visto no item 1.3.2, antes da reforma, havia três órgãos de defesa da concorrência no Brasil: a SEAE, a SDE e o CADE. Em sede de controle de estruturas, os dois primeiros instruíam e opinavam pela aprovação ou não de uma determinada concentração econômica submetida para aprovação. No controle de comportamentos, a SDE dirigia a investigação e a atividade probatória até o término da instrução processual, podendo contar com o auxílio da SEAE, seja para a realização de diligências ou para a manifestação em forma de parecer não vinculativo. Nas duas funções, o CADE funcionava como órgão decisório.

444. Assim, a SEAE deixou de atuar nos processos administrativos de controle de estrutura e condutas, passando a desempenhar uma série de funções conhecidas como "advocacia da concorrência", voltadas à implementação de boas práticas de concorrência pelos órgãos da Administração Pública. A SDE foi extinta, tendo sua divisão antitruste sido incorporada pela

Antes da reforma, já existia interação e parcerias entre as autoridades, com intensidade e resultados variáveis ao longo do tempo.[445] Hoje, todavia, o nível de coordenação é muito superior. Na atual estrutura, os técnicos da Superintendência-Geral e do Tribunal trabalham no mesmo prédio e convivem muito mais. Há, inclusive, um crescente intercâmbio de servidores entre os órgãos. Ademais, a proximidade também é exigida para fins de planejamento estratégico[446] e orçamentário,[447] e representação institucional.[448]

Nesse contexto, a existência de decisões e entendimentos conflitantes entre os dois órgãos pode criar um problema institucional. Antes, se o CADE decidisse contrariamente à tese desenvolvida pela SDE, órgão integrante da Administração Direta, poderia haver reclamações e reprimendas de lado a lado. Hoje, posições distintas tendem a ser vistas como fraqueza institucional ou falta de articulação.

O Quadro 14 acima mostra um alto nível de concordância entre a opinião da Superintendência-Geral e a decisão do Tribunal, nos processos administrativos cujo parecer opinativo coube ao primeiro. Esses dados ainda são insuficientes para avaliar o impacto gerado pela proximidade das autoridades nas decisões – por exemplo, foram decididos apenas dois processos instaurados pela própria Superintendência-Geral –, mas

---

Superintendência-Geral, órgão criado para integrar a estrutura do próprio CADE. Criou-se também o Tribunal Administrativo, cujos integrantes desempenham a maior parte das funções atribuídas ao antigo CADE.

445. Por exemplo, em 2006, a SEAE e a SDE dividiram as tarefas sobrepostas, concentrando-se a primeira em casos de controle de estrutura e a segunda em casos de conduta (cf. Portaria Conjunta SEAE/SDE n. 33/06).

446. Por exemplo, *vide* introdução ao CADE. *Plano Estratégico 2013-2016*. Disponível em: <http://www.cade.gov.br/upload/CADE%20-%20Plano%20Estratégico%202013-2016%20-%20versão%201%200.pdf>. Acesso em: 13 out. 2014: "[o] presente documento reflete o referencial estratégico para o Conselho Administrativo de Defesa Econômica (Cade) referente ao período de 2013 a 2016, resultado de um processo de reflexão dos dirigentes após as grandes mudanças decorrentes da Lei n.º 12.529, de 30 de novembro de 2011" (p. 5). O documento foi produzido em fevereiro de 2013, durante a Oficina de Planejamento do CADE, da qual participaram o Presidente, os Conselheiros, o Superintendente-Geral, o Procurador-Geral e o Economista-Chefe.

447. Para fins orçamentários, o Presidente do Tribunal deve ouvir o Superintendente-Geral antes de encaminhar ao Poder Executivo a proposta de orçamento e a lotação ideal de pessoal (Lei n. 12.529/11, art. 22).

448. A participação de servidores do CADE em eventos nacionais e internacionais é bastante intensa. Nessas ocasiões, são feitas apresentações institucionais contendo diagnósticos e prognósticos da política de defesa da concorrência no Brasil. Para exemplo, *vide* o CADE. *Balanço 4 anos da Lei 12.529/11*, cit.

chamam a atenção e indicam a necessidade de reforço à garantia de independência entre acusador e julgador.

De qualquer maneira, incontestável não ter sido a estrutura pensada para imprimir maior rigor à autonomia das instâncias e à promoção do contraditório, em especial nos casos de conduta. Ela foi delineada para diminuir o estoque de processos examinados pelo órgão decisório e conferir mais eficiência na análise dos atos de concentração, conforme explicam Vinícius Marques de Carvalho e Carlos Emmanuel Joppert Ragazzo:

> (...) As mudanças trazidas pela nova legislação são mais radicais no campo das análises de atos de concentração, que passaram a ser submetidas ao Cade previamente à consumação dos negócios e não mais a posteriori, como permitia a legislação anterior. (...)
>
> Para dar conta do desafio de ser ágil e eficiente na aplicação da política concorrencial, sobretudo na análise prévia das operações empresariais, o Cade sofreu alterações significativas em sua estrutura organizacional que decorrem da nova lei de defesa da concorrência.[449]

O objetivo último – o foco no controle de condutas anticompetitivas, em especial de cartéis – foi tratado apenas como consequência natural da organização mais eficiente da estrutura então existente.[450]

O problema da configuração do órgão de defesa da concorrência e seu impacto na atividade probatória não é preocupação apenas do Brasil. Por exemplo, na Europa, a autoridade antitruste atua, de forma simultânea, como investigador, acusador e julgador, tendo o arranjo sido alvo de inúmeras críticas e estudos.[451]

---

449. CARVALHO, Vinícius Marques de; RAGAZZO, Carlos Emmanuel Joppert (Coords.). *Defesa da concorrência no Brasil*: 50 anos, cit., p. 139-140.

450. *Vide* Exposição de Motivos n. 00107-A, elaborada em 01.09.2005 pelos Ministérios da Justiça, Fazenda e Planejamento, itens 12 e 13.

451. *Vide* acurada síntese apresentada por WILS, Wouter P. J. Op. cit. Para o autor, separa-se o termo acusação apenas para fins didáticos, pois, na prática, acusação e investigação caminham juntas no processo administrativo de investigação de cartéis, praticamente indissociáveis: "[p]ode ser defendido que no atual sistema da Comissão Europeia não existe propriamente uma função acusatória, mas somente funções investigativa e decisória. A função acusatória só emerge em um sistema no qual a função decisória é separada da função investigativa" (p. 2, tradução do inglês). Nos Estados Unidos, com relação às investigações de cartel, não existe estrutura semelhante àquela adotada no Brasil ou na Europa, cabendo ao Departamento de Justiça litigar perante o Poder Judiciário. No entanto, no direito administrativo em geral, o impacto das estruturas institucionais sobre as decisões da Administração Pública é discutido há décadas, tendo impulsionado a promulgação do *Administrative Procedure Act* em 1946,

Também a doutrina estrangeira vem dedicando algum esforço a avaliar o relacionamento entre as instituições e suas práticas e decisões em matéria de direito antitruste sancionador,[452] sendo detectável, nos últimos anos, nos fóruns internacionais e em diversos países, o incremento dos debates sobre seu relacionamento com o devido processo legal e a transparência.[453]

3.4. DESEQUILÍBRIO DA PARIDADE DE ARMAS EM RAZÃO DA ATUAÇÃO DA PROCURADORIA DO CADE E DO MINISTÉRIO PÚBLICO FEDERAL

O acúmulo de funções desempenhadas pela Procuradoria prejudica o escorreito desempenho de sua função fiscalizadora dos feitos. Embora tenha competência para identificar os vícios processuais e os problemas de legalidade antes da tomada de decisão pelo Tribunal, a Procuradoria também será responsável pela defesa do CADE em caso de disputa judicial envolvendo condenações administrativas.

Assim, revela-se bastante conveniente conjecturar o quão aguerrida a Procuradoria seria se tivesse de confrontar a opinião do acusador.[454] Afinal, mesmo se o fizesse, o Tribunal ainda assim poderia concordar com o primeiro – como visto no item anterior, a confirmação da opinião do

prevendo a necessidade de separação entre as funções investigativa e decisória, cf. Seção 5(c).

452. William E. Kovacic é um grande entusiasta do estudo. *Vide* seus The institutions of antitrust law: how structure shapes substance. *Michigan Law Review*, v. 110, 2012, e Competition agency design: what's on the menu? 2012. Working Paper. Disponível em: <http://ssrn.com/abstract=2179279>. Acesso em: 29 out. 2014, o último em parceria com David A. Hyman.

453. Stanley Wong detectou que as discussões sobre transparência estão sendo travadas em diversos fóruns internacionais, tais como a OCDE e a ICN. Para o autor, as comparações entre os diversos regimes de defesa da concorrência nesse campo tenderão a crescer: "[s]ão cada vez mais comuns hoje em dia, em reuniões internacionais com especialistas do governo, setor e meio acadêmico sobre direito e política da concorrência, discussões formais e informais sobre a equidade processual na aplicação das leis de defesa da concorrência em várias jurisdições. A discussão naturalmente leva a comparações da aplicação da lei realizada por agências mais experientes e mais novas. Levando-se em consideração que há mais de 100 jurisdições que possuem legislação concorrencial, as discussões comparativas sobre equidade processual crescerão" (WONG, Stanley. *Thinking about procedural fairness of competition law enforcement across jurisdictions*: a suggested principled approach. p. 2. Disponível em: <https://www.competitionpolicyinternational.com/assets/Uploads/ICNApril142.pdf>. Acesso em: 12 set. 2014, tradução do inglês. Outras obras que abordam a questão podem ser encontradas nas referências bibliográficas.

454. Ainda mais desde 2012, quando o acusador passou a integrar a própria estrutura do CADE.

acusador é a regra –, causando certo desconforto à Procuradoria na defesa da autarquia nas contestações judiciais das decisões condenatórias.[455]

O problema já existia antes da Lei n. 12.529/11, pois a Procuradoria era obrigada a emitir parecer em todos os processos de competência do CADE.[456] Mas agravou-se. Hoje, além de poder opinar a respeito das conclusões atingidas pelo órgão acusador[457] e defender o CADE na esfera judicial,[458] a Procuradoria passou a desempenhar uma série de tarefas de representação da Superintendência-Geral nas fases inquisitorial e de instrução processual.[459]

Por exemplo, cabe à Procuradoria requisitar a expedição de mandados de busca e apreensão, nos termos do art. 13, VI, "d", da Lei n. 12.529/11, papel antes desempenhado pela Advocacia Geral da União.[460] Qual será o incentivo para a Procuradoria manifestar-se acerca de questões legais relacionadas à prova obtida nessas operações? Se esse pedido de busca e apreensão for realizado no âmbito de um processo iniciado a partir de acordo de leniência, terá a Procuradoria imparcialidade para apontar irregularidades na celebração do acordo?

Esse terceiro tentáculo impossibilita a Procuradoria de se manifestar como fiscal da lei em quaisquer feitos nos quais tenha auxiliado o acusador a angariar provas, pois não teria isenção para examinar a legalidade dos atos da Superintendência-Geral – até mesmo porque já deveria tê-lo feito no momento da requisição da produção da prova.

Por sua vez, o Ministério Público emite pareceres por força do art. 20, da Lei n. 12.529/11.[461] Embora seja importante a atuação do

---

455. Não é difícil imaginar o quão explorada seria a opinião pró-arquivamento da Procuradoria na construção de eventual ação judicial contra a decisão do CADE.

456. Cf. Lei n. 8.884/94, arts. 10, V, e 15, VIII (revogados). Em 2002, a Procuradoria chegou até mesmo a solicitar a realização de diligências ao Conselheiro Relator (*vide* Processo Administrativo n. 08012.002299/2000-18).

457. Embora a emissão de parecer não seja obrigatória (cf. Lei n. 12.529/11, arts. 15, VII, e 75), a prática mostra que a Procuradoria é sempre demandada a fazê-lo pelos Conselheiros do CADE.

458. Cf. Lei n. 12.529/11, art. 15, II, III, IV e VI.

459. Cf. competência atribuída pela Lei n. 12.529/11, art. 15, V: "tomar as medidas judiciais solicitadas pelo Tribunal ou pela Superintendência-Geral, necessárias à cessação de infrações da ordem econômica ou à obtenção de documentos para a instrução de processos administrativos de qualquer natureza".

460. Cf. Lei n. 8.884/94, art. 35-A (revogado).

461. Sob a égide da Lei n. 8.884/94 (revogado art. 12), o representante do Ministério Público tinha poder de manifestação sobre todos os casos. Após a reforma da lei antitruste em 2011, passou a opinar apenas sobre os processos administrativos sancionadores.

Parquet na defesa da concorrência, sua participação como fiscal da lei nos processos conduzidos pelo CADE poderia ser questionada, ao menos naqueles em que integrantes da instituição tenham contribuído para a instrução probatória. O Quadro 5 acima (item 1.3.3) mostra que 28,9% dos processos administrativos revisados na pesquisa empírica foram iniciados a partir de denúncias encaminhadas pelo *Parquet*, tendo este participado de diversos outros (*e.g.*, em todos os processos nos quais houve acordos de leniência, cf. item 2.4.5).

De toda forma, controlando importantes ferramentas de combate a cartéis – é legitimado a ingressar com ação civil pública em caso de infração à ordem econômica e apresentar denúncia contra as pessoas físicas responsáveis por crimes de cartel –,[462] sua atuação perante o CADE poderia ocorrer de maneira mais precisa e coordenada, não funcionando apenas como mais um guichê administrativo.

Em comum, a participação da Procuradoria e do Ministério Público Federal prolonga o tempo de conclusão dos processos de investigação de cartel, acentuando os problemas disso decorrentes. Como demonstrado na Tabela 10 do Apêndice, a emissão de seus pareceres consumiu, em média, 175 e 127 dias, respectivamente:

Existe, ainda, duplicidade no trabalho realizado pelos dois órgãos, como identificado pelo Conselheiro Luiz Alberto Esteves Scaloppe em 2005:

> Antes, cabe consignar que verifico que as manifestações destes órgãos, embora de singular importância, realizam em duplicidade a função de *custos legis*, esta produzida, com certeza, na trama da confecção da Lei n.º 8.884/94, fato que deverá ser no futuro melhor considerado pelo legislador. Nem mesmo qualquer remissão à diferença institucional entre o órgão da Advocacia Pública e do Ministério Público pode justificar esta duplicidade de intervenção, pois ambos atuam (oficiam) com a mesma finalidade: a de *custos legis*. A realização de suas funções fundamentais, da representação judicial ou assessoria jurídica, pelo primeiro, e da ação repressiva ou defesa de direito metaindividual, pelo segundo, prescinde do "oficiamento' (...)[463]

Além disso, o quadro abaixo, elaborado com base nos dados da Tabela 12 do Apêndice, mostra que, independentemente do conteúdo das opiniões exaradas pela Superintendência-Geral (ou pela antiga SDE), o nível de concordância com elas é bastante elevado:

---

462. Cf. Lei n. 7.347/85, art. 1º, V; Lei n. 8.137/90, art. 4º, I e II; Lei n. 8.666/93, art. 90.

463. Processo Administrativo n. 08012.006989/1997-43, voto, fl. 1.243.

Quadro 17 – Convergência entre SDE/SG e PFE/MPF

	PFE		MPF	
	Número	**Representatividade**	**Número**	**Representatividade**
Convergência total	87	89,7%	76	87,4%
Convergência parcial	9	9,3%	6	6,9%
Divergência	1	1,0%	5	5,7%

Nos processos concluídos pela Superintendência-Geral, o nível de concordância dos pareceristas continua elevado:

Quadro 18 – Convergência entre SDE/SG e PFE/MPF

	PFE		MPF	
	Número	**Representatividade**	**Número**	**Representatividade**
Convergência total	24	85,7%	25	89,3%
Convergência parcial	4	14,3%	1	3,6%
Divergência	0	0,0%	2	7,1%

Esses dados dão margem ao questionamento acerca da necessidade/possibilidade de sua atuação como "fiscais da lei" no processo administrativo. Poderão os próprios Conselheiros do CADE se sentir compelidos a aceitar a opinião do acusador porque os demais pareceristas com este concordaram? A hipótese não parece inverossímil, ainda mais considerando haver vários economistas atuando como Conselheiros no Tribunal, naturalmente mais tendentes a aceitar as opiniões técnico-jurídicas desses agentes.[464]

O fortalecimento da posição do acusador parece contribuir para o desequilíbrio de armas entre o Estado e o administrado no processo. Afinal, se a defesa é única, não faz sentido a acusação ser ecoada mais duas vezes. Aliás, nesse sentido, inapropriada a redação do art. 85, *caput*

464. Aliás, não é incomum a menção em votos aos pareceristas, em especial o representante do Ministério Público, para atestar a "regularidade do feito" (*vide* Processo Administrativo n. 08012.008847/2006-17 (2015), voto do Conselheiro Márcio de Oliveira Júnior, item 12).

e § 4º, do Regimento Interno,[465] concedendo a palavra aos dois órgãos nas sessões de julgamento.[466]

3.5. PREPONDERÂNCIA DA ATUAÇÃO DO CADE EM CONTROLE DE ESTRUTURAS (FUNÇÃO PREVENTIVA)

Os órgãos de defesa da concorrência no Brasil sempre dedicaram mais esforços à atuação preventiva, em sede de controle de estruturas (atos de concentração).[467] A despeito de a alteração legislativa de 2011 ter almejado mudar o foco para a esfera repressiva, ainda levará algum tempo até o CADE deixar de comportar-se como um órgão de atuação preventiva.

Por óbvio, a ênfase e a experiência na esfera preventiva impactam a atividade probatória em casos de investigação de condutas anticompetitivas, em especial no tocante à aceitação de distintos sistemas de garantias aplicáveis aos dois tipos de processo. Afinal, como explica Odete Medauar, a multiplicidade de funções da Administração Pública demanda distintos graus de processualidade.[468]

Nos processos de atos de concentração, o CADE avalia a possibilidade de determinada operação causar danos ao ambiente concorrencial. O objeto da prova nesses processos resume-se ao exame de dois elementos: as justificativas da operação e os efeitos positivos e negativos dela decorrentes.[469] Nesse contexto, sobretudo no tocante

---

465. "Art. 85. Nas sessões de julgamento do Tribunal, poderão o Superintendente-Geral, o Economista-Chefe, o Procurador-Chefe e as partes do processo requerer a palavra, que lhes será concedida, nesta ordem. (...)
§ 4º O representante do Ministério Público Federal junto ao Cade, na função de fiscal da lei, poderá fazer uso da palavra, em primeiro lugar após a manifestação das partes, pelo tempo máximo de 15 (quinze) minutos."

466. A questão merece ainda mais atenção no caso do Ministério Público, habilitado a falar depois da defesa.

467. Resquício dessa preferência é o art. 51, da Lei n. 12.529/11, que estabelece prioridade dos atos de concentração sobre o julgamento de outras matérias. A atenção a estes processos é fundamental para a manutenção saudável do ambiente de negócios no país, porém serão eles a prioridade? Tendo em vista a defesa da concorrência prestar-se, em última instância, à proteção do bem-estar social, não seria mais adequado dar prioridade aos casos de conduta, em especial os cartéis?

468. MEDAUAR, Odete. *A processualidade no direito administrativo*, cit., p. 57.

469. Em outras palavras, James Venit identifica as principais preocupações do controle de estruturas: "(i) a determinação da importância econômica de certos fatos mais do que a mera

aos efeitos, a Administração Pública realiza análise prospectiva, futurológica, que, embora alicerçada no conhecimento desenvolvido pela Microeconomia, prescinde da reconstrução histórica dos fatos para atingir uma decisão.[470]

Como resultado das análises empreendidas em atos de concentração, o CADE pode autorizar a realização das operações, autorizá-las com restrições ou reprová-las.[471] Nessas duas últimas hipóteses, por óbvio há limitações a direitos, mas o pior cenário para o administrado é a rejeição do pedido de aprovação, sem a imposição de sanções.

Ao contrário, nos processos de investigação de cartéis (sancionadores por natureza), a análise empreendida é sempre retrospectiva (*vide* item 2.3),[472] não tendo a análise de intenção e efeitos a mesma importância conferida nos processos de atos de concentração.[473]

Ao identificar e provar a ocorrência de infração concorrencial, penas bastante significativas podem ser aplicadas (cf. item 1.3.5). Tais penas aproximam-se das sanções penais, a ponto de Helena Regina Lobo da Costa concluir que "não há como identificar finalidades distintas entre ambas":

> Existem, é verdade, nuances, diferenças de abrangência e distintas intensidades, mas nada que se revele suficientemente marcante a ponto de afastar o

---

determinação dos fatos em si; e (ii) a previsão do provável impacto futuro da mudança estrutural que a fusão ocasionaria" (VENIT, James. Op. cit., p. 196, tradução do inglês).

470. Nesses processos, a Administração Pública possui enorme vantagem, pois conta com o ferrenho apoio das partes envolvidas – ávidas para obter autorização – na produção de informações, dados, estudos e estimativas aptos a embasar a decisão. Esse conjunto de elementos de prova carreados aos autos é comumente denominado "prova" econômica (*vide* item 2.4.9).

471. Se a justificativa econômica (racionalidade) for anticompetitiva (por exemplo, uma empresa está comprando seu maior concorrente apenas para eliminá-lo do mercado), haverá impedimento. Da mesma forma, se os possíveis efeitos anticompetitivos forem superiores aos benefícios da operação, a decisão tenderá a ser negativa.

472. Cf. explica James Venit: "os casos de cartel (...) estão em grande medida relacionados à determinação de fatos ocorridos no passado" (VENIT, James. Op. cit., p. 196, tradução do inglês).

473. A análise de condutas unilaterais também é retrospectiva, mas, assim como nos atos de concentração, privilegia-se o exame da intenção e dos efeitos, razão pela qual costuma ser adotada instrução mais parecida com aquela realizada em controle de estruturas. James Venit comenta essa tendência com precisão: "embora a apuração dos fatos, como nos casos de cartel, também seja crucial (...), ela representa apenas o começo. A análise econômica da relevância dos fatos descobertos possui, no mínimo, a mesma importância e certamente desempenha um papel bem mais significativo do que nos casos de cartel" (VENIT, James. Op. cit., p. 197, tradução do inglês).

> reconhecimento de que a pena e a sanção administrativa buscam exatamente as mesmas finalidades (prevenção e retribuição), apresentando ambas idoneidade para alcançá-las.[474]

Tal conclusão corrobora o entendimento de ser a função sancionadora distinta das demais funções desempenhadas pelo CADE, devendo receber tratamento diferenciado pela Administração Pública em geral. Segundo Helena Regina Lobo da Costa, "[e]m razão de seu conteúdo material, deverá atuar com base em um regime jurídico dotado de especificidades, consistentes na adoção de parâmetros e critérios que se aproximem da atuação jurisdicional".[475]

A proximidade com o sistema de garantias do processo penal e a "exigência de normas mais rigorosas para a incidência do direito administrativo sancionador" não decorre da existência de um *ius puniendi* unitário do Estado, mas de esquema constitucional de garantias criado para disciplinar o Poder Estatal.[476] Para Vitor Rhein Schirato, o processo administrativo funciona como instrumento de legitimação do exercício estatal:

> (...) o processo administrativo tem relação fundamental com os elementos do Estado democrático de direito, uma vez que reforça o dever de legalidade da atuação estatal, na medida em que amplia a noção de legalidade, *bem como* que é elemento essencial na garantia dos direitos assegurados aos cidadãos, na medida em que funciona como contensor e condicionador do poder estatal.[477]

Na mesma linha, Odete Medauar explica que "a imperatividade característica do poder, para não ser unilateral e opressiva, deve encon-

---

474. COSTA, Helena Regina Lobo da. *Direito penal econômico e direito administrativo sancionador: ne bis in idem* como medida de política sancionadora integrada, cit., p. 235-236.

475. Id. Ibid., p. 235.

476. Após detida pesquisa sobre a convergência do direito penal econômico e do direito administrativo sancionador, Helena Regina Lobo da Costa conclui: "[n]ão se adere à concepção de unidade do *ius puniendi*, por entendê-la legitimadora de um direito estatal de punir, o que, todavia, não resulta em rechaçar a exigência de normas mais rigorosas para a incidência do direito administrativo sancionador. Tal exigência, entretanto, não decorre, diretamente, de uma suposta identidade entre direito penal e direito administrativo, sendo fruto do fato de as sanções administrativas consistirem em relevante imissão estatal na esfera de direitos fundamentais, em decorrência da prática de atos ilícitos – o que impõe limites mais rigorosos à atividade do Estado" (Id. Ibid., p. 236).

477. SCHIRATO, Vitor Rhein. O processo administrativo como instrumento do Estado de Direito e da Democracia, cit., p. 45. Nesta toada, concorda-se com seu entendimento de "ser o processo a forma pela qual o poder é exercido democraticamente (i.e., assegurando-se a participação) de acordo com a ordem jurídica" (p. 45).

trar expressão em termos de paridade e imparcialidade, no processo pré-constituído". Por essa razão, os momentos anteriores à formação da decisão são relevantes para legitimar o poder em concreto, pois "permitem saber se a solução é correta ou aceitável e se o poder foi estabelecido de acordo com as finalidades para as quais foi atribuído".[478]

O importante para o presente trabalho é ter em mente não ser possível a utilização das mesmas garantias aos processos de investigação de cartel e de atos de concentração, sendo a forma de legitimação do poder distinta nos dois subsistemas. Assim, convém seja a diferença bem assimilada pela autoridade administrativa, de modo a revestir o tratamento e a valoração da prova nos processos administrativos de investigação de cartéis de garantias mais rigorosas.[479]

A preocupação com a distinção dos dois modelos probatórios já apareceu, de maneira tímida, na jurisprudência do CADE. Nas palavras do Conselheiro Luis Fernando Schuartz, "[a] aplicação das leis de defesa da concorrência (...) usualmente envolve o recurso a standards de prova distintos para a repressão ex post de condutas anticompetitivas e para o controle ex ante das concentrações econômicas".[480] Para ele, deve ser aplicado um padrão de prova mais rigoroso nos casos de conduta, enquanto nos atos de concentração basta a verossimilhança para demonstrar a afirmação ou negação de determinado fato controverso.[481] Nesse contexto, a aplicação cruzada desses métodos pode ser muito problemática:

---

478. MEDAUAR, Odete. *A processualidade no direito administrativo*, cit., p. 70. O atraso na compreensão da função administrativa em matéria sancionadora justifica-se em razão de o processo administrativo não pertencer às matrizes clássicas do direito administrativo no século XIX, merecendo atenção apenas no século seguinte, em especial na segunda metade. Para maiores detalhes dessa evolução, *vide* nossas considerações em O princípio da presunção de inocência no processo administrativo sancionador, cit., p. 175-176.

479. *Vide* item 2.1 para o alerta dado pelo Conselheiro Ricardo Villas Bôas Cueva a respeito dos princípios aplicáveis ao processo administrativo sancionador.

480. Processo Administrativo n. 08012.004599/1999-18 (2007), voto, fl. 3.244-3.246.

481. "(...) No primeiro caso, dada a natureza sancionadora da atividade estatal envolvida e as suas implicações para o administrado, uma proposição se considera provada quando sua verdade estiver – para me valer da expressão norte-americana – 'acima de qualquer dúvida razoável' (no direito brasileiro, pode-se identificar na fórmula do 'in dúbio pro reo' uma expressão equivalente para a idéia de que, nos processos sancionadores, deve-se aplicar um standard de prova mais rigoroso), ao passo que, no segundo caso, basta a constatação de que a proposição é 'mais verossímil' do que a sua negação." (op. cit., fl. 3.244-3.246).

> A assimilação do segundo standard de prova ao primeiro é problemática na medida em que "criminaliza" o procedimento de controle de concentrações, inviabilizando a efetiva prevenção dos riscos de exercício de poder de mercado a elas associados; inversamente, a assimilação do primeiro standard de prova ao segundo é igualmente problemática, uma vez que, ao implicar a possibilidade de imposição de sanções a partir de meros "juízos de verossimilhança", coloca em perigo o princípio da presunção de inocência e, sobretudo no caso do art. 20 da Lei 8884/94, que admite a punição de alguém por prática de ato ilícito independentemente de culpa, a própria idéia de estado de direito.[482]

A significativa diferença nos métodos probatórios força questionar em que medida a Administração Pública está preparada para distingui-los e aplicá-los. Afinal, tendo a atuação antitruste historicamente sido voltada para a análise de atos de concentração, parece intuitiva a necessidade de mais experiência e treinamento para o controle de comportamentos.

Essa duplicidade de padrões de análise ganha vulto em estrutura onde diversos funcionários lidam tanto na seara preventiva quanto na repressiva. Alguns dados são interessantes para ilustrar a preocupação.

O primeiro dado é que, observando-se a estrutura da Superintendência-Geral, somente três das oito unidades de análise antitruste são dedicadas a investigações de cartéis. As demais se concentram na análise de atos de concentração e, de maneira bastante residual, de condutas unilaterais.[483]

O segundo dado consiste no fato de que, no Tribunal, os Conselheiros tiveram poucas oportunidades de conduzir, na qualidade de Relatores, a análise de casos de investigação de cartel. Como pode ser visto no quadro abaixo, elaborado com base nos dados da Tabela 15 do Apêndice, os conselheiros do CADE relataram poucos processos durante seus mandatos:[484]

---

482. Processo Administrativo n. 08012.004599/1999-18 (2007), voto do Conselheiro Luis Fernando Schuartz, fl. 3.244-3.246.

483. O gabinete da Superintendência-Geral também possui grande atuação na área repressiva, sendo o responsável pela negociação dos acordos de leniência.

484. Esses Conselheiros podem ter lidado com casos de cartel em sede de averiguação preliminar, procedimento de natureza inquisitorial existente até maio de 2012. Esse tipo de processo não foi incluído nesta pesquisa (*vide* os critérios de pesquisa no tópico dedicado à metodologia).

Quadro 19 – Relação de processos administrativos de investigação de cartel por Conselheiro Relator

Número de casos relatados	Número de Conselheiros	Representatividade
4 ou mais	9	23,1%
1 a 3	18	46,2%
0	12	30,8%

Esses dois dados, aliados ao reduzido número de vistas e ao gradual aumento do número de casos de condutas revisados pelo Tribunal desde a reforma de 2011, demonstram ser imprescindível aprimorar o treinamento do quadro pessoal do CADE para a condução das diversas etapas da atividade probatória, desde a fase de investigação até a valoração.[485]

Por fim, em tempos de priorização de casos de conduta, pertinente ponderar que a presença de economistas como Conselheiros parece não fazer tanto sentido como no período de intensa dedicação do colegiado à análise de atos de concentração.

Embora possam ter sólidos conhecimentos econômicos – e muitos conselheiros o tinham e têm –, são profissionais sem formação jurídica. A preocupação é com o despreparo para lidar com questões de direito relacionadas à prova e à reconstrução histórica dos eventos investigados, sobretudo se considerado o papel preponderante dos Relatores na formação da decisão do colegiado, demonstrado pelo alto percentual de casos decididos sem vistas e de forma unânime.

Havendo significativa distinção entre os métodos probatórios em casos de cartéis e atos de concentração, e sendo os primeiros menos dependentes de análises econômicas, vale a pena continuar a compor os quadros do Tribunal com profissionais sem formação jurídica?[486] Sob outra perspectiva, não estaria o bacharel em Direito mais habilitado a decidir processos de natureza sancionadora, em razão

485. O treinamento é bastante comum nas mais variadas carreiras públicas, tais como a magistratura, a promotoria, a defensoria e a gestão governamental.

486. A análise da jurisprudência revelou ser bastante importante a participação dos economistas na revisão de condutas anticompetitivas, inclusive cartéis. No entanto, talvez seja mais apropriado deslocar os economistas para o Departamento de Estudos Econômicos, atribuindo-lhes a função de "peritos" nos feitos.

de sua (presumida) familiaridade com o cipoal de regras, garantias e princípios aplicáveis?[487]

Por mais que disponham de assessoria jurídica, os Conselheiros economistas foram formados e treinados para um diferente raciocínio científico, não sendo crível que possam vir a incorporar, no curto tempo de seus mandatos, as *nuances* do ordenamento jurídico, as regras de composição de conflitos e outros exercícios intrínsecos à atuação do operador do Direito.

3.6. DELICADA RELAÇÃO DAS FUNÇÕES DO TRIBUNAL DO CADE DE "JUIZ" E DE FORMULADOR DA POLÍTICA DE CONCORRÊNCIA

Como visto no item 3.1, o Tribunal do CADE não é órgão "judicante" e não desempenha função "jurisdicional". Desempenha função administrativa, "expressando-se portanto, em amplo e complexo leque de atuações".[488]

Dentre as atribuições do colegiado, os mais variados exemplos podem ser colhidos no texto da Lei n. 12.529/11: função sancionadora (art. 9º, II),[489] função preventiva (art. 9º, X),[490] função educativa (art. 9º, XIV),[491] função normativa (arts. 85, § 14, e 86, § 11),[492] função de cooperação com outros entes da Administração e autoridades internacionais (art. 10, XI)[493] etc.

---

487. Não se está afirmando que os conselheiros de formação jurídica possuem melhor desempenho, tampouco que compreendem as especificidades do direito administrativo sancionador. Quer-se dizer apenas que esses profissionais estão mais capacitados, do ponto de vista de sua formação, para enfrentar as constantes e desafiadoras questões de direito que surgem nos processos. Isso não os desobriga, contudo, de passar por rigoroso treinamento para o escorreito desempenho da função decisória.

488. MEDAUAR, Odete. *A processualidade no direito administrativo*, cit., p. 57.

489. "[D]ecidir sobre a existência de infração à ordem econômica e aplicar as penalidades previstas em lei."

490. "[A]preciar processos administrativos de atos de concentração econômica, na forma desta Lei, fixando, quando entender conveniente e oportuno, acordos em controle de atos de concentração."

491. "[I]nstruir o público sobre as formas de infração da ordem econômica."

492. Poderes para regulamentar os compromissos de cessação de prática e o acordo de leniência.

493. "[F]irmar contratos e convênios com órgãos ou entidades nacionais e submeter, previamente, ao Ministro de Estado da Justiça os que devam ser celebrados com organismos estrangeiros ou internacionais."

Ao exercício conjunto dessas funções estatais e sua articulação com outros agentes e normas dá-se o nome de política pública de concorrência.[494] Após a reforma implementada em 2012, o Tribunal passou a assumir a postura de protagonista na definição dessa política – antes dividida com a extinta SDE –, o que foi sinalizado desde seu primeiro dia de funcionamento.[495]

Com relação ao relevante capítulo dessa política dedicado ao combate a cartéis, o papel desempenhado pelo Tribunal – e seu impacto nos temas discutidos no presente trabalho – deve ser examinado à luz dos três pilares daquilo que se entende por uma eficiente (ou bem-sucedida) atuação do Estado para compelir o cumprimento da lei (*public antitrust enforcement*): detecção, punição e dissuasão.[496]

A *detecção* é a capacidade da autoridade concorrencial de dispor de seus poderes de investigação a fim de identificar a materialidade e

494. Sobre a noção de política pública e seu diálogo com o Direito, *vide* as considerações de Carlos Ari Sundfeld e André Rosilho em Direito e políticas públicas: dois mundos? In: SUNDFELD, Carlos Ari; ROSILHO, André. *Direito da regulação e políticas públicas*. São Paulo: Malheiros Ed., 2014. p. 45-79. Para os autores, políticas públicas são criações jurídicas: "[o]bserva-se que as normas e atos jurídicos trazem os componentes-chave para a existência mesma da política. Seria impossível conceber um programa de ação governamental sem determinar, de antemão e de forma clara, objetivos, deveres, direitos, competências e sanções." (p. 50). Daniel K. Goldberg foi um dos pioneiros no Brasil a indicar os componentes da política pública voltada à promoção da concorrência: "(i) a prática das autoridades da concorrência e tribunais que, interpretando e aplicando o conjunto de normas vigentes para perseguir determinado objetivo, confere um caráter dinâmico às regras antitruste, (ii) a edição de normas em abstrato que tenham impacto sobre mercados livres ou regulados (i.e., política legislativa) e, por último, (iii) aos critérios governamentais que pautam a alocação de recursos a uma ou a outra prioridade, sobre as quais, discricionariamente, pode dispor qualquer autoridade de concorrência" (GOLDBERG, Daniel Krepel. *Poder de compra e política antitruste*. São Paulo: Singular, 2006. p. 28).

495. *Vide* o discurso de posse do Presidente Vinícius Marques de Carvalho, para quem o abuso de poder econômico "demanda aparato jurídico-institucional robusto, com nível técnico de excelência e razoável capacidade de intervenção" (CARVALHO, Vinícius Marques de. *Discurso de posse*, 18.07.2012. p. 2. Disponível em: <http://www.cade.gov.br/upload/Discurso%20de%20posse%20do%20presidente%20do%20Cade%20(vinicius).pdf>. Acesso em: 09 nov. 2014).

496. Cf. SCORDAMAGLIA-TOUSIS, Andreas. *EU cartel enforcement. Reconciling effective public enforcement with fundamental rights*, cit., p. 7-8. Para o autor, existiria ainda um quarto elemento, de natureza compensatória, porém não pertencente às matrizes da atuação estatal, mas sim ligado a particulares que buscam, por meio de ações privadas, compensação pelos danos causados pela prática de cartel. Essa vertente da política de combate a cartéis é muito visível nos Estados Unidos, onde as ações privadas também funcionam como importantes ferramentas de punição e dissuasão; por sua vez, na Europa, foco maior é dado à ação estatal (p. 8). No Brasil, a via privada para reparação de danos é pouco utilizada.

a autoria de práticas de cartel, cuja principal característica é a clandestinidade. Sem dúvida, a ferramenta de mais destaque é o acordo de leniência.

No modelo brasileiro, é bastante claro o papel da Superintendência-Geral para o exercício dessa função,[497] mas o Tribunal de igual forma passou a atuar nessa seara, sobretudo após ter-lhe sido atribuído poder para regulamentar o programa de leniência, as requisições de busca e apreensão etc., e para autorizar parcerias e convênios com autoridades criminais, de controle e estrangeiras.[498]

A seu turno, a *punição* é o aspecto da política pública mais associado ao Tribunal, que, ao identificar a ocorrência de prática anticompetitiva, determina a sanção (retribuição) aplicável a quem lhe deu causa.[499] Assim como no restante do mundo,[500] no Brasil, a escalada de multas aplicadas a pessoas físicas e jurídicas é bastante significativa, como pode ser observado na Tabela 8 do Apêndice.

Esse fenômeno vem sendo sinalizado nos votos dos Conselheiros, em especial após a reforma de 2012;[501] o voto do Conselheiro Ricardo Machado Ruiz nos Processos Administrativos n. 08012.004573/2004-17 e 08012.007149/2009-39 (2013) é um bom exemplo disso:

> Cabe ressaltar um ponto essencial à evolução da defesa da concorrência no Brasil. Este tribunal deve avançar no estabelecimento de punições mais duras

497. Essa função é desenvolvida, por exemplo, nas ações de desbaratamento de cartéis, por meio de intensa publicidade de buscas e apreensões, instauração de processos administrativos etc., sinalizando a existência de um "cão de guarda" (*watchdog*) em matéria concorrencial.

498. Como destacou Vinícius Marques de Carvalho em seu discurso de posse como Presidente do CADE: "[o] combate a cartéis no Brasil também pode incrementar, cada vez mais, seus resultados, e sensibilizar um maior contingente da sociedade. Para isso é preciso garantir ações estruturantes em três eixos: administrativo, criminal e civil. Nesses desafios temos contado com um apoio incansável do Ministério Público Federal e dos Estaduais que compõem junto com outros atores, tais como o Departamento de Polícia Federal e a Controladoria-Geral da União, a Estratégia Nacional de Combate a Cartéis" (CARVALHO, Vinícius Marques de. *Discurso de posse*, 18.07.2012, cit., p. 6).

499. Para ampla análise da natureza da sanção administrativa e sua relação com a pena criminal, *vide* COSTA, Helena Regina Lobo da. Op. cit., p. 141-172.

500. *Vide* Tabela 16 do Apêndice.

501. Processos Administrativos n. 08012.007602/2003-11 (2007), voto do Conselheiro Abraham Benzaquen Sicsú, fl. 558; 08012.000283/2006-66 (2008), voto do Conselheiro Paulo Furquim de Azevedo, p. 34; 08012.001794/2004-33 (2014), voto do Conselheiro Ricardo Machado Ruiz, p. 30; 08012.011853/2008-13 (2014), voto do Conselheiro Eduardo Pontual Ribeiro, p. 41; 08012.010362/2007-66 (2014), voto do Conselheiro Ricardo Machado Ruiz, p. 39; 08012.011142/2006-79 (2014), voto do Conselheiro Márcio de Oliveira Júnior, p. 238.

em ilícitos de Cartel, aquele que é, de modo incontroverso, o mais grave dos ilícitos antitruste, alcançando nas mais variadas jurisdições a pena máxima prevista.[502]

Por fim, a *dissuasão* consiste na capacidade do Estado de desincentivar o engajamento de pessoas em práticas colusivas. Como explica a ex-Presidente do CADE Elizabeth Maria Mercier Querido Farina, "[a] eficácia da autoridade antitruste, especialmente no tocante à dissuasão das condutas ilegais, depende da reputação do órgão em fazer cumprir a lei".[503] E, ao redor do mundo, as autoridades usam diversos indicadores para medir essa eficácia.[504] Os principais são a produtividade (medida pelo número de decisões)[505] e as multas.[506]

Entretanto, como alerta Juliana Bonacorsi de Palma, não basta aplicar mais multas e aumentar seu valor. Para garantir efetividade às medidas de garantia da concorrência, a autoridade antitruste deve lidar com dois principais problemas: o baixo recolhimento das multas e a judicialização das decisões condenatórias.[507] Para tanto, estimulou-se a solução consensual dos processos, nas esferas judicial e administrativa,[508] tal como previsto no próprio Plano Estratégico do CADE: "[e] levar a eficácia das decisões fomentando a solução de casos por meio de acordos".[509]

Na esfera administrativa, contudo, a valorização do termo de compromisso de cessação de prática como forma de superar o problema

---

502. P. 32.

503. FARINA, Elizabeth Maria Mercier Querido. Quatro anos à frente do CADE. *Revista IBRAC – Direito da Concorrência, Consumo e Comércio Internacional*, São Paulo, v. 16, n. 1, p. 162, 2009.

504. A respeito de indicadores para avaliação e organização de políticas públicas de concorrência, *vide* o INTERNATIONAL COMPETITION NETWORK – ICN. *Agency effectiveness – Competition Agency Practice Manual.* March 2010. Disponível em: <http://www.internationalcompetitionnetwork.org/uploads/library/doc744.pdf>. Acesso em: 01 nov. 2014, citado pelo CADE como fonte de referência de seu próprio Plano Estratégico. CADE. *Plano Estratégico 2013-2016*, cit.

505. Para Andreas Scordamaglia-Tousis, "[q]uanto maior o número de decisões tomadas, mais arriscado torna-se para empresas engajarem-se em práticas anticompetitivas" (SCORDAMAGLIA-TOUSIS, Andreas. Op. cit., p. 12, traduzido do inglês).

506. No Brasil, Juliana Bonacorsi de Palma, com base em extensa análise de documentos oficiais produzidos pelo CADE (relatórios de gestão, votos etc.), destaca que as multas são o principal indicador utilizado para medir a eficácia de sua atuação (PALMA, Juliana Bonacorsi de. Acordos substitutivos dão mais eficácia ao direito da concorrência?, cit., p. 198).

507. PALMA, Juliana Bonacorsi de. Op. cit., p. 206.

508. Cf. Id. Ibid., p. 211.

509. CADE. *Plano Estratégico 2013-2016*, cit., p. 10.

da demora do provimento administrativo, atrelada ao poder normativo do Tribunal para alterar seu conteúdo,[510] vem causando distorções ao instituto, tal como diagnosticado por Juliana Bonacorsi de Palma:

> Tendo a capacidade de delinear o aperfeiçoamento da consensualidade mediante o exercício do poder normativo que detém, o Poder Público pode configurar um instrumento consensual não necessariamente paritário, como propõe a doutrina da consensualidade.
>
> Pelo simples fato de a Administração Pública poder aplicar unilateralmente as sanções administrativas, a relação negocial estabelecida com o administrado não necessariamente é horizontalizada. No caso dos compromissos de cessação firmados pelo CADE, a superioridade do Poder Púbico nas negociações fica evidente diante das obrigações cominadas nos termos, que paulatinamente adquiriram cada vez mais caráter sancionatório, com o reconhecimento da responsabilidade administrativa e o recolhimento de quantia pecuniária ao FDD.
>
> Atualmente, com a determinação como cláusulas obrigatórias do reconhecimento de participação da conduta investigada e da previsão de colaboração do compromissário com a instrução processual no caso de acordo, combinação, manipulação ou ajuste entre concorrentes, outra funcionalidade aos TCCs do CADE se abre, na qualidade de instrumentos de efetividade da investigação antitruste.[511]

Não é difícil perceber como a efetividade da política de combate a cartéis – cuja avaliação é calcada nos indicadores acima mencionados – pode impactar a valoração das provas e o exercício da função sancionadora do Tribunal.[512] Para haver mais acordos, é necessário haver mais

---

510. Os compromissos de cessação de prática cada vez mais se assemelham aos acordos de leniência, pois, além da confissão, exigem colaboração na instrução processual, ao menos na fase inicial, quando o processo administrativo ainda é presidido pela Superintendência-Geral. No contexto europeu, ocorre fenômeno semelhante, a ponto de Rafael Allendesalazar e Paloma Martínez-Lage tratarem ambos os acordos dentro da mesma categoria: "[p]rogamas de leniência, como a recente possibilidade de celebrar compromissos em casos de cartel, têm um impacto dramático nas decisões estratégicas que as empresas devem tomar quando confrontadas com investigações de conduta cartelizadora. De fato, as novas possibilidades e incentivos criados por ambos os programas de leniência e os compromissos de cessação de prática têm forçado empresas e seus assessores jurídicos a reconsiderar a tradicional estratégia legal de sistematicamente negar as acusações de colusão feitas pelas autoridades de concorrência" (ALLENDESALAZAR, Rafael; MARTÍNEZ-LAGE, Paloma. Evidence gathered through leniency: from the prisoner's dilema to a race to the bottom, cit., p. 565, tradução do inglês).

511. PALMA, Juliana Bonacorsi de. Op. cit., p. 238.

512. Nessa linha, não surpreende, nas diversas oportunidades em que foi interpelado por não ter examinado as provas das alegações de fato apresentadas pelos acusados, o reiterado enten-

condenações e multas mais elevadas, criando-se, assim, ciclo pelo qual a adequada aplicação da lei ao caso concreto tende a adquirir caráter coadjuvante diante da priorização da política pública.[513]

Em contexto de "caça a bruxas" aos cartéis – eleitos como o "mal supremo" em matéria concorrencial –, o caráter multifuncional da atuação do Tribunal cria um ambiente propício à incidência das predisposições cognitivas descritas no item 3.2. Tal como o acusador, o julgador também está sujeito a tendências de confirmação de teses, de repulsa à dissonância cognitiva e justificação do dispêndio de recursos públicos e, principalmente, de condução da decisão com vistas ao atendimento de efeitos dissuasórios e à busca de reconhecimento pessoal e institucional.[514]

O mais importante é reconhecer-se o CADE como órgão com a dupla função decisória e de formulação de política pública. Além de útil para balizar a atuação do Poder Judiciário na revisão das decisões administrativas, conforme será a seguir abordado, esse reconhecimento pode contribuir para o próprio CADE aprimorar as práticas de julgamento, revestindo-lhe da obrigatória imparcialidade.

---

dimento do Tribunal de não ser obrigado a valorar todas as provas, alegações ou teses da defesa, bastando indicar os fundamentos de sua convicção. Nas palavras da Conselheira Ana de Oliveira Frazão: "o julgador não está obrigado a se manifestar sobre todos os argumentos levantados pelas partes, podendo, assim, ficar adstrito aos elementos que sejam significativos para fundamentar a sua decisão." (Embargos de Declaração no Processo Administrativo n. 08012.001003/2000-41 (2013), voto, p. 4). No mesmo sentido, *vide* os Embargos de Declaração nos Processos Administrativos n. 08012.002127/2002-14 (2005), voto do Conselheiro Luiz Carlos Delorme Prado, fl. 13.689; 08012.009088/1999-48 (2010), voto do Conselheiro Luís Fernando Rigato Vasconcellos, fl. 7.506-7.507; 08012.001826/2003-10 (2007), voto Conselheiro Abraham Benzaquen Sicsú, p. 3; 08012.002493/2005-16 (2007), voto do Conselheiro Paulo Furquim de Azevedo, fl. 4.957-4.958; 08012.004365/2010-66 (2014), voto do Conselheiro Ricardo Machado Ruiz, p. 4.

513. Neste ponto, pertinente a observação de Marco Bronckers e Anne Vallery: "[a]utoridades de defesa da concorrência têm políticas para defender, e casos para ganhar. É difícil conceber salvaguardas internas que possam colocar um freio efetivo nesses inerentes vieses no momento das decisões sobre a violação e a multa" (BRONCKERS, Marco; VALLERY, Anne. *Fair and effective competition policy in the EU*: which role for authorities and which role for the courts after Menarini?, ago. 2012. p. 296. Disponível em: <http://papers.ssrn.com/sol3/papers.cfm?abstract_id=2137524>. Acesso em: 10 dez. 2014).

514. Não à toa, um dos indicadores utilizados pelo CADE para aferir a eficácia da política pública de concorrência é o *ranking* produzido pela *Global Competition Review*, publicação inglesa que há anos realiza avaliações de diversas autoridades antitruste (*vide* CADE. *Plano Estratégico 2013-2016*, cit., p. 11). Para os resultados de 2015, *vide* GLOBAL COMPETITION REVIEW. *Rating enforcement 2015*. The annual ranking of the world's leading competition authorities, v. 18, n. 6, jun. 2015.

Como bem alertam Sérgio Ferraz e Adilson Abreu Dallari, para que a vizinhança entre Estado-administração e Estado-juiz "não se transforme em promiscuidade", "é indispensável não transpor para o processo administrativo a razão de Estado (entendida, essa, como a visão matricial que dita ao administrador – ou ao político – como agir, com vistas unicamente a manter o Estado forte e operante)".[515]

3.7. INCIPIENTE FISCALIZAÇÃO DAS DECISÕES DO CADE PELO PODER JUDICIÁRIO

O último elemento a merecer comentários relaciona-se ao controle das decisões do CADE pelo Poder Judiciário. Há três fenômenos sugerindo sua inadequação.

O primeiro fenômeno consiste no reduzido número de processos de investigação de cartel apreciados pelas autoridades judiciais. Conforme pode ser visto na Tabela 8 do Apêndice, dos 56 processos administrativos de investigação de cartéis que resultaram em condenação, 36 foram objeto de ações ajuizadas com vistas a pleitear sua anulação ou revogação.[516] Desse universo, em apenas quatro foi proferido acórdão em segunda instância: Processos Administrativos n. 08000.015337/1997-48 (1999), 08012.009118/1998-26 (2001), 08012.001826/2003-10 (2007), todos favoráveis ao CADE, e 08012.009088/1999-48 (2005), contrário à decisão administrativa.

Diante da inexistência de massa crítica, torna-se difícil estabelecer padrões de comportamento ou verificar como as decisões judiciais podem interferir no dia a dia do CADE.[517] Além de inadequada para o administrado que busca a tutela jurisdicional, tal situação resulta na

515. FERRAZ, Sérgio; DALLARI, Adilson Abreu. *Processo administrativo*. São Paulo: Malheiros Ed., 2000. p. 149.

516. Cabem duas observações de ordem metodológica a respeito desses dados. Em primeiro lugar, alguns casos podem ter resultado no ajuizamento de mais de uma ação, em razão da pluralidade de acusados nos processos administrativos (p. ex., no Processo Administrativo n. 08000.015337/1997-48 (1999), as três empresas condenadas ajuizaram ações ordinárias). Em segundo lugar, o índice de judicialização tende a ser maior, pois há casos de condenação ainda sendo examinados pelo CADE em sede de recurso administrativo.

517. Como visto no item 3.2 acima, foi detectada tendência de judicialização de discussões pontuais nas fases pré-processual ou de instrução. A despeito de relevantes para a imposição de padrões de atuação à autoridade, essas análises judiciais são focadas em questões específicas, não examinando o contexto total do processo administrativo.

ausência de comandos educativos endereçados à autoridade administrativa, ainda mais porque a revisão costuma ser muito demorada.[518]

O segundo fenômeno é o baixo incentivo do Poder Judiciário de revisar assuntos técnicos complexos. Recente pesquisa coordenada por Juliano Souza de Albuquerque Maranhão, Paulo Furquim de Azevedo e Tercio Sampaio Ferraz Junior revela a indisposição dos magistrados de comprometer os escassos recursos na análise de questões enfrentadas pelo CADE e as agências reguladoras, em prejuízo do atendimento de suas metas:

> Considerando que não há na Justiça brasileira Vara especializada em demandas contra agências ou o CADE, tais demandas exigem dispêndio de energia desproporcionalmente maior do que aquele investido em demandas mais canônicas ou multiplicáveis – como, *e.g.*, uma questão tributária que, resolvida, se replica a dezenas de casos semelhantes. Tendo em vista suas metas de julgamento, o juiz tem poucos incentivos para concentrar seus esforços em processos que envolvem as agências e o CADE.[519]

O terceiro fenômeno consiste no tratamento deferencial dado pelo Poder Judiciário ao CADE em razão da especialidade da matéria, fora do domínio da grande maioria dos magistrados: "[o]s casos advindos das agências e do CADE ainda são mistificados pelo Judiciário como referentes a temas de elevada complexidade e caráter técnico setorial", "envolvendo matérias estranhas a seu treinamento como jurista e sua experiência jurisprudencial".[520]

---

518. Um bom exemplo é o andamento das ações judiciais referentes à primeira condenação de cartel, ocorrida em 27.10.1999. O julgamento da apelação ocorreu mais de uma década depois, em 14.06.2010. Nesta ocasião, os desembargadores do Tribunal Regional Federal da 1ª Região confirmaram a decisão do CADE, anulando apenas a multa por enganosidade aplicada. Ainda há recursos aos tribunais superiores pendentes de apreciação.

519. MARANHÃO, Juliano Souza de Albuquerque; AZEVEDO, Paulo Furquim de; FERRAZ JUNIOR, Tercio Sampaio. *Direito regulatório e concorrencial no Poder Judiciário*, cit., p. 22.

520. Cf. Id. Ibid., p. 21-22. O próprio CADE propaga a ideia da especialidade, como pode ser visto no voto do Conselheiro Ruy Afonso de Santacruz no Processo Administrativo n. 08000.015337/1997-48 (1999): "[q]uanto ao mérito, a Procuradora acolhe o parecer técnico da SEAE e a manifestação da SDE, 'visto que a matéria é essencialmente jurídica-econômica, exigindo profundo conhecimento de uma ciência que seria estranha ao Direito, mas afeta ao Direito Econômico, a Economia'" (fl. 1.599). Na Europa, o fenômeno é ilustrado por Ian Forrester, para quem a "linguagem da deferência foi sendo citada de forma tão frequente que pode ter virado uma espécie de mantra judicial" (FORRESTER, Ian. A bush in need of pruning: the luxuriant growth of "light judicial review". In: EHLERMANN, Claus-Dieter; MARQUIS, Mel (Eds.). *European competition law 2009*: the evaluation of evidence and its judicial review in competition cases. Oxford e Portland: Hart Publishing, 2011. p. 425).

Bem por isso, Caio Mario da Silva Pereira Neto, Filippo Maria Lancieri e Mateus Piva Adami destacam que "o Judiciário vem assegurando às agências um espaço decisório amplo na área de sua atuação, conferindo certa deferência aos atos dessas autarquias". Segundo os autores, nos casos envolvendo condenações de cartéis, o Tribunal Regional Federal da 1ª Região "defendeu que o princípio da separação dos Poderes, somado à tecnicidade da matéria, afastaria por completo qualquer revisão do mérito da decisão pelo Poder Judiciário, restando apenas a discussão da legalidade do procedimento administrativo".[521]

Essa deferência pode gerar efeitos perversos na condução do processo administrativo, em especial na atividade probatória. Nesse sentido, relevante reproduzir o alerta de Juliano Souza de Albuquerque Maranhão, Paulo Furquim de Azevedo e Tercio Sampaio Ferraz Junior:

> (...) o Judiciário, ao simplesmente confirmar, nos tribunais superiores, a decisão das agências, com base em uma deferência genérica ao "caráter técnico e à complexidade das questões regulatórias", torna a intervenção judicial extremamente ineficaz e desnecessariamente custosa, desestimula o esforço de revisões por vezes bem-sucedidas dos juízes e tribunais e dá uma sinalização perigosa para as agências ("no final a decisão é sempre confirmada"), que já começa a ser percebida pelos procuradores das agências, como mostraram as entrevistas (seção 3.3), pois, a longo prazo, pode dar ensejo à politização, à captura e ao arbítrio.[522]

Esse "isolamento" do CADE de escrutínios externos, aliado à tendência de confirmação das teses de acusação, pode impactar de maneira negativa a qualidade e a confiabilidade da prova utilizada nas decisões administrativas. Essa conclusão foi desenvolvida por James Venit ao examinar os impactos da estrutura dual (acusador e julgador) da Comissão Europeia na atividade probatória:

> Esses fatores estão intimamente ligados e produzem um sistema de apuração de fatos praticamente sob o controle exclusivo da Comissão que tende a ficar bem resguardado de exame e controle externos durante as fases de

---

521. PEREIRA NETO, Caio Mario da Silva; LANCIERI, Filippo Maria; ADAMI, Mateus Piva. O diálogo institucional das agências reguladoras. In: SUNDFELD, Carlos Ari; ROSILHO, André (Coords.). *Direito da regulação e políticas públicas*. São Paulo: Malheiros Ed., 2014. p. 172. O Tribunal Regional Federal da 5ª Região também adotou o mesmo posicionamento ao julgar, em 21.05.2014, a apelação relacionada ao Processo Administrativo n. 08012.001826/2003-10 (2007).

522. MARANHÃO, Juliano Souza de Albuquerque; AZEVEDO, Paulo Furquim de; FERRAZ JUNIOR, Tercio Sampaio. Op. cit., p. 248.

> investigação e decisória. Conforme será visto, esse grau relativamente alto de resguardo, combinado com os inevitáveis vieses aos quais o corpo regulatório está sujeito, pode afetar de maneira negativa a qualidade e a confiabilidade da prova utilizada em decisões da Comissão.[523]

A discussão sobre o escopo e a intensidade da revisão judicial não é exclusiva do Brasil.[524] Na Europa, por exemplo, ocorre nas instâncias do Tribunal de Justiça da União Europeia e na Corte Europeia de Direitos Humanos. Nesta, diversas condenações da Comissão Europeia em casos de cartel vêm sendo questionadas sob a ótica da inexistência de julgador imparcial,[525] tendo havido um importante julgamento em 2011 (caso *Menarini*), definindo que, além das questões de legalidade dos procedimentos, o Poder Judiciário deve ter jurisdição plena (*full jurisdiction*) para a revisão de questões de fato e de mérito.[526]

---

523. VENIT, James. Human all too human: the gathering and assessment of evidence and the appropriate standard of proof and judicial review in Commission enforcement proceedings applying Articles 81 and 82, cit., p. 193-194, tradução do inglês.

524. *Vide* o exame das estruturas de revisão judicial adotadas por diversas jurisdições no estudo coordenado por MARANHÃO, Juliano Souza de Albuquerque; AZEVEDO, Paulo Furquim de; FERRAZ JUNIOR, Tercio Sampaio. Op. cit., p. 51-92.

525. Convenção Europeia de Direitos Humanos (art. 6º.1): "Qualquer pessoa tem direito a que a sua causa seja examinada, equitativa e publicamente, num prazo razoável por um tribunal independente e imparcial, estabelecido pela lei, o qual decidirá, quer sobre a determinação dos seus direitos e obrigações de caráter civil, quer sobre o fundamento de qualquer acusação em matéria penal dirigida contra ela. (...)". A Convenção Americana sobre Direitos Humanos (art. 8º.1) traz disposição semelhante, porém mais ampla, ao listar a necessidade de imparcialidade nos julgamentos de questões de qualquer natureza, não apenas civil ou penal: "Toda pessoa tem direito a ser ouvida, com as devidas garantias e dentro de um prazo razoável, por um juiz ou tribunal competente, independente e imparcial, estabelecido anteriormente por lei, na apuração de qualquer acusação penal formulada contra ela, ou para que se determinem seus direitos ou obrigações de natureza civil, trabalhista, fiscal ou de qualquer outra natureza. (...)."

526. Para a evolução da revisão judicial em casos concorrenciais e os impactos do caso *Menarini*, *vide* SCORDAMAGLIA-TOUSIS, Andreas. Op. cit. e Marco Bronckers e Anne Vallery (op. cit.). Segundo Bruno Lasserre, o princípio da revisão plena significa que o juiz avaliará os seguintes pontos: (i) "os fatos sobre os quais as decisões estão baseadas são corretos?", (ii) "a avaliação desses fatos é correta?" e (iii) "as consequências legais dessa avaliação são corretas?" (LASSERRE, Bruno. The European competition system in context: matching old constitutional principles and new policy changes. In: EHLERMANN, Claus-Dieter; MARQUIS, Mel (Eds.). *European competition law 2009*: the evaluation of evidence and its judicial review in competition cases. Oxford e Portland: Hart Publishing, 2011. p. 64). Para John Ratliff, nos casos de cartel, as cortes europeias não devem superestimar a deferência à autoridade antitruste, sendo necessário empreender uma revisão independente efetiva (RATLIFF, John. Judicial review in EC competition cases before the European courts: avoiding *double renvoi*. In: EHLERMANN, Claus-Dieter; MARQUIS, Mel (Eds.). Op. cit., p. 472).

A atuação do Poder Judiciário revela-se fundamental para fornecer as balizas de boa condução à Administração Pública. Em razão das deficiências identificadas nos subitens anteriores, os magistrados podem ser decisivos na reavaliação dos argumentos e provas produzidas no processo administrativo.[527]

No entanto, os gargalos do Poder Judiciário também apontam para a importância de aprimorar as estruturas e os procedimentos dentro do próprio CADE. Em termos de política pública e da realidade brasileira, parece preferível melhorar o sistema administrativo a atolar o Poder Judiciário com mais casos. Nesse sentido, deve haver mais esforço da Administração para legitimar e fazer prevalecer suas decisões, demandando medidas de aperfeiçoamento, sobretudo no tocante à atividade probatória.

3.8. RESUMO

Foram identificados e analisados no presente estudo diversos elementos que impactam de maneira negativa o bom andamento do processo administrativo e a atividade probatória: (i) distanciamento do julgador da atividade probatória antes da fase de valoração, (ii) multiplicidade de funções exercidas pelo acusador, (iii) proximidade física e institucional entre o acusador e o julgador, (iv) desequilíbrio da paridade de armas em razão da atuação da Procuradoria do CADE e do Ministério Público Federal, (v) preponderância da atuação do CADE em controle de estruturas (função preventiva), (vi) delicada relação das funções do Tribunal de "juiz" e de formulador da política de concorrência e (vii) incipiente fiscalização das decisões do CADE pelo Poder Judiciário.

Essas deficiências permitem concluir não haver incentivo à efetiva instalação de contraditório – em suas acepções técnica[528] e de legitimação do processo decisório[529] – no processo administrativo de investigação de cartel, em prejuízo à busca da verdade – ao menos da

527. *Vide* a interessante proposta de criação de varas especializadas em agências reguladoras e CADE apresentada no estudo coordenado por MARANHÃO, Juliano Souza de Albuquerque; AZEVEDO, Paulo Furquim de; FERRAZ JUNIOR, Tercio Sampaio. Op. cit., p. 249-250.

528. De acordo com Antonio Magalhães Gomes Filho, "o melhor método para a descoberta da verdade dos fatos e para a justa aplicação do direito é aquele que leva em conta as contribuições trazidas pelas partes" (*Direito à prova no processo penal*, cit., p. 136).

529. Ainda citando Antonio Magalhães Gomes Filho, "a contradição entre as partes cumpre ainda uma significativa função social, qual seja a de *legitimar* a decisão a ser tomada: é a esperança de poder influenciar o resultado do processo que leva os contendores ao compromisso

verdade atingível no processo. Verificou-se, ainda, a existência de disparidade de armas entre a Administração Pública e os administrados e de incentivos ao desempenho inadequado das funções de acusação, instrução e decisão.

Considerando que a "estruturação jurídica das organizações pode comprometer a realização das políticas a elas atribuídas",[530] a doutrina do direito administrativo deve emprenhar-se em sugerir "fórmulas organizacionais novas, mais ajustadas às peculiaridades das funções"[531] da Administração Pública.

Dessa forma, sob o ponto de vista das finalidades do processo administrativo (atingimento de decisões justas e contenção do poder), o atual arranjo institucional do CADE deve ser remodelado para compatibilizar o exercício de suas funções (*e.g.*, sancionadora, formulação de política pública etc.) aos direitos fundamentais do devido processo legal e do contraditório. O sistema ideal deve ser aquele cuja legitimidade seja resultante da garantia da lisura do processo, e não do medo da punição.[532]

Dedicar-se-à à apresentação de propostas de aperfeiçoamento nas notas conclusivas.

---

de aceitação de uma solução ainda incerta e, com isso, imuniza-se o sistema social contra descontentamentos e protestos" (Id. Ibid., p. 136, rodapé no original).

530. Cf. SUNDFELD, Carlos Ari; ROSILHO, André. Direito e políticas públicas: dois mundos?, cit., p. 66 (ênfase no original). Continuam os autores: "[d]ito de outro modo: certos arranjos institucionais podem conter incentivos inadequados à implementação de políticas, emperrando-as ou deturpando-as. Como a estruturação de um organismo, depois de feita por norma jurídica, adquire uma estabilidade que só pode ser alterada de verdade por outra norma equivalente, uma má concepção organizacional na origem se cristaliza pelo Direito e vira um problema de difícil superação. (...)".

531. Id. Ibid., p. 67.

532. Cf. Andreas Scordamaglia-Tousis: "[a] teoria jurídica clássica demonstra que a equidade processual está diretamente relacionada à taxa de observância e obediência à lei em um sistema jurídico e que, para garantir legitimidade, tornar um sistema jurídico digno de respeito é mais importante do que o temor da punição" (SCORDAMAGLIA-TOUSIS, Andreas. Op. cit., p. 15, rodapé no original, tradução do inglês).

NOTAS CONCLUSIVAS

O presente trabalho tem como objetivo realizar uma abrangente análise da atividade probatória nos processos administrativos de investigação de cartéis, de modo a identificar deficiências e propor melhorias. Assim, foram examinadas suas características, peculiaridades e conformidade com o ordenamento jurídico, tomando por base a experiência do CADE em um período de 16 anos, contado a partir da primeira condenação de cartel, em 1999.

Sem dúvida, desde o final da década de 1990, houve uma evolução muito significativa na atuação administrativa voltada à coibição das práticas de cartelização. Dentre os principais propulsores dessa marcha, destacam-se as alterações legislativas que introduziram mecanismos de obtenção de provas mais sofisticados, a efetiva utilização dessas ferramentas e a criação de canais de diálogo e cooperação com autoridades de controle, criminais e estrangeiras.

No entanto, ao lado desses avanços, o estudo identificou significativas deficiências decorrentes do arranjo institucional, do acúmulo de funções da autoridade, de algumas regras processuais assimétricas e da ausência de controles efetivos sobre a atuação administrativa. Essas deficiências demandam mudanças para equilibrar a paridade de armas entre a Administração e os administrados, de forma a criar-se ambiente propício ao desenvolvimento de efetivo contraditório.

A instalação de verdadeiro contraditório na esfera administrativa, além de obrigatória em razão de mandamento constitucional, é a melhor solução para possibilitar a realização da reconstrução histórica dos fatos sob investigação de maneira mais precisa. Quanto maior for o diálogo e o estímulo ao duelo entre defesa e acusação, mais robustas, céleres e, sobretudo, legítimas serão as decisões.

A apresentação de propostas revela-se bastante oportuna. A reforma de 2011 racionalizou e conferiu maior eficácia ao sistema de controle de estruturas (atos de concentração), abrindo caminho para a alocação de esforços na análise de condutas anticompetitivas. No entanto, ao estabelecer o combate a cartéis como objetivo mediato da reestruturação jurídico-institucional, a reforma pecou pela ausência de reflexão a respeito de seu impacto na condução e decisão dos processos administrativos sancionadores.

Nesse sentido, um novo passo deve ser dado para aprimorar o sistema administrativo de repressão a cartéis. Para tanto, serão apresentadas propostas com vistas a criar um modelo verdadeiramente acusatório, com alocação adequada dos papéis de defesa, acusação e decisão, em aproximação ao sistema jurisdicional. Para a implementação da primeira (e mais importante) delas, será necessária a reforma parcial da Lei n. 12.529/11. As demais independem de alteração legislativa, podendo ocorrer por meio de mudança dos regulamentos.

A primeira proposta é atribuir competência ao julgador para acompanhar a atividade probatória desde o início, na fase inquisitorial, em substituição ao modelo vigente pelo qual toma contato com a prova apenas na fase de valoração. Responsabilizando-se pela condução do processo administrativo, o julgador será alçado à posição de terceiro imparcial, de modo que defesa e acusação serão instadas, de maneira automática, a assumir posturas mais aguerridas durante a atividade probatória, em benefício da reconstituição histórica dos eventos investigados.

Assim, todos os atos do acusador em matéria probatória deverão ser autorizados pelo julgador, desde a fase inquisitorial (solicitação de busca e apreensão, realização de inspeções, requisições de documentos e informações a terceiros, celebração de acordo de leniência etc.) até o término da fase de instrução. Nesta, será o julgador a examinar os pedidos de provas das partes, conduzir a produção e determinar seu encerramento, podendo, inclusive, exercer os poderes de instrução complementar, de acordo com os contornos propostos neste estudo.

Os Conselheiros deverão receber intenso treinamento em técnicas de decisão, o que pode demandar cooperação com as escolas da carreira de magistratura. O Presidente e os seis Conselheiros serão treinados para conduzir a atividade probatória de modo isento e eficiente, devendo sempre almejar e garantir o estímulo ao contraditório e a paridade de armas entre Administração-acusadora e administrado-acusado.

O Tribunal será dividido em três turmas de julgamento, compostas de três membros cada, atuando o Presidente em todas elas. As decisões serão monocráticas até a fase final do processo; a única decisão tomada pela turma, por maioria de votos, será a final, que resultará na condenação ou arquivamento do processo administrativo.

Em termos de procedimento, a Secretaria do Tribunal será informada da instauração de procedimento preparatório ou inquérito administrativo pela Superintendência-Geral, devendo um dos seis Conselheiros ser sorteado para acompanhar a investigação, atribuindo-se-lhe os poderes de controle e autorização das medidas de obtenção de provas. Se o acusador encontrar indícios de cartel, deverá preparar a "denúncia" administrativa (com os devidos pedidos de produção de provas), que será encaminhada para um segundo Conselheiro, membro de turma de julgamento distinta, também escolhido por sorteio. Se decidir pela aceitação da "denúncia", este segundo Conselheiro (o Relator) instaurará o processo administrativo e intimará os acusados a apresentar defesa, procedendo, na sequência, à admissão, produção e, por fim, valoração das provas.

Em segundo lugar, a Procuradoria e o Ministério Público Federal devem deixar de atuar nos processos administrativos na função de fiscal da lei. A primeira, no mínimo, nos casos em que tenha auxiliado a Superintendência-Geral no exercício de seus poderes investigatórios e de instrução. O segundo, no mínimo, naqueles processos em que tenha havido cooperação entre promotores e o CADE durante as fases anteriores ao encaminhamento dos autos para manifestação do *Parquet*.

A implementação da proposta reduzirá o tempo de tramitação dos feitos e permitirá que ambos, a Procuradoria e o Ministério Público, dediquem-se com mais ardor às demais tarefas que lhes incumbem no dia a dia da prática de combate a cartéis: a primeira na defesa do CADE em juízo e o segundo no oferecimento de ações civis públicas e criminais.

Em terceiro lugar, propõe-se a adaptação aos quadros brasileiros da figura do *Hearing Officer* e do procedimento *peer review* europeu, este último equivalente à prática de criação de times "vermelho" e "azul" da Divisão Antitruste do Departamento de Justiça dos Estados Unidos. Tratar-se-á de mecanismo interno do CADE para promover a avaliação da atividade probatória por equipe ou pessoa distinta daquela responsável pela condução do caso, com vistas a sugerir melhorias no exercício da função administrativa, em especial no tocante a questões envolvendo a atividade probatória e os direitos dos administrados. O exercício da função de "advogado do Diabo" poderá ser desempenhado por uma Coordenação-Geral da Superintendência-Geral ou equipe da Procuradoria não envolvida nas investigações.

A adoção dessa proposta tenderá a diminuir a incidência das predisposições cognitivas características dos processos administrativos de investigação de cartel, na medida em que os servidores envolvidos na investigação serão confrontados com ideias e críticas de terceiros sem envolvimento direto com o objeto da investigação.

Em quarto lugar, e seguindo o mesmo raciocínio da proposta anterior, sugere-se dividir as Coordenações-Gerais da Superintendência--Geral durante as fases inquisitorial e processual. Antes da instauração, uma delas será responsável pela investigação e preparação da "denúncia" administrativa, a ser aceita ou não pelo Superintendente-Geral (e, posteriormente, pelo julgador). A outra equipe passará a atuar após a instauração do feito, sendo responsável pelas tarefas até o encerramento da instrução probatória. A Procuradoria poderá fazer a mesma divisão, caso tenha auxiliado a Superintendência-Geral durante as investigações e, em momento posterior, venha a ser convocada pelo Conselheiro Relator a atuar como fiscal da lei.

Em quinto lugar, deverá ser criado Guia de Boas Práticas para a condução da atividade probatória, contendo regras de comportamento e procedimentais a beneficiar o bom e justo andamento dos feitos. Nesse manual, deverão ser inseridas normas que fortaleçam e incentivem a formação do contraditório e garantam a igualdade de armas dos acusados e do acusador (*e.g.*, a defesa sempre deverá falar por último após amplo acesso aos elementos colhidos pela acusação, o interrogatório deverá ser instituído como meio de defesa, indicando-se o direito do acusado de permanecer calado etc.).

Esse conjunto de propostas foi idealizado para conferir mais eficiência e legitimidade ao atual sistema administrativo de combate a cartéis. Revestindo-se o desenvolvimento da atividade probatória de robustez, lisura e transparência, o sistema produzirá decisões sólidas e duradouras, mais propensas a dissuadir a prática de cartel e incentivar o fiel cumprimento da lei.

REFERÊNCIAS

AGUIAR, Jean Menezes de. Rechaço à judicialização das decisões do CADE. In: ZANOTTA, Pedro; BRANCHER, Paulo (Coords.). *Desafios atuais do direito da concorrência*. São Paulo: Singular, 2008. p. 191-212.

ALLENDESALAZAR, Rafael; MARTÍNEZ-LAGE, Paloma. Evidence gathered through leniency: from the prisoner's dilema to a race to the bottom. In: EHLERMANN, Claus-Dieter; MARQUIS, Mel (Eds.). *European competition law 2009*: the evaluation of evidence and its judicial review in competition cases. Oxford e Portland: Hart Publishing, 2011. p. 565-578.

ALMUNIA, Joaquin. Some highlights from EU competition enforcement. Disponível em: <http://europa.eu/rapid/press-release_SPEECH-14-608_en.htm>. Acesso em: 21 out. 2014.

ARBEX, Fabricio Cobra. Breve análise sobre a busca e apreensão na Lei 8.884/1994, a interpretação conforme a Constituição Federal e o princípio da proibição da prova ilícita. *Revista do IBRAC – Direito da Concorrência, Consumo e Comércio Internacional*, São Paulo, v. 19, p. 45-66, jan./jun. 2011.

ARRUDA, Vivian Anne Fraga do Nascimento; CRUZ, Tatiana Lins. A florescência da cooperação internacional em matéria antitruste no Brasil: enfoque à cooperação no combate aos cartéis transnacionais. *Revista do IBRAC – Direito da Concorrência, Consumo e Comércio Internacional*, São Paulo, v. 20, p. 175-222, jul./dez. 2011.

BADARÓ, Gustavo Henrique Righi Ivahy. *Direito processual penal*. São Paulo: Elsevier, 2008. t. 1.

BAEL, Ivo van. *Due process in EU competition proceedings*. Wolters Kluwer, 2011.

BERRISCH, Georg M. *The EU Courts Play a Crucial Role in Ensuring Compliance of the EU's System of Competition Law Enforcement With Due Process Rights*, 16.06.2014. Disponível em: <https://www.competitionpolicyinternational.com/the-eu-courts-play-a-crucial-role-in-ensuring-compliance-of-the-eu-s-system-of-competition-law-enforcement-with-due-process-rights/>. Acesso em: 01 dez. 2014.

BRASIL. Ministérios da Justiça, Fazenda e Planejamento. *Exposição de Motivos n. 00107-A*. Disponível em: <http://www.planalto.gov.br/ccivil_03/projetos/EXPMOTIV/EMI/2005/107%20A%20-%20MJ%20MF%20MP.htm>. Acesso em: 13 out. 2014.

_____. Secretaria de Direito Econômico e Agência Nacional do Petróleo, Gás Natural e Biocombustíveis. *A Defesa da Concorrência no Mercado de Combustíveis – ANP/SDE*. Disponível em: <http://www.anp.gov.br/?dw=2552>. Acesso em: 05 nov. 2014.

BRONCKERS, Marco; VALLERY, Anne. *Fair and effective competition policy in the EU*: which role for authorities and which role for the courts after Menarini?, ago. 2012. Disponível em: <http://papers.ssrn.com/sol3/papers.cfm?abstract_id=2137524>. Acesso em: 10 dez. 2014.

BURINI, Bruno Corrêa. *Processo administrativo de apuração de conduta anticoncorrencial*: perspectiva instrumentalista. 2010. Tese (Doutorado) – Faculdade de Direito, Universidade de São Paulo, São Paulo, 2010.

CADE. *Balanço 4 anos da Lei 12.529/11*. Disponível em: <http://www.cade.gov.br/servicos/imprensa/balancos-e-apresentacoes/balanco-4-anos-nova-lei-1.pdf>. Acesso em: 25 jul. 2016.

_____. *Guia sobre o programa de leniência antitruste*. Disponível em: <http://www.cade.gov.br/acesso-a-informacao/publicacoes-institucionais/guias_do_Cade/guia_programa-de-leniencia-do-cade-final.pdf>. Acesso em: 29 jul. 2016.

_____. *Guia termos de compromisso de cessação – TCC para casos de cartel*. Disponível em: <http://www.cade.gov.br/acesso-a-informacao/publicacoes-institucionais/guias_do_Cade/guia-tcc-versao-final-1.pdf>. Acesso em: 29 jul. 2016.

_____. *Balanço do triênio da Lei 12.529/11*. Disponível em: <http://www.cade.gov.br/upload/Balanço%203%20anos%20nova%20lei-atualizado.pdf>. Acesso em: 31 ago. 2015.

_____. *Guia para análise da consumação prévia de atos de concentração econômica*. Disponível em: <http://www.cade.gov.br/upload/Guia%20gun%20jumping-%20vers%C3%A3o%20final%20(3).pdf>. Acesso em: 31 ago. 2015.

_____. *Plano Estratégico 2013-2016*. Disponível em: <http://www.cade.gov.br/upload/CADE%20-%20Plano%20Estratégico%202013-2016%20-%20versão%201%200.pdf>. Acesso em: 13 out. 2014.

_____. *Relatório "Iniciativa: novo processo de Análise de Atos de Concentração Econômica"*. Disponível em: <http://repositorio.enap.gov.br/bitstream/han-

dle/1/1077/Novo%20processo%20de%20An%C3%A1lise%20de%20Atos%20de%20Concentra%C3%A7%C3%A3o%20Econ%C3%B4mica.pdf?sequence=1>. Acesso em: 15 out. 2014.

_____; Grupo de Combate a Cartéis da Procuradoria da República em São Paulo. *Memorando de Entendimento n. 1/2016*. Disponível em: <http://www.cade.gov.br/assuntos/programa-de-leniencia/memorando-de-entendimentos-sg-e-mpfsp_tcc-e-acordos-de-colaboracao_15-03-2016.pdf>. Acesso em: 29 jul. 2016.

CAOIMH, Aindrias Ó. Standard of proof, standards of review and evaluation of evidence in antitrust and merger cases: perspective of Court of Justice of the European Union. In: EHLERMANN, Claus-Dieter; MARQUIS, Mel (Eds.). *European competition law 2009*: the evaluation of evidence and its judicial review in competition cases. Oxford e Portland: Hart Publishing, 2011. p. 271-284.

CARVALHO, Vinícius Marques de. *Discurso de posse*, 18.07.2012. Disponível em: <http://www.cade.gov.br/upload/Discurso%20de%20posse%20do%20presidente%20do%20Cade%20(vinicius).pdf>. Acesso em: 09 nov. 2014.

_____; GODOY, João Paulo. O juízo de conhecimento aplicável à análise de estruturas concorrenciais e a função cognitiva desempenhada pelo direito societário. In: OLIVEIRA, Amanda Flávio de; RUIZ, Ricardo Machado (Orgs.). *Remédios antitruste*. São Paulo: Singular, 2011. p. 127-143.

_____; RAGAZZO, Carlos Emmanuel Joppert (Coords.). *Defesa da concorrência no Brasil*: 50 anos. Brasília: Conselho Administrativo de Defesa Econômica – CADE, 2013.

CASSAGNE, Juan Carlos. En torno al derecho administrativo sancionador y la aplicabilidad de los principios del derecho penal. In: MEDAUAR, Odete; SCHIRATO, Vitor Rhein (Coords.). *Poder de polícia na atualidade*. Belo Horizonte: Fórum, 2014. p. 57-77.

CASTILLO DE LA TORRE, Fernando. Evidence, proof and judicial review in cartel cases. In: EHLERMANN, Claus-Dieter; MARQUIS, Mel (Eds.). *European competition law 2009*: the evaluation of evidence and its judicial review in competition cases. Oxford e Portland: Hart Publishing, 2011. p. 319-406.

CHISHOLM, Alex; CURRIE, David; JARVIS, Tim. Institutional design and decision-making in the competition and markets authority, 11.09.2014. Disponível em: <https://www.competitionpolicyinternational.com/institutional-design-and-decision-making-in-the-competition-and-markets-authority/>. Acesso em: 01 dez. 2014.

CINTRA, Antonio Carlos de Araújo; GRINOVER, Ada Pellegrini; DINAMARCO, Cândido Rangel. *Teoria geral do processo.* 28. ed. São Paulo: Malheiros Ed., 2012.

COMISSÃO EUROPEIA. *Best Practices on the conduct of proceedings concerning Articles 101 and 102 TFEU.* Disponível em: <http://ec.europa.eu/competition/consultations/2010_best_practices/best_practice_articles.pdf>. Acesso em: 01 set. 2014.

_____. *Guidance on procedures of the Hearing Officers in proceedings relating to Articles 101 and 102 TFEU (ex- articles 81 and 82 EC).* Disponível em: <http://ec.europa.eu/competition/consultations/2010_best_practices/hearing_officers.pdf>. Acesso em: 01 set. 2014.

CORDOVIL, Leonor. Das infrações da ordem econômica. In: CORDOVIL, Leonor; CARVALHO, Vinícius Marques de; BAGNOLI, Vicente; ANDERS, Eduardo Caminati. *Nova lei de defesa da concorrência comentada.* São Paulo: Ed. Revista dos Tribunais, 2011.

COSTA, Helena Regina Lobo da. *Direito penal econômico e direito administrativo sancionador: ne bis in idem* como medida de política sancionadora integrada. 2013. Tese (Livre-docência) – Faculdade de Direito da Universidade de São Paulo, São Paulo, 2013.

DINAMARCO, Cândido Rangel. *Fundamentos do processo civil moderno.* 6. ed. São Paulo: Malheiros Ed., 2010. t. 1.

_____. *A instrumentalidade do processo.* 14. ed. São Paulo: Malheiros Ed., 2009.

EZRACHI, Ariel; KINDL, Jir I'. Cartel seria crime? A longa jornada da aplicação unilateral da lei ao consenso internacional. *Revista de Defesa da Concorrência,* n. 1, maio p. 149-169, 2013.

FALECK, Diego. Apresentação política brasileira de defesa da concorrência: combate a cartéis e programa de leniência. In: ENCONTRO NACIONAL DA 3ª CÂMARA DE COORDENAÇÃO E REVISÃO DO MPF, 11. 2010. Disponível em: http://3ccr.pgr.mpf.mp.br/secretaria-executiva-1/coordenacao/eventos/vii-encontro-docs/xi-encontro/anexos-1/sde>. Acesso em: 01 dez. 2014.

FARINA, Elizabeth Maria Mercier Querido. Quatro anos à frente do CADE. *Revista IBRAC – Direito da Concorrência, Consumo e Comércio Internacional,* São Paulo, v. 16 n. 1, p. 149-168, 2009.

FERRAZ, Sérgio; DALLARI, Adilson Abreu. *Processo administrativo.* São Paulo: Malheiros Ed., 2000.

FIGUEIREDO JÚNIOR, Gerardo; GUTIERRA, Ricardo A. Limites ao processo investigatório. In: ZANOTTA, Pedro; BRANCHER, Paulo (Org.). *Desafios atuais do direito da concorrência*. São Paulo: Singular, 2008. p. 257-272.

FORGIONI, Paula A. *Os fundamentos do antitruste*. 4. ed. São Paulo: Ed. Revista dos Tribunais, 2010.

FORRESTER, Ian. A bush in need of pruning: the luxuriant growth of "light judicial review". In: EHLERMANN, Claus-Dieter; MARQUIS, Mel (Eds.). *European competition law 2009*: the evaluation of evidence and its judicial review in competition cases. Oxford e Portland: Hart Publishing, 2011. p. 407-452.

FURLAN, Fernando de Magalhães. *Questões polêmicas em direito antitruste*. São Paulo: Lex, 2004.

GASCÓN ABELLÁN, Marina. *Los hechos en el derecho*: bases argumentales de la prueba. Madrid: Marcial Pons, 1999.

GICO JUNIOR, Ivo. *Cartel*: teoria unificada da colusão. São Paulo: Lex, 2006.

GILBERTO, André Marques. *O processo antitruste sancionador*: aspectos processuais na repressão das infrações à concorrência no Brasil. São Paulo: Lex, 2010.

GLADER, Marcus. Best practices in Article 101 and 102 Proceedings: some suggestions for improved transparency. 16.04.2010. Disponível em: <https://www.competitionpolicyinternational.com/best-practices-in-article-101-and-102-proceedings-some-suggestions-for-improved-transparency/>. Acesso em: 01 dez. 2014.

GLOBAL COMPETITION REVIEW. *Rating enforcement 2015*. The annual ranking of the world's leading competition authorities, v. 18, n. 6, jun. 2015.

GOLDBERG, Daniel Krepel. *Poder de compra e política antitruste*. São Paulo: Singular, 2006.

GOMES FILHO, Antonio Magalhães. *Direito à prova no processo penal*. São Paulo: Ed. Revista dos Tribunais, 1997.

_____. Notas sobre a terminologia da prova (reflexos no processo penal brasileiro). In: YARSHELL, Flávio Luiz; MORAES, Maurício Zanoide de (Org.). *Estudos em homenagem à Professora Ada Pellegrini Grinover*. São Paulo: DPI, 2005. p. 303-318.

GRECO FILHO, Vicente. *Direito processual civil brasileiro*. 12. ed. São Paulo: Saraiva, 1997. v. 2.

_____. *Manual de processo penal*. 7. ed. São Paulo: Saraiva, 2009.

GRINBERG, Mauro; MOTTA, Ricardo Casanova; FERNANDES, Luís Henrique. O cartel e sua prova. *Revista do IBRAC – Direito da Concorrência, Consumo e Comércio Internacional*, v. 25, p. 125-135, jan. 2014.

GUERREO RODRÍGUEZ, Omar; RAMIREZ CASAZZA, Alan. *Mexican Competition Law aligned incentives for effective cartel enforcement.* 2012. Disponível em: <https://www.competitionpolicyinternational.com/mexican-competition-law-aligned-incentives-for-effective-cartel-enforcement>. Acesso em: 01 dez. 2014.

HOVENKAMP, Herbert. *Federal ajtitrust policy*: the law of competition and its practice. 3. ed. St. Paul: Thomson West, 2005.

INTERNATIONAL COMPETITION NETWORK – ICN. *Agency effectiveness – Competition Agency Practice Manual.* March 2010. Disponível em: <http://www.internationalcompetitionnetwork.org/uploads/library/doc744.pdf>. Acesso em: 01 nov. 2014.

KOVACIC, William E. The institutions of antitrust law: how structure shapes substance. *Michigan Law Review*, v. 110, p. 1.019-1.044, 2012.

_____; HYMAN, David A. Competition agency design: what's on the menu? 2012. Working Paper. Disponível em: <http://ssrn.com/abstract=2179279>. Acesso em: 29 out. 2014.

LASSERRE, Bruno. The European competition system in context: matching old constitutional principles and new policy changes. In: EHLERMANN, Claus-Dieter; MARQUIS, Mel (Eds.). *European competition law 2009*: the evaluation of evidence and its judicial review in competition cases. Oxford e Portland: Hart Publishing, 2011. p. 61-78.

LOPES, João Batista. *A prova no direito processual civil.* 3. ed. São Paulo: Ed. Revista dos Tribunais, 2006.

LOPES JÚNIOR, Aury; GLOECKNER, Ricardo Jacobsen. *Investigação preliminar no processo penal.* 5. ed. São Paulo: Saraiva, 2013.

LOWE, Philip. Taking sound decisions on the basis of available evidence. In: EHLERMANN, Claus-Dieter; MARQUIS, Mel (Eds.). *European competition law 2009*: the evaluation of evidence and its judicial review in competition cases. Oxford e Portland: Hart Publishing, 2011. p. 157-174.

_____. *The Design of Competition Policy Institutions for the 21st Century – The Experience of the European Commission and DG Competition.* 2008. Disponível em: <https://www.competitionpolicyinternational.com/the-design-of-competition-policy-institutions-for-the-21st-centurythe-experience-of-the-european-commission-and-dg-competition/>. Acesso em: 01 dez. 2014.

LUGARD, Paul. *Procedural fairness and transparency in antitrust cases*: work in progress. 16.06.2014. Disponível em: <https://www.competitionpolicyinternational.com/procedural-fairness-and-transparency-in-antitrust-cases-work-in-progress/>. Acesso em: 01 dez. 2014.

MANTZARI, Despoina; KORAH, Valentine. *It takes one to tango: the single U.K. competition and markets authority*. 14.05.2012. Disponível em: <https://www.competitionpolicyinternational.com/it-takes-one-to-tango-the-single-u-k-competition-and-markets-authority/>. Acesso em: 01 dez. 2014.

MARANHÃO, Juliano Souza de Albuquerque; AZEVEDO, Paulo Furquim de; FERRAZ JUNIOR, Tercio Sampaio. *Direito regulatório e concorrencial no Poder Judiciário*. São Paulo: Singular, 2014.

MARQUIS, Mel. Rules that govern rules: evidence, proof and judicial control in competition cases. In: EHLERMANN, Claus-Dieter; MARQUIS, Mel (Eds.). *European competition law 2009*: the evaluation of evidence and its judicial review in competition cases. Oxford e Portland: Hart Publishing, 2011. p. xv-xcii.

MARRARA, Thiago. *Sistema brasileiro de defesa da concorrência: organização, processos e acordos administrativos*. São Paulo: Atlas, 2015.

MARTINEZ, Ana Paula. Histórico e desafios do controle de concentrações econômicas no Brasil. In: CAMPILONGO, Celso Fernandes; GILBERTO, André Marques; VILELA, Juliana Girardelli (Orgs.). *Concentração de empresas no direito antitruste brasileiro*. São Paulo: Singular, 2011. p. 21-59.

_____. *Repressão a cartéis*: interface entre direito administrativo e direito penal. São Paulo: Singular, 2013.

MEDAUAR, Odete. *Direito administrativo moderno*. 9. ed. São Paulo: Ed. Revista dos Tribunais, 2005.

_____. Poder de polícia. *Revista de Direito Administrativo*, Rio de Janeiro, v. 199, p. 89-96, jan./mar. 1995.

_____. *A processualidade no direito administrativo*. 2. ed. São Paulo: Ed. Revista dos Tribunais, 2008.

MEIKLEJOHN, Roderick. The effectiveness of competition authorities: four questions. 11.09.2014. Disponível em: <https://www.competitionpolicyinternational.com/the-effectiveness-of-competition-authorities-four-questions/>. Acesso em: 01 dez. 2014.

MELLO, Maria Tereza Leopardi; POSSAS, Mario Luiz. Direito e economia na análise de condutas anticompetitivas. In: POSSAS, Mario Luiz (Coord.). *Ensaios sobre economia e direito da concorrência*. São Paulo: Singular, 2002.

MELLO, Rafael Munhoz de. *Princípios constitucionais do direito administrativo sancionador*: as sanções à luz da Constituição Federal de 1988. São Paulo: Malheiros Ed., 2007.

MÖLLMANN, Martin. *Due process in antitrust proceedings before the European Commission*: fundamental rights are not enough. 16.06.2014. Disponível em: <https://www.competitionpolicyinternational.com/due-process-in-antitrust-proceedings-before-the-european-commission-fundamental-rights-are-not-enough/>. Acesso em: 01 dez. 2014.

MOREIRA, Egon Bockmann. *Processo administrativo*: princípios constitucionais e a Lei 9.784/1999. 3. ed. São Paulo: Malheiros Ed., 2007.

NOMAN, Gustavo Lage. *Das provas em processo concorrencial*. 2010. Dissertação (Mestrado) – Faculdade de Direito da Pontifícia Universidade Católica de São Paulo, São Paulo, 2010.

NUCCI, Guilherme de Souza. *Provas no processo penal*. 2. ed. São Paulo: Ed. Revista dos Tribunais, 2011.

ORGANIZAÇÃO PARA A COOPERAÇÃO E DESENVOLVIMENTO ECONÔMICO – OCDE. *Hard Core Cartels*: third report on the implementation of the 1998 Council Recommendation. 2005. Disponível em: <http://www.oecd.org/daf/competition/cartels/35863307.pdf>. Acesso em: 21 out. 2014.

______. *Recommendation of the OECD Council Concerning Effective Action Against Hard Core Cartels*. 1998. Disponível em: <http://www.oecd.org/daf/competition/2350130.pdf>. Acesso em: 21 out. 2014.

______. *Roundtable on procedural fairness: transparency issues in civil and administrative proceedings – European Union*. 16 Feb. 2010. Disponível em: <http://ec.europa.eu/competition/international/multilateral/2010_fairness_feb.pdf>. Acesso em: 01 set. 2014.

ORTIZ BLANCO, Luis. Standards of proof and personal conviction in EU antitrust and merger control procedures. In: EHLERMANN, Claus-Dieter; MARQUIS, Mel (Eds.). *European competition law 2009*: the evaluation of evidence and its judicial review in competition cases. Oxford e Portland: Hart Publishing, 2011. p. 175-190.

OSÓRIO, Fábio Medina. *Direito administrativo sancionador*. 4. ed. São Paulo: Ed. Revista dos Tribunais, 2011.

PAIVA, Tomás Filipe Schoeller Borges Ribeiro. O "e" escarlate da nova lei de defesa da concorrência: notas interpretativas sobre o art. 36 da Lei 12.529/2011. *Revista do IBRAC – Direito da Concorrência, Consumo e Comércio Internacional*, São Paulo, v. 24, p. 171-187, jul. 2013.

PALMA, Juliana Bonacorsi de. Acordos substitutivos dão mais eficácia ao direito da concorrência? In: SUNDFELD, Carlos Ari; ROSILHO, André. *Direito da regulação e políticas públicas*. São Paulo: Malheiros Ed, 2014. p. 186-239.

PEREIRA NETO, Caio Mario da Silva; LANCIERI, Filippo Maria; ADAMI, Mateus Piva. O diálogo institucional das agências reguladoras. In: SUNDFELD, Carlos Ari; ROSILHO, André (Coords.). *Direito da regulação e políticas públicas*. São Paulo: Malheiros Ed., 2014. p. 140-185.

PITOMBO, Sérgio Marcos de Moraes. Procedimento administrativo criminal, realizado pelo Ministério Público. *Revista Criminal*, ano 5, v. 15, p. 155-157, set./dez. 2011. Texto elaborado em 2002.

PRAXEDES, Renata Rodrigues. Valoração de prova na condenação de cartéis – o mercado de revenda de combustíveis. *Revista do IBRAC – Direito da Concorrência, Consumo e Comércio Internacional*, São Paulo, v. 22, p. 341-354, jul./dez. 2012.

RATLIFF, John. Judicial review in EC competition cases before the European courts: avoiding *double renvoi*. In: EHLERMANN, Claus-Dieter; MARQUIS, Mel (Eds.). *European competition law 2009*: the evaluation of evidence and its judicial review in competition cases. Oxford e Portland: Hart Publishing, 2011. p. 453-472.

RIBAS, Guilherme Favaro Corvo. Contratualização administrativa no direito concorrencial. In: ZANOTTA, Pedro; BRANCHER, Paulo (Orgs.). *Desafios atuais da regulação econômica e concorrência*. São Paulo: Atlas, 2010. p. 87-104.

_____. Poder de polícia do Conselho Administrativo de Defesa Econômica (CADE). In: MEDAUAR, Odete; SCHIRATO, Vitor Rhein (Coords.). *Poder de polícia na atualidade*. Belo Horizonte: Fórum, 2014. p. 257-267.

_____. O princípio da presunção de inocência no processo administrativo sancionador. In: MEDAUAR, Odete; SCHIRATO, Vitor Rhein (Orgs.). *Atuais rumos do processo administrativo*. São Paulo: Ed. Revista dos Tribunais, 2010. p. 175-191.

RODAS, João Grandino; OLIVEIRA, Gesner. *Direito e economia da concorrência*. Rio de Janeiro: Renovar, 2004.

SALOMÃO FILHO, Calixto. *Direito concorrencial*: as condutas. São Paulo: Malheiros Ed., 2003.

SANTOS, Flavia Chiquito dos. *Aplicação de penas na repressão a cartéis:* uma análise da jurisprudência do CADE. Rio de Janeiro: Lumen Juris, 2016.

SANTOS, Moacyr Amaral. *Prova judiciária no cível e comercial*. 4. ed. São Paulo: Max Limonad, 1970. v. 1.

SCHIRATO, Vitor Rhein. O processo administrativo como instrumento do Estado de Direito e da Democracia. In: MEDAUAR, Odete; SCHIRATO, Vitor R. (Orgs.). *Atuais rumos do processo administrativo*. São Paulo: Ed. Revista dos Tribunais, 2010. p. 9-52.

SCHUARTZ, Luis Fernando. Ilícito antitruste e acordos entre concorrentes. In: POSSAS, Mario Luiz (Coord.). *Ensaios sobre economia e direito da concorrência*. São Paulo: Singular, 2002. p. 97-134.

SCORDAMAGLIA-TOUSIS, Andreas. *EU cartel enforcement. Reconciling effective public enforcement with fundamental rights*. Wolters Kluwer, 2013.

SHROFF, Cyril; UBEROI, Nisha Kaur. Competition Commission of India: institutional design and decision making. 11.09.2014. Disponível em: <https://www.competitionpolicyinternational.com/competition-commission-of--india-institutional-design-and-decision-making/>. Acesso em: 01 dez. 2014.

SILVEIRA, Paulo Burnier da; OLIVEIRA, Giovanna Bakaj Rezende. A segunda década da Rede Internacional da Concorrência: os desafios da promoção da convergência na diversidade. *Revista de Defesa da Concorrência*, n. 1, p. 4-15, maio 2013.

SOCIEDADE BRASILEIRA DE DIREITO PÚBLICO – SBDP. *Revisão judicial das decisões do Conselho Administrativo de Defesa Econômica (CADE)*: pesquisa empírica e aplicada sobre os casos julgados pelos Tribunais Regionais Federais (TRFs), Superior Tribunal de Justiça (STJ) e Supremo Tribunal Federal (STF). Belo Horizonte: Fórum, 2011.

SUNDFELD, Carlos Ari. Empresa estatal pode exercer o poder de polícia. *BDA – Boletim de Direito Administrativo*, Rio de Janeiro, p. 98-103, fev. 1993.

______. Poder instrutório do relator no processo administrativo. In: *Direito administrativo econômico*. São Paulo: Ed. Revista dos Tribunais, 2013. p. 561-583 (Coleção pareceres, v. 1).

______; ROSILHO, André. Direito e políticas públicas: dois mundos? In: SUNDFELD, Carlos Ari; ROSILHO, André (Coords.). *Direito da regulação e políticas públicas*. São Paulo: Malheiros Ed., 2014. p. 45-79.

TAKIGAWA, Toshiaki. *Balancing fairness and efficiency in the globalized competition law enforcement*: insights from JFTC experiences. 16.06.2014 Disponível em: <https://www.competitionpolicyinternational.com/balancing-fairness-and-efficiency-in-the-globalized-competition-law-enforcement-insights-from-jftc-experiences>. Acesso em: 01 dez. 2014.

TALAMINI, Eduardo. Prova emprestada no processo civil e penal. *Revista de Processo*, São Paulo, n. 91, p. 92-114, jul./set. 1998.

TANGERINO, Davi de Paiva Costa; ABRAMOVAY, Pedro Vieira et al. *Crime de cartel e reparação de danos no poder judiciário brasileiro*. Brasília: Ministério da Justiça, 2012 (Série Pensando o Direito, v. 47).

TARUFFO, Michele. *La prova dei fatti giuridici*. Milano: Giuffrè, 1992.

VARNEY, Christine A. *Discurso proferido na Conferência de Concorrência da International Bar Association, Itália*, 12.09.2009. Disponível em: <https://www.competitionpolicyinternational.com/remarks-by-assistant-attorney-general-christine-a-varney-at-the-competition-conference>. Acesso em: 09 set. 2014.

VENIT, James. Human all too human: the gathering and assessment of evidence and the appropriate standard of proof and judicial review in Commission enforcement proceedings applying Articles 81 and 82. In: EHLERMANN, Claus-Dieter; MARQUIS, Mel (Eds.). *European competition law 2009*: the evaluation of evidence and its judicial review in competition cases. Oxford e Portland: Hart Publishing, 2011. p. 191-254.

VIEIRA, Renato Stanziola. *Paridade de armas no processo penal*. Brasília: Gazeta Jurídica, 2014.

WHISH, Richard. *Competition law*. 6. ed. New York: Oxford University Press, 2009.

WILS, Wouter P. J. The combination of the investigative and prosecutorial function with the adjudicative function in EC antitrust enforcement: a legal and economic analysi. *World Competition*, v. 27, n. 2, 2004. Disponível em: <http://ssrn.com/abstract=1319251>. Acesso em: 18 mar. 2014.

WONG, Stanley. *Thinking about procedural fairness of competition law enforcement across jurisdictions*: a suggested principled approach. Disponível em: <https://www.competitionpolicyinternational.com/assets/Uploads/ICNApril142.pdf>. Acesso em: 12 set. 2014.

APÊNDICE – RESULTADOS DA PESQUISA

Tabela 1 – Atas de sessões de julgamento revisadas			
Ano	**Ordinária**	**Extraordinária**	**Reservada**
1999	8	-	2
2000	41	4	9
2001	38	5	9
2002	45	1	2
2003	35	1	3
2004	28	1	-
2005	26	2	-
2006	25	-	-
2007	24	5	-
2008	24	1	-
2009	22	-	-
2010	24	-	-
2011	24	-	-
2012	22	1	-
2013	22	-	-
2014	21	-	-
2015	18	-	-
Total	**447**	**21**	**25**
Total Global			**493**

Fonte: Elaboração própria com base nas atas das sessões de julgamento de 27 de outubro de 1999 a 26 de outubro de 2015, disponibilizadas no site do CADE.

Tabela 2 – Casos de sugestão de preços/ tabelamento envolvendo associações, sindicatos, cooperativas, seus dirigentes ou empregados

Processo Administrativo	Data da decisão	Processo Administrativo	Data da decisão	Processo Administrativo	Data da decisão
08012.005769/1998-92	19.01.2000	08000.007754/1995-28	01.09.2004	08012.009834/2006-57	20.02.2013
08000.026582/1995-91	02.02.2000	08012.005981/2002-24	01.09.2004	08012.007301/2000-38	06.03.2013
08000.002322/1996-57*	09.02.2000	08012.003664/2001-92	19.01.2005	08700.000547/2008-95	06.03.2013
08000.011517/1994-35	10.05.2000	08000.005351/1997-42	09.03.2005	08012.002959/1998-11	06.03.2013
08000.022630/1997-52	24.05.2000	08000.011522/1994-75**	09.03.2005	08012.003745/2010-83*	20.03.2013
08012.007460/1997-74	27.09.2000	08012.003068/2001-11	13.04.2005	08012.003874/2009-38	20.11.2013
08000.012252/1994-38*	11.10.2000	08000.000076/1996-71**	27.04.2005	08012.007002/2009-49	05.02.2014
08000.007464/1997-18*	07.02.2001	08012.004054/2003-78	18.05.2005	08012.000415/2003-15	19.02.2014
143/1992	07.03.2001	08012.002153/2000-72	18.05.2005	08012.005644/2004-07	19.02.2014
08012.002371/1998-40*	27.06.2001	08000.007737/1997-71*	18.05.2005	08012.010648/2009-11	30.04.2014
08000.007201/1997-09	12.09.2001	08012.006525/2001-11*	18.05.2005	08012.009670/2010-44	04.06.2014
08000.015515/1997-02	26.09.2001	08012.012395/1999-15	13.07.2005	08012.011381/2008-91	06.08.2014
08000.020425/1996-71	10.10.2001	08000.009797/1996-92*	01.10.2005	08700.000719/2008-21*	06.08.2014
08000.007201/1997-09	28.11.2001	08012.009557/1998-66	13.10.2005	08012.008611/2007-53	20.08.2014
08012.004372/2000-70	15.01.2002	08012.007042/2001-33	26.04.2006	08012.000261/2011-63	01.10.2014
08000.011823/1997-14.	17.04.2002	08012.007042/2001-33*	26.04.2006	08012.010075/2005-94	01.10.2014
08012.006492/1997-25	08.05.2002	08012.006491/1997-62	10.05.2006	08012.002866/2011-99	15.10.2014

Tabela 2 – Casos de sugestão de preços/ tabelamento envolvendo associações, sindicatos, cooperativas, seus dirigentes ou empregados

Processo Administrativo	Data da decisão	Processo Administrativo	Data da decisão	Processo Administrativo	Data da decisão
08000.019708/1996-99	29.05.2002	08000.020294/1996-03	19.07.2006	08012.005374/2002-64	15.10.2014
08000.08365/1995-00	19.06.2002	08012.001692/2005-07	16.08.2006	08012.008477/2004-48	15.10.2014
08012.004712/2000-89	03.07.2002	08012.005194/2001-00	06.12.2006	08012.004020/2004-64	15.10.2014
08000.015515/1997-02	03.07.2002	08012.008060/2004-85	18.04.2007	08012.007833/2006-78	15.10.2014
08012.004373/2000-32	09.10.2002	08012.009312/1998-39**	18.04.2007	08012.005135/2005-57	15.10.2014
08012.021738/1996-92	26.03.2003	08012.005669/2002-31*	21.11.2007	08012.006552/2005-17	15.10.2014
08012.006397/1997-02	02.07.2003	08012.002911/2001-33	28.11.2007	08012.001790/2004-55	29.10.2014
08000.021976/1997-51	02.07.2003	08012.002289/1999-41	13.02.2008	08012.002381/2004-76	29.10.2014
08012.001098/2001-84	02.07.2003	08012.006713/1997-92**	18.06.2008	08012.002985/2004-12	29.10.2014
08012.006507/1998-81	06.08.2003	08000.015228/1994-60**	23.07.2008	08012.003568/2005-78	29.10.2014
08012.007515/2000-31	10.09.2003	08012.003967/1999-66**	01.10.2008	08012.003048/2003-01	29.01.2015
08000.021836/1996-10**	26.11.2003	08012.002499/2003-13	26.08.2009	08700.006292/2012-51	25.02.2015
08000.020786/1996-08**	26.11.2003	08012.006241/1997-03	07.10.2009	08012.006647/2004-50	11.03.2015
08000.002702/1995-47**	11.02.2004	08012.009922/2006-59	23.06.2010	08012.000456/2012-94	11.03.2015
08012.009987/1998-13*	18.02.2004	08012.003471/2001-31**	22.09.2010	08012.000432/2005-14	11.03.2015
08012.005206/1999-21	17.03.2004	08012.002169/2009-13	06.10.2010	08700.006965/2014-32	22.04.2015
08012.001098/2001-84	17.03.2004	08012.004055/2005-84	20.10.2010	08012.006312/2004-31	06.05.2015

Tabela 2 – Casos de sugestão de preços/ tabelamento envolvendo associações, sindicatos, cooperativas, seus dirigentes ou empregados

Processo Administrativo	Data da decisão	Processo Administrativo	Data da decisão	Processo Administrativo	Data da decisão
08012.009443/1998-15	05.05.2004	08000.011516/1994-72	14.12.2011	08012.005101/2004-81	20.05.2015
08000.026331/1996-42**	05.05.2004	08012.006431/1997-31	14.12.2011	08012.005660/2010-30	20.05.2015
08000.026330/1996-80**	12.05.2004	08012.000444/2002-98*	14.03.2012	08012.000643/2010-14	10.06.2005
08012.003208/1999-85	02.06.2004	08012.007196/2009-82	07.11.2012	08012.001591/2004-47	29.07.2015
08012.007005/1998-69	14.07.2004	08012.006923/2002-18	20.02.2013	08012.004276/2004-71	29.07.2015
				08012.009462/2006-69*	19.08.2015
				08012.012217/2007-10	14.10.2015
				08012.010470/2005-77	14.10.2015

Fonte: Elaboração própria com base nas atas das sessões de julgamento de 27 de outubro de 1999 a 26 de outubro de 2015 e votos disponibilizados no site do CADE.

Notas: (*) Casos tipificados de maneira errônea nos dispositivos relativos a cartéis. (**) Casos arquivados em razão de incidência de prescrição.

Tabela 3 – Outros casos de exclusão

Processo Administrativo	Data da decisão	Justificativa
08012.010703/1994-84	06.09.2001	Classificado no revogado art. 21, I ou VIII, da Lei n. 8.884/94, porém instaurado contra uma única empresa
08000.028271/96-93	16.01.2002	Não foram investigadas condutas classificadas no revogado art. 21, I ou VIII, da Lei n. 8.884/94
08000.028265/1996-91	30.01.2002	Não foram investigadas condutas classificadas no revogado art. 21, I ou VIII, da Lei n. 8.884/94
08000.024758/1994-44	30.01.2002	Classificado no revogado art. 21, I, da Lei n. 8.884/94, porém instaurado contra uma empresa e associação (prática descrita no art. 21, II)
08000.028268/1996-89	06.02.2002	Não foram investigadas condutas classificadas no revogado art. 21, I ou VIII, da Lei n. 8.884/94
08000.028269/1996-41	06.02.2002	Não foram investigadas condutas classificadas no revogado art. 21, I ou VIII, da Lei n. 8.884/94
08012.003592/1998-44	20.02.2002	Não foram investigadas condutas classificadas no revogado art. 21, I ou VIII, da Lei n. 8.884/94
08012.000208/1999-79	19.06.2002	Classificado no revogado art. 21, I ou VIII, da Lei n. 8.884/94, porém instaurado contra uma única empresa
110/1989	03.07.2002	Impossível identificar se conduta investigada estava tipificada no revogado art. 21, I ou VIII, da Lei n. 8.884/94
08000.024581/1994-77	03.03.2004	Não foram investigadas condutas classificadas no revogado art. 21, I ou VIII, da Lei n. 8.884/94
08000.026739/1996-32	31.03.2004	Investigação de cartel contra uma única empresa, desmembramento de outro processo administrativo

Tabela 3 – Outros casos de exclusão

Processo Administrativo	Data da decisão	Justificativa
08012.008024/1998-49	25.08.2004	Conduta tipificada no revogado art. 21, VIII, da Lei n. 8.884/94, porém não envolvendo concorrentes
08012.000852/2002-40	23.03.2005	Não foram investigadas condutas classificadas no revogado art. 21, I ou VIII, da Lei n. 8.884/94
08000.016489/1997-21	11.05.2005	Classificado no revogado art. 21, I, da Lei n. 8.884/94, porém consistente em investigação de venda casada
08012.006144/1999-19	22.02.2006	Classificado no revogado art. 21, I ou VIII, da Lei n. 8.884/94, porém instaurado contra uma única empresa
08000.011084/1994-08	29.04.2009	Conduta já havia sido investigada em outro processo administrativo
08012.004989/2003-54	18.08.2010	Não foram investigadas condutas classificadas no revogado art. 21, I ou VIII, da Lei n. 8.884/94
08012.002094/2009-71	23.02.2011	Falecimento do representado (desdobramento de outro processo administrativo)
08012.011924/1999-17	26.09.2012	Classificado no revogado art. 21, I, da Lei n. 8.884/94, porém consistente em investigação de recusa de contratar
08012.003873/2009-93	04.06.2014	Não foram investigadas condutas classificadas no revogado art. 21, I ou VIII, da Lei n. 8.884/94
08012.005928/2003-12	06.08.2014	Investigação de cartel contra uma única empresa, desmembramento de outra investigação
08012.007818/2004-68	14.07.2015	Investigação de cartel contra duas pessoas físicas, desmembramento do Processo Administrativo n. 08012.004702/2004-77

Fonte: Elaboração própria com base nas atas das sessões de julgamento e nos votos disponibilizados no site do CADE.

Tabela 4 – Processos administrativos de investigação de cartel prescritos

Processo Administrativo	Data da decisão	Processo Administrativo	Data da decisão
08000.000126/1995-67	05.11.2003	08012.002299/1999-03	23.07.2008
08012.002512/2002-53	05.05.2004	08012.006277/1999-12	03.09.2008
08000.022077/1994-04	05.05.2004	08012.009862/1999-11	21.01.2009
08700.000997/1999-35	12.05.2004	08000.002135/1995-29	25.03.2009
08000.007447/1995-29	14.07.2004	08000.024657/1994-37	15.04.2009
08012.003760/2003-01	31.01.2007	08012.002748/2002-90	26.08.2009
08000.017235/1996-68	07.03.2007	08000.002541/1995-18	26.08.2009
08000.021291/1997-23	12.12.2007	08000.004451/1993-28	17.03.2010
08000.019678/1995-49	30.01.2008	08012.004405/1999-11	07.07.2010
08012.007273/2000-02	21.05.2008	08000.019901/1997-10	06.04.2011
08000.013470/1995-25	04.06.2008	08012.004897/2000-23	14.03.2012
08000.024150/1996-27	04.06.2008	08012.009264/2002-71(*)	14.10.2015
Total = 24			

Fonte: Elaboração própria com base nas atas das sessões de julgamento disponibilizadas no site do CADE.

Nota: (*) Este processo foi igualmente arquivado em razão do reconhecimento da nulidade do ato de instauração do feito.

Tabela 5 - Processos administrativos analisados na pesquisa

Processo Administrativo	Data da decisão	Mercado relevante	Tipo de cartel	Condenação(*)
08000.015337/1997-48	27.10.1999	Aços planos laminados em âmbito nacional	Fixação de preços	Sim
0058/1992	05.04.2000	Alimentos formulados em âmbito nacional	Acordo em licitação	Não
39/1992	19.07.2000	Gases	Acordo em licitação	Não
08000.025333/1996-32	09.08.2000	Estacionamentos em Brasília	Fixação de preço	Não
08000.019706/1996-63	25.04.2001	Calcário agrícola	Acordo em licitação	Não
08012.009118/1998-26	27.06.2001	Construção de plataformas marítimas	Acordo em licitação	Sim
08012.002299/2000-18	27.03.2002	Revenda de combustíveis em Florianópolis/SC	Fixação de preço	Sim
08000.021660/1996-05	05.02.2003	Transporte coletivo por ônibus convencional no Rio de Janeiro/RJ	Fixação de preço Divisão de mercado	Não
08012.0004036/2001-18	23.07.2003	Revenda de combustíveis em Lages/SC	Fixação de preço	Sim
08000.004436/1995-04	12.05.2004	Sulfato de alumínio em SP	Acordo em licitação	Não
08012.000677/1999-70	15.09.2004	Transporte aéreo regular de passageiros na Ponte Aérea Rio de Janeiro/RJ-São Paulo/SP	Fixação de preço	Sim
08012.004860/2000-01	05.10.2004	Revenda de GLP em São Sebastião/DF	Fixação de preço	Sim
08012.002097/1999-81	09.03.2005	Jornais diários não especializados no RJ	Fixação de preço	Sim

Tabela 5 – Processos administrativos analisados na pesquisa

Processo Administrativo	Data da decisão	Mercado relevante	Tipo de cartel	Condenação(*)
08012.006539/1997-97	09.03.2005	Pão francês em Pilar do Sul/SP	Fixação de preço	Não
08012.009160/2002-67	06.04.2005	Revenda de GLP em Paranavaí/PR	Fixação de preço	Sim
08012.006989/1997-43	15.06.2005	Licitações em linhas de transporte coletivo urbano no Rio de Janeiro/RJ	Acordo em licitação	Sim
08012.001325/1999-78	28.06.2005	Alumínio primário em âmbito nacional	Fixação de preço	Não
08012.002127/2002-14	13.07.2005	Pedra britada na Região Metropolitana de São Paulo	Fixação de preço	Sim
53500.003888/2001	24.08.2005	TV por assinatura via cabo em Blumenau/SC	Fixação de preço	Sim
08012.004086/2000-21	23.09.2005	Vergalhões de aço em âmbito nacional	Fixação de preço	Sim
08000.009797/1996-92	05.10.2005	Planos de saúde individuais em âmbito nacional	Fixação de preço	Não
08012.009088/1999-48	13.10.2005	Fabricação de medicamentos em âmbito nacional	Restrição de oferta	Sim
08012.000099/2003-73	22.02.2006	Ensino de direção para obtenção de CNH em Santos/SP	Fixação de preços	Sim
08000.001164/1997-53	29.03.2006	Sulfato de alumínio para o setor público através de licitação em SP, PR e RS	Acordo em licitação	Não
08012.004067/2004-28	29.03.2006	Transporte aéreo de passageiros em diversas rotas no Brasil	Restrição de oferta	Não
08012.006242/1997-68	17.01.2007	Taxas de administração de cartões de pagamento	Fixação de preço	Não
08012.007602/2003-11	17.01.2007	Serviço de aferição de taxímetro	Fixação de preço	Sim

Tabela 5 - Processos administrativos analisados na pesquisa

Processo Administrativo	Data da decisão	Mercado relevante	Tipo de cartel	Condenação(*)
08012.004599/1999-18	11.04.2007	Vitaminas em geral exportadas para o Brasil	Fixação de preço Restrição de oferta Divisão de mercado	Sim
08012.001826/2003-10	19.09.2007	Serviços de vigilância privada para licitações no RS e cada uma das licitações objeto de investigação	Fixação de preço Acordo em licitação	Sim
08012.002493/2005-16	28.11.2007	Compra e abate de bovinos em âmbito nacional	Fixação de preço	Sim
08012.001119/2000-91	28.11.2007	Transporte aéreo de passageiros em rotas internacionais e domésticas	Fixação de preço	Não
08012.004241/2003-51	27.02.2008	Distribuição de areia na Região Metropolitana de São Paulo	Fixação de preço	Não
08012.006019/2002-11	09.07.2008	Distribuição de GLP em Uberaba, Uberlândia e Araguari/MG	Fixação de preço	Sim
08012.000283/2006-66	17.12.2008	Extração de areia na Grande Porto Alegre/RS	Fixação de preço Divisão de mercado	Sim
08012.008166/1999-14	25.11.2009	Revenda de combustíveis em Cassilândia/MS	Fixação de preço	Não
08012.005140/1998-33	16.12.2009	Revenda de combustíveis em Salvador/BA	Fixação de preço	Não
08012.005545/1999-16	28.04.2010	Revenda de combustíveis em Blumenau/SC	Fixação de preço	Não

Tabela 5 – Processos administrativos analisados na pesquisa

Processo Administrativo	Data da decisão	Mercado relevante	Tipo de cartel	Condenação(*)
08012.009888/2003-70	01.09.2010	Gases industriais e medicinais	Fixação de preço Acordo em licitação Divisão de mercado	Sim
08012.001822/2003-31	01.09.2010	Serviços funerários em Atibaia/SP	Fixação de preço	Não
08012.001112/2000-42	20.10.2010	Revenda de combustíveis em Uruguaiana/RS	Fixação de preço	Não
08012.006059/2001-73	23.02.2011	Papel higiênico em âmbito nacional	Fixação de preço (**)	Não
08001.000852/1999-21	02.03.2011	Vacina contra febre aftosa	Divisão de mercado Fixação de preço	Não
08012.006768/2000-78	02.03.2011	Serviços técnicos de engenharia em São Paulo/SP	Acordo em licitação	Não
08012.000921/2000-53	08.06.2011	Revenda de combustíveis em São José do Rio Preto/SP	Fixação de preço	Não
08012.005495/2002-14	14.09.2011	Revenda de combustíveis em Guaporé/RS	Fixação de preço	Sim
08012.004702/2004-77	09.05.2012	Peróxido de hidrogênio em âmbito nacional	Fixação de preço Divisão de mercado	Sim
08012.000998/1999-83	10.10.2012	Revenda de combustíveis em Fortaleza/CE	Fixação de preço	Não
08012.009906/1999-94	05.12.2012	Revenda de combustíveis em Palmas/TO	Fixação de preço	Não
08012.000775/2000-66	12.12.2012	Revenda de combustíveis em Salvador/BA	Fixação de preço	Não
08012.010215/2007-96	06.03.2013	Revenda de combustíveis em Caxias do Sul/RS	Fixação de preço	Sim

Tabela 5 – Processos administrativos analisados na pesquisa

Processo Administrativo	Data da decisão	Mercado relevante	Tipo de cartel	Condenação(*)
08012.001003/2000-41	06.03.2013	Revenda de combustíveis em Londrina/PR	Fixação de preço	Sim
08000.009391/1997-17	03.04.2013	Serviços de rebocagem no Porto de Santos	Fixação de preço	Não
08012.004039/2001-68	22.05.2013	Pão de sal em Sobradinho/DF	Fixação de preço	Sim
08012.006715/2002-19	22.05.2013	Distribuição de GLP no PR	Fixação de preço Divisão de mercado	Não
08012.004573/2004-17	19.06.2013	Revenda de combustíveis em Santa Maria/RS	Fixação de preço	Sim
08012.007149/2009-39	19.06.2013	Revenda de combustíveis em Santa Maria/RS	Fixação de preço	Sim
08012.002925/2009-12	19.06.2013	Serviços de dragagem para o Poder Público	Acordo em licitação	Não
08012.011027/2006-02	28.08.2013	Transporte aéreo internacional de carga com origem no Brasil	Fixação de preço	Sim
08012.008224/1998-38	28.08.2013	Serviços de reparação automotiva	Fixação de preço	Não (***)
08012.008501/2007-91	11.09.2013	Serviço móvel pessoal	Fixação de preço	Não
08012.011668/2007-30	23.10.2013	Revenda de combustíveis em Londrina/PR	Fixação de preço	Sim
08012.003267/2008-97	04.12.2013	Fertilizantes	Fixação de preço	Não
08012.012420/1999-61	04.12.2013	Revenda de livros jurídico no DF	Fixação de preço	Não (****)
08012.004869/2008-61	04.12.2013	Soluções parentais de grande volume no sistema fechado	Fixação de preço	Não
08012.004365/2010-66	22.01.2014	Farmácias e drogarias em Curitibanos/SC	Fixação de preço Divisão de mercado	Sim

Tabela 5 – Processos administrativos analisados na pesquisa

Processo Administrativo	Data da decisão	Mercado relevante	Tipo de cartel	Condenação(*)
08012.001794/2004-33	05.02.2014	Equipamentos contra incêndio no DF	Fixação de preço	Sim
08012.011853/2008-13	05.02.2014	Coleta, transporte e destinação final de resíduos sólidos urbanos e de saúde no RS	Acordo em licitação	Sim
08012.010362/2007-66	19.02.2014	Transporte de cargas aéreas em determinadas licitações	Acordo em licitação Fixação de preço	Sim
08012.009988/2006-49	19.02.2014	Serviços de conservação e limpeza	Acordo em licitação	Não
08012.011142/2006-79	28.05.2014	Cimento e concreto no Brasil	Fixação de preço Divisão de mercado	Sim
08012.012676/1999-12	06.08.2014	Revenda de combustíveis no DF	Fixação de preço	Não
08000.009354/1997-82	20.08.2014	Distribuição de GLP em Porto Alegre e Canoas/RS	Fixação de preço	Sim
08012.004472/2000-12	01.10.2014	Revenda de combustíveis em Bauru/SP	Fixação de preço	Sim
08012.001020/2003-21	29.10.2014	Serviços de apoio à medicina diagnóstica em Campina Grande/PB	Fixação de preço	Sim
08012.007033/2006-57	26.11.2014	Saúde suplementar em Londrina/PR	Fixação de preço	Sim
08700.008551/2013-69	26.11.2014	Saúde suplementar em Londrina/PR	Fixação de preço	Sim
08012.005004/2004-99	10.12.2014	Serviços de hemoterapia em Vitória/ES	Fixação de preço	Sim
08012.009611/2008-51	10.12.2014	Portas de segurança detectoras de metais em âmbito nacional	Divisão de mercado Acordo em licitação	Sim

Tabela 5 - Processos administrativos analisados na pesquisa

Processo Administrativo	Data da decisão	Mercado relevante	Tipo de cartel	Condenação(*)
08012.007967/2004-27	10.12.2014	Serviços de apoio à medicina diagnóstica em Uberlândia/MG	Fixação de preço	Não (***)
08012.006199/2009-07	10.12.2014	Materiais de construção para prefeitura de Lages/SC	Acordo em licitação	Sim
08012.008507/2004-16	10.12.2014	Confecção e fornecimento de órteses e próteses ortopédicas	Acordo em licitação	Sim
08012.006764/2010-61	11.02.2015	Fabricação de placas e tarjetas de veículos automotores na Bahia	Fixação de preço Divisão de mercado	Sim
08012.006969/2000-75	25.02.2015	Serviços médico-hospitalares no DF	Fixação de preço	Sim
08012.010932/2007-18	25.02.2015	Mangueiras marítimas em âmbito internacional	Fixação de preço Acordo em licitação Divisão de mercado	Sim
08012.007356/2010-27	25.03.2015	Serviços de manutenção e calibração de instrumentos de medição em São José dos Campos/SP	Fixação de preço Divisão de mercado	Sim
08012.004430/2002-43	25.03.2015	Mineração de areia no Noroeste do Paraná	Fixação de preço	Sim (*****)
08012.008184/2011-90	08.04.2015	Serviços de apoio, monitoramento, manutenção e fiscalização do trânsito em Jahu/SP	Acordo em licitação	Sim
08012.009885/2009-21	08.04.2015	Obras para sistema produtor de água na região da Baixada Santista/SP	Acordo em licitação	Sim
08012.011437/2010-21	22.04.2015	Obras públicas em Muriaé/MG	Acordo em licitação	Não

Tabela 5 – Processos administrativos analisados na pesquisa

Processo Administrativo	Data da decisão	Mercado relevante	Tipo de cartel	Condenação(*)
08012.008847/2006-17	20.05.2015	Revenda de combustíveis na Região Metropolitana de Vitória/ES	Fixação de preço	Sim
08012.000377/2004-73	10.06.2015	Saúde suplementar em Feira de Santana/BA	Fixação de preço	Sim
08700.007611/2012-45	14.07.2015	Produtos e equipamentos do setor elétrico em âmbito internacional	Fixação de Preço Acordo em licitação	Não
08012.010187/2004-64	29.07.2015	Prestação de serviços médicos em Pouso Alegre/MG	Fixação de preço	Sim
08012.006685/2004-11	02.09.2015	Serviços de manutenção e reparo de automóveis no DF	Fixação de preço	Não (***)
08012.001273/2010-24	16.09.2015	Aquecedores solares em licitações em SP	Acordo em licitação	Sim
08012.012032/2007-13	16.09.2015	Serviços homoterápicos na Região Metropolitana de Goiânia/GO	Fixação de preço	Sim
08700.000649/2013-78	16.09.2015	Revenda de combustíveis em Uberlândia/MG	Fixação de preço	Não (****)

Fonte: Elaboração própria com base nas atas das sessões de julgamento e nos votos disponibilizados no site do CADE.

Notas: (*) Nos casos de condenação, pode ter havido também, com relação a outros acusados, (i) arquivamento, (ii) exclusão do polo passivo, (iii) celebração de Termo de Compromisso de Cessação de Prática – TCC e (iv) aplicação dos benefícios da leniência. (**) A conduta investigada neste processo foi de fixação de condições de venda (diminuição da metragem do rolo de papel higiênico), tendo recebido a rubrica "fixação de preço" porque se trata da prática mais assemelhada. (***) Nestes processos houve a condenação apenas dos sindicatos patronais e/ou de pessoas físicas a eles ligadas, mas não por formação de cartel. (****) Nestes processos, o Tribunal condenou algumas das acusadas, mas não por formação de cartel. (*****) Na data do julgamento deste processo, o CADE celebrou TCCs com a maioria dos representados, que reconheceram seu envolvimento na conduta investigada. Por essa razão, apesar de tecnicamente não ter havido condenação (além dos TCCs, uma pessoa jurídica foi absolvida), atribuímos essa classificação para melhor refletir o que de fato ocorreu no caso concreto.

Tabela 6 - Autoridade responsável pela instauração dos processos administrativos	
Órgão	**Processo Administrativo**
SNDE	0058/1992; 39/1992
SDE	08000.015337/1997-48, 08000.025333/1996-32, 08000.019706/1996-63, 08012.009118/1998-26, 08012.002299/2000-18, 08000.021660/1996-05, 08012.0004036/2001-18, 08000.004436/1995-04, 08012.000677/1999-70, 08012.004860/2000-01, 08012.002097/1999-81, 08012.006539/1997-97, 08012.009160/2002-67, 08012.006989/1997-43, 08012.001325/1999-78, 08012.002127/2002-14, 08012.004086/2000-21, 08000.009797/1996-92, 08012.009088/1999-48, 08012.000099/2003-73, 08000.001164/1997-53, 08012.004067/2004-28, 08012.006242/1997-68, 08012.007602/2003-11, 08012.004599/1999-18, 08012.001826/2003-10, 08012.002493/2005-16, 08012.001119/2000-91, 08012.004241/2003-51, 08012.006019/2002-11, 08012.000283/2006-66, 08012.008166/1999-14, 08012.005140/1998-33, 08012.005545/1999-16, 08012.009888/2003-70, 08012.001822/2003-31, 08012.001112/2000-42, 08012.006059/2001-73, 08001.000852/1999-21, 08012.006768/2000-78, 08012.000921/2000-53, 08012.005495/2002-14, 08012.004702/2004-77, 08012.000998/1999-83, 08012.009906/1999-94, 08012.000775/2000-66, 08012.010215/2007-96, 08012.001003/2000-41, 08000.009391/1997-17, 08012.004039/2001-68, 08012.006715/2002-19, 08012.004573/2004-17, 08012.007149/2009-39, 08012.002925/2009-12, 08012.011027/2006-02, 08012.008224/1998-38, 08012.008501/2007-91, 08012.011668/2007-30, 08012.003267/2008-97, 08012.012420/1999-61, 08012.004869/2008-61, 08012.004365/2010-66, 08012.001794/2004-33, 08012.011853/2008-13, 08012.010362/2007-66, 08012.009988/2006-49, 08012.011142/2006-79, 08012.012676/1999-12, 08000.009354/1997-82, 08012.004472/2000-12; 08012.001020/2003-21, 08012.007033/2006-57, 08012.005004/2004-99, 08012.009611/2008-51, 08012.007967/2004-27, 08012.006199/2009-07, 08012.008507/2004-16, 08012.006764/2010-61, 08012.006969/2000-75, 08012.010932/2007-18, 08012.007356/2010-27, 08012.004430/2002-43, 08012.008184/2011-90, 08012.009885/2009-21, 08012.011437/2010-21, 08012.008847/2006-17, 08012.000377/2004-73, 08700.007611/2012-45, 08012.010187/2004-64, 08012.006685/2004-11, 08012.001273/2010-24, 08012.012032/2007-13
ANATEL	53500.003888/2001
Superintendência-Geral	08700.008551/2013-69, 08700.000649/2013-78

Fonte: Elaboração própria com base nas atas das sessões de julgamento e nos votos disponibilizados no site do CADE.

Tabela 7 – Origem dos processos administrativos (representantes)	
Processo Administrativo	**Representante**
08000.015337/1997-48	SEAE
0058/1992	Comissão Parlamentar de Inquérito da Câmara dos Deputados
39/1992	Fundação Centro Brasileiro da Infância e Adolescência – CBIA; DIDE Eletrometalúrgica Ltda.; Pedro Parga Rodrigues Couto
08000.025333/1996-32	SDE
08000.019706/1996-63	MP/SC
08012.009118/1998-26	SDE
08012.002299/2000-18	MP/SC
08000.021660/1996-05	SDE
08012.0004036/2001-18	MP/SC
08000.004436/1995-04	Companhia de Saneamento Básico São Paulo – SABESP
08012.000677/1999-70	SDE
08012.004860/2000-01	Delegacia de Defesa do Consumidor do Distrito Federal (DECON/DF)
08012.002097/1999-81	SEAE
08012.006539/1997-97	MP/SP
08012.009160/2002-67	Procon de Paranavaí/PR
08012.006989/1997-43	SEAE
08012.001325/1999-78	Associação Nacional de Fabricantes de Esquadrias de Alumínio – AFEAL
08012.002127/2002-14	SDE
53500.003888/2001	ANATEL
08012.004086/2000-21	Sindicato da Indústria da Construção Civil de Grandes Estruturas no Estado de São Paulo – SINDUSCON/SP; Sindicato das Empresas de Compra, Venda, Locação e Administração de Imóveis Residenciais e Comerciais de São Paulo – SECOVI-SP
08000.009797/1996-92	SDE
08012.009088/1999-48	Conselho Regional de Farmácias do Distrito Federal – CRF/DF
08012.000099/2003-73	MP/SP

Tabela 7 - Origem dos processos administrativos (representantes)

Processo Administrativo	Representante
08000.001164/1997-53	Companhia de Saneamento do Estado do Paraná – SANEPAR
08012.004067/2004-28	SEAE
08012.006242/1997-68	Sindicato do Comércio Varejista do DF
08012.007602/2003-11	Sintáxi-Sindicato dos Taxistas de Porto Alegre
08012.004599/1999-18	SDE e SEAE
08012.001826/2003-10	SDE (acordo de leniência)
08012.002493/2005-16	Confederação Nacional da Agricultura – CNA; Comissão de Agricultura, Pecuária, Abastecimento e Desenvolvimento Rural da Câmara dos Deputados
08012.001119/2000-91	Associação Brasileira de Agências de Viagens – ABAV
08012.004241/2003-51	Sindicato da Indústria da Construção Civil de Grandes Estruturas no Estado de São Paulo – SindusCon-SP
08012.006019/2002-11	Antônio Jader Lopes
08012.000283/2006-66	SDE
08012.008166/1999-14	MP/MS
08012.005140/1998-33	Deputado Federal José Carlos Aleluia
08012.005545/1999-16	Procon de Blumenau/SC; Comissão Parlamentar Externa da Assembleia Legislativa do Estado de Santa Catarina
08012.009888/2003-70	SDE
08012.001822/2003-31	MP/SP
08012.001112/2000-42	MPF/RS
08012.006059/2001-73	SDE
08001.000852/1999-21	Sindicato Rural de Presidente Prudente; Sindicato Rural do Distrito Federal; Sindicato Rural do Paraná
08012.006768/2000-78	MP/SP
08012.000921/2000-53	MP/SP
08012.005495/2002-14	MP/RS
08012.004702/2004-77	SDE (acordo de leniência)
08012.000998/1999-83	MP/CE
08012.009906/1999-94	Secretaria do Interior e Justiça de Tocantins

Tabela 7 – Origem dos processos administrativos (representantes)	
Processo Administrativo	**Representante**
08012.000775/2000-66	Comissão Parlamentar de Inquérito (Combustíveis) da Assembleia Legislativa do Estado da Bahia; Ministério de Minas e Energia – MME; Agência Nacional do Petróleo – ANP; Coordenadoria de Defesa do Consumidor da Secretaria de Serviços Públicos do Município de Salvador – CODECON
08012.010215/2007-96	3ª Vara Cível da Comarca de Caxias do Sul/RS
08012.001003/2000-41	MP/PR
08000.009391/1997-17	Grupo Executivo para Modernização dos Portos do Ministério da Marinha
08012.004039/2001-68	Polícia Civil/DF
08012.006715/2002-19	SDE e ANP
08012.004573/2004-17	MP/RS
08012.007149/2009-39	MP/RS
08012.002925/2009-12	Secretaria Especial de Portos da Presidência da República
08012.008224/1998-38	Associação Brasileira dos Reparadores Independentes de Veículos – ABRIVE
08012.008501/2007-91	Global Village Telecom Ltda.; Intelig Telecomunicações Ltda.; Transit do Brasil Ltda.; Easytone Telecomunicações Ltda.
08012.011668/2007-30	Polícia Civil/PR
08012.003267/2008-97	Comissão de Agricultura, Pecuária, Abastecimento e Desenvolvimento Rural da Câmara dos Deputados
08012.012420/1999-61	Caixa de Assistência dos Advogados do Distrito Federal – CAA/DF
08012.004869/2008-61	Câmara de Regulação do Mercado de Medicamentos – CMED
08012.011027/2006-02	SDE (acordo de leniência)
08012.004365/2010-66	MP/SC
08012.001794/2004-33	SDE
08012.011853/2008-13	MP/RS
08012.010362/2007-66	MP/DF
08012.009988/2006-49	SDE
08012.011142/2006-79	SDE

Tabela 7 – Origem dos processos administrativos (representantes)	
Processo Administrativo	**Representante**
08012.012676/1999-12	SDE
08000.009354/1997-82	SDE
08012.004472/2000-12	ANP e MPF
08000.015337/1997-48	SEAE
08012.001020/2003-21	Procon de Campina Grande/PB, Comitê de Integração de Entidades Fechadas de Assistência à Saúde – CIEFAS; União Nacional das Instituições de Autogestão em Saúde – UNIDAS
08012.007033/2006-57	Procon de Londrina/PR
08700.008551/2013-69	SG
08012.005004/2004-99	UNIDAS; Associação dos Sistemas de Autogestão em Saúde Próprios de Empresas do Espírito Santo – ASASPE-ES
08012.009611/2008-51	SDE
08012.007967/2004-27	Unimed Uberlândia – Cooperativa Regional de Trabalho Médico Ltda.
08012.006199/2009-07	SDE
08012.008507/2004-16	Instituto Nacional do Seguro Social – INSS de Bauru/SP; Procuradoria Federal Especializada do INSS de Osasco/SP
08012.006764/2010-61	MP/BA
08012.006969/2000-75	CIEFAS (UNIDAS)
08012.010932/2007-18	SDE (acordo de leniência)
08012.007356/2010-27	MP/SP
08012.004430/2002-43	Sindicato do Comércio Varejista de Ferragens, Tintas, Madeiras, Materiais Elétricos, Hidráulicos e Materiais para Construção de Maringá e Região – SIMATEC; MP/PR
08012.008184/2011-90	Câmara Municipal de Jahu/SP
08012.009885/2009-21	SABESP
08012.011437/2010-21	MP/MG
08012.008847/2006-17	MP/ES
08012.000377/2004-73	MP/BA, Sul América Saúde S.A. e UNIDAS
08700.007611/2012-45	SDE (acordo de leniência)

Tabela 7 – Origem dos processos administrativos (representantes)	
Processo Administrativo	**Representante**
08012.010187/2004-64	Allianz Saúde S.A.
08012.006685/2004-11	SDE
08012.001273/2010-24	Grupo de Atuação Especial de Recuperação de Ativos e Repressão aos Crimes de Formação de Cartel e Lavagem de Dinheiro do MP/SP
08012.012032/2007-13	MPF
08700.000649/2013-78	MP/MG

Fonte: Elaboração própria com base nas atas das sessões de julgamento e nos votos disponibilizados no site do CADE.

Tabela 8 – Condenações e recursos

Processo Administrativo	Penas	Embargos de declaração	Pedido de reapreciação	Ações judiciais
08000.015337/1997-48	Multa de 1% do faturamento bruto Publicação da decisão em jornal			X
08012.009118/1998-26	Multa de 1% do faturamento bruto Publicação da decisão em jornal			X
08012.002299/2000-18	Pessoas jurídicas: multa de 10% do faturamento bruto; pessoas físicas: 10% a 15% da multa imposta às pessoas jurídicas; sindicato: R$ 400.000,00 Inscrição no Cadastro Nacional de Defesa do Consumidor Recomendação de não concessão de parcelamento de tributos e incentivos fiscais Alteração de cláusula do Estatuto Social do Sindicato Proibição de contratar com instituições financeiras oficiais e participar de licitações no prazo de 5 anos Publicação da decisão em jornal	X		X
08012.0004036/2001-18	Pessoas jurídicas: multa 15% do faturamento bruto; sindicato: R$ 55.000,00; pessoas físicas: multa de 15% da multa imposta à empresa Publicação da decisão em jornal Inscrição das pessoas jurídicas e físicas no Cadastro Nacional de Defesa do Consumidor			X
08012.000677/1999-70	Pessoas jurídicas: multa de 1% do faturamento bruto no mercado relevante Obrigação de não mais fixar com concorrentes a redução paralela de descontos e reajustes Publicação da decisão em jornal	X		X

Tabela 8 – Condenações e recursos

Processo Administrativo	Penas	Embargos de declaração	Pedido de reapreciação	Ações judiciais
08012.004860/2000-01	Pessoas jurídicas: multa de 15% do faturamento bruto; pessoas físicas: multa de 10% da multa às empresas Obrigação de não mais acordar preços para revenda Publicação de decisão em jornal			
08012.002097/1999-81	Multa de 1% do faturamento bruto Publicação da decisão em jornal	X		
08012.009160/2002-67	Pessoas jurídicas: multa de 10% do faturamento bruto; pessoas físicas: multa de 10% do valor daquelas aplicadas às pessoas jurídicas Publicação da decisão em jornal			X
08012.006989/1997-43	Pessoas jurídicas: multa de 15% do faturamento bruto; pessoas físicas: 10% do valor da multa aplicada às empresas Publicação da decisão em jornal	X		X
08012.002127/2002-14	Pessoas jurídicas: multa de 15-20% do faturamento bruto; sindicato: 300.000 UFIRs Publicação da decisão em jornal Recomendação aos órgãos públicos de não concessão de parcelamento de tributos federais e incentivos fiscais	X		X
53500.003888/2001	Multas de 20-25% do faturamento bruto Publicação da decisão em jornal Apresentação de ato de concentração	X		X
08012.004086/2000-21	Multa de 7% do faturamento bruto Publicação da decisão em jornal Abstenção das práticas investigadas	X		X

Tabela 8 – Condenações e recursos

Processo Administrativo	Penas	Embargos de declaração	Pedido de reapreciação	Ações judiciais
08012.009088/1999-48	Multa de 1-2% do faturamento bruto Publicação da decisão em jornal Adoção de programas de *compliance*	X		X
08012.000099/2003-73	Multas de 1-6% do faturamento bruto			
08012.007602/2003-11	Pessoas jurídicas: multas de 5-9% do faturamento bruto (6 mil UFIR para Velotáxil); pessoas físicas: multas de 11-19% da multa aplicada às empresas Publicação da decisão em jornal			
08012.004599/1999-18	Multas de 10-20% do faturamento com exportações para o Brasil			
08012.001826/2003-10	Pessoas jurídicas: multas de 15-20% do faturamento bruto; pessoas físicas: multas de 15-20% da multa aplicada às empresas; outras para associações e funcionários Publicação de decisão em jornal Proibição de participação em licitações	X		X
08012.002493/2005-16	Pessoas jurídicas: multas de 5% do faturamento bruto no mercado relevante; pessoas físicas: multas de 10% da multa aplicada às empresas Publicação de decisão em jornal	X		X
08012.006019/2002-11	Pessoas jurídicas: multa de 1% do faturamento bruto; pessoas físicas: R$ 6.384,60 a R$ 15.961,50	X	X	X
08012.000283/2006-66	Multas de 10-22,5% do faturamento bruto Divulgação da decisão a clientes	X		X
08012.009888/2003-70	Pessoas jurídicas: multas 10-50% do faturamento bruto; pessoas físicas: 10% da multa aplicada às empresas e outros valores com base no art. 23, III, da Lei n. 8.884/94 Recomendação de não concessão de parcelamento de tributos ou benefícios fiscais	X		X

Tabela 8 – Condenações e recursos

Processo Administrativo	Penas	Embargos de declaração	Pedido de reapreciação	Ações judiciais
08012.005495/2002-14	Pessoas jurídicas: multas de 15-17% do faturamento bruto; pessoas físicas: multas de 15-17% da multa aplicada às empresas Inscrição no Cadastro Nacional de Defesa do Consumidor Recomendação de não concessão de parcelamento de tributos federais ou incentivos fiscais	X		
08012.004702/2004-77	Multas: R$ 133.644.180,67 (Peróxidos); pessoas físicas: R$ 532.050,00 a R$ 4.454.800,62 Inscrição no Cadastro Nacional de Defesa do Consumidor Recomendação de não concessão de incentivos fiscais	X		X
08012.010215/2007-96	Pessoas jurídicas: multas de 15-17% do faturamento bruto; pessoas físicas: multas de 8-17% das multas aplicadas às empresas e R$ 170.638,13 para Iur Lavratti	X		X
08012.001003/2000-41	Pessoas jurídicas: multas: R$ 1.393.760,51 a R$ 4.149.990,00; pessoas físicas: multas de R$ 63.846,00 a R$ 829.998,00 Proibição de contratar com instituições financeiras oficiais e participar de licitação por 5 anos Recomendação de não concessão de parcelamento de tributos e incentivos fiscais	X		X
08012.004039/2001-68	Pessoas jurídicas: multas de R$ 31.923,00; pessoas físicas: multas de R$ 3.192,30 a R$ 10.641,00			X
08012.004573/2004-17	Pessoas jurídicas: multas de 15% do faturamento bruto e R$ 1.064.100,00	X		
08012.007149/2009-39	Pessoas físicas: 15-17% das multas aplicadas às empresas	X		

Tabela 8 – Condenações e recursos

Processo Administrativo	Penas	Embargos de declaração	Pedido de reapreciação	Ações judiciais
08012.011027/2006-02	Pessoas jurídicas: multas de R$ 3.974.204,02 a R$ 144.950.064,20; pessoas físicas: multas de R$ 74.487,00 a R$ 2.275.490,24 Inscrição no Cadastro Nacional de Defesa do Consumidor Publicação da decisão em jornal	X		
08012.011668/2007-30	Pessoas jurídicas: multas de 13-15% do faturamento bruto; pessoas físicas: multas de 13-15% das multas impostas às empresas	X	X	X
08012.004365/2010-66	Multas de R$ 26.176,49 a R$ 368.359,61	X		X
08012.001794/2004-33	Pessoas jurídicas: multas de R$ 77.679,30; pessoas físicas: multas de R$ 63.846,00; sindicato: multa de R$ 319.230,00 e outras penalidades	X		X
08012.011853/2008-13	Pessoas jurídicas: multas de R$ 356.571,51 a R$ 372.435,00; pessoas físicas: multas de R$ 15.961,50 a R$ 37.243,50 Publicação da decisão em jornal Proibição de contratar com instituições financeiras oficiais pelo prazo de 5 anos	X	X	
08012.010362/2007-66	Pessoas jurídicas: multas de R$ 35.090.355,08 e R$ 47.163.430,07; pessoas físicas: multas de R$ 471.634,30 e R$ 701.807,10 Publicação da decisão em jornal	X		
08012.011142/2006-79	Pessoas jurídicas: multas de R$ 88.022.238,98 a R$ 1.565.646.977,20; pessoas físicas: multas de 400.000 UFIRs a R$ 15.656.469,77; sindicatos: multas de 1.000.000 a 2.000.000 de UFIRs Inscrição no Cadastro Nacional de Defesa do Consumidor Recomendação de não concessão de parcelamento de tributos ou incentivos fiscais Proibição de contratação com instituições financeiras oficiais até a alienação de determinados ativos Publicação da decisão em jornal Venda de ativos e participações societárias Proibição de realização de determinadas operações	X		X

Tabela 8 – Condenações e recursos

Processo Administrativo	Penas	Embargos de declaração	Pedido de reapreciação	Ações judiciais
08000.009354/1997-82	Pessoas jurídicas: multas de R$ 2.920.832,67 a R$ 3.924.132,11	X		X
08012.004472/2000-12	Pessoas jurídicas: multas de R$ 206.569,46 a R$ 851.280,00; pessoas físicas: multas de R$ 63.846,00 a R$ 316.749,70	X		
08012.001020/2003-21	Pessoas jurídicas: multas de R$ 107.686,99 a R$ 652.081,61; sindicados: multas de R$ 106.410,00	X		
08012.007033/2006-57	Pessoas jurídicas: multas de R$ 532.050,00 a R$ 553.332,00	X		X
08700.008551/2013-69	Pessoas jurídicas: multas de R$ 532.050,00			
08012.005004/2004-99	Pessoas jurídicas: multas de R$ 610.410,93 a R$ 868.793,17; sindicatos: multas de R$ 212.820,00 e R$ 425.640,00 Obrigações acessórias de proibição de boicotes e de impedir negociação direta entre médicos e operadoras de plano de saúde	X	X	X
08012.009611/2008-51	Pessoas jurídicas: multas de R$ 1.578.551,37 a R$ 4.395.786,68; pessoas físicas (administradores): multas de 5% do valor imposto às empresas (R$ 184.436,20 e R$ 219.789,33); pessoa física (outra) multa de R$ 74.487,99 Proibição de participar de licitação por 5 anos	X	X	X
08012.006199/2009-07	Pessoas jurídicas: multas de R$ 40.366,49 a R$ 662.456,61 Inscrição no Cadastro Nacional do Consumidor Proibição de contratar com instituições financeiras oficiais e participar de licitação por 5 anos Recomendação de não concessão de parcelamento de tributos e incentivos fiscais			
08012.008507/2004-16	Pessoas jurídicas: multas de R$ 12.106,42 a R$ 513.071,52 Proibição de participar de licitação por 5 anos	X	X	X

Tabela 8 – Condenações e recursos

Processo Administrativo	Penas	Embargos de declaração	Pedido de reapreciação	Ações judiciais
08012.006764/2010-61	Pessoas jurídicas: multas de 7% do faturamento no ramo de fabricação de placas (R$ 14.187,17 a R$ 54.701,18); pessoa física (administrador): multa de 7% do valor imposto **à** empresa (R$ 8.937,60); sindicato: multa de R$ 127.680,00 Publicação da decisão no sítio eletrônico da associação	X	X	X
08012.006969/2000-75	Pessoas jurídicas: multas de R$ 7.986.641,67 a R$ 11.766.696,15; sindicato: multa de R$ 638.460,00 Publicação da decisão no sítio eletrônico da associação	X	X	X
08012.010932/2007-18	Pessoas jurídicas: multas de R$ 1.064.100,00 a R$ 11.203.804,73; pessoa física: multa de R$ 117.622,07 Inscrição no Cadastro Nacional de Defesa do Consumidor Proibição de contratar com instituições financeiras oficiais e participar de licitação por 5 anos Recomendação de não concessão de parcelamento de tributos e incentivos fiscais	X		X
08012.007356/2010-27	Pessoas jurídicas: multas de 15% do faturamento (R$ 88.656,57 a R$ 322.187,32); pessoas físicas (administradores): multas de 10% do valor imposto às empresas (R$ 8.865,56 a R$ 32.218,73); pessoa física (outra): multa de R$ 13.833,30 Publicação de extrato da decisão	X		
08012.004430/2002-43	Não houve (*vide* nota na Tabela 5).			

Tabela 8 – Condenações e recursos

Processo Administrativo	Penas	Embargos de declaração	Pedido de reapreciação	Ações judiciais
08012.008184/2011-90	Pessoas jurídicas: multas de R$ 85.586,37 a R$ 9.617.753,79 Inscrição no Cadastro Nacional de Defesa do Consumidor	X		X
08012.009885/2009-21	Pessoas jurídicas: multas de R$ 605.604,35 e R$ 18.053.868,63 (menos de 10% do faturamento bruto porque "conluio ficou restrito a uma única licitação"); pessoas físicas (administradores): multas de 2% a 13% dos valores impostos às empresas Publicação de extrato da decisão em jornal	X		X
08012.008847/2006-17	Pessoas jurídicas: multas de R$ 519.252,16 a R$ 11.615.132,12; pessoas físicas: multas de R$ 97.021,01 a R$ 1.343.566,54 Inscrição no Cadastro Nacional de Defesa do Consumidor Recomendação de não concessão de parcelamento de tributos e incentivos fiscais	X	X	X
08012.000377/2004-73	Pessoas jurídicas: multas de R$ 78.642,58 a R$ 6.606.786,10; sindicatos: multas de R$ 85.128,00 Obrigações acessórias de abstenção de implementação de tabela ou promoção de negociação coletiva, abstenção de boicotes Publicação de decisão no sítio eletrônico e divulgação a operadores de plano de saúde	X		X

Tabela 8 - Condenações e recursos

Processo Administrativo	Penas	Embargos de declaração	Pedido de reapreciação	Ações judiciais
08012.010187/2004-64	Pessoas jurídicas: multas de R$ 94.693,17 a R$ 477.675,89; sindicato: multa de R$ 106.410,00 Obrigações acessórias de abstenção de implementação de tabela ou promoção de negociação coletiva, abstenção de boicotes Publicação de decisão no sítio eletrônico e divulgação a operadores de plano de saúde	X	X	
08012.001273/2010-24	Pessoas jurídicas: multas de R$ 85.128,00 a R$ 5.341.664,54 Inscrição no Cadastro Nacional de Defesa do Consumidor	X		
08012.012032/2007-13	Pessoas jurídicas: multas de R$ 345.946,25 a R$ 1.609.629,26; sindicatos: multas de R$ 106.041,00 e R$ 425.640,00 Obrigações acessórias de abstenção de implementação de tabela ou promoção de negociação coletiva, abstenção de boicotes Publicação de decisão no sítio eletrônico e divulgação a operadores de plano de saúde	X		
Condenação		**56 (57,7% do total de casos)**		
Oposição de embargos de declaração		**44 (78,6% dos casos de condenação)**		
Interposição de pedido de reapreciação		**10 (17,9% dos casos de condenação)**		
Ações judiciais de anulação ou revogação da decisão administrativa		**36 (64,3% dos casos de condenação)**		

Fonte: Elaboração própria com base nas atas das sessões de julgamento e nos votos disponibilizados no site do CADE, e na lista encaminhada pela Procuradoria do CADE em 26.11.2015, contendo a lista de ações judiciais relacionadas aos processos objeto da pesquisa, atualizada em outubro de 2015.

Tabela 9 – Temas e Meios de Prova

Processo Administrativo	Meios de prova	Temas de prova discutidos
08000.015337/1997-48	Prova documental, indiciária e econômica: listas de preços em anuários de mercado, comunicados de aumento de preço a clientes, pareceres econômicos, ata de reunião com governo	Responsabilidade objetiva (desnecessário comprovar culpa) Ausência de regras na lei antitruste (aplicação subsidiária do CPC) Prova direta e indireta (aceitação de uso de indícios; natureza da prova econômica) Poder instrutório do julgador Regras de valoração Preliminar de aplicação das disposições do CPP Preliminar de ausência de indícios para a abertura do processo administrativo Preliminar: despacho de instauração do processo, impreciso e genérico, impossibilita o exercício do direito de defesa Preliminar: ofensa ao juiz natural Preliminar de enganosidade (produção de provas contra si mesmo) Paralelismo de preços
0058/1992	Prova documental: material de licitações Prova emprestada: processo do Tribunal de Contas	Ausência de indícios Possibilidade de uso de indícios Participação em associação para fins ilícitos deve ser objeto de prova cabal
39/1992	Prova documental: notas fiscais, material de licitações	Ausência de indícios
08000.025333/1996-32	Prova documental: tabelas de preços	Preços e reajustes não foram uniformes Necessidade de provas de que empresas são concorrentes para configurar cartel
08000.019706/1996-63	Prova documental: material de licitações	Necessidade de comprovação de poder econômico Ausência de provas

Tabela 9 – Temas e Meios de Prova

Processo Administrativo	Meios de prova	Temas de prova discutidos
08012.009118/1998-26	Prova documental: material da licitação, acordos firmados em cartório – *e.g.* Instrumento Particular de Transação Comercial entre as representadas Prova testemunhal: representante da Marítima	Lei não exige prova do dano
08012.002299/2000-18	Prova emprestada: interceptação telefônica, notas fiscais, pesquisas de preços, fotografias, notícias de imprensa, interrogatórios realizados no processo criminal Interrogatórios Prova testemunhal Prova documental e econômica: informações de preços prestadas pela ANP, análise de preços e margens	Procuradoria solicitou produção de prova ao Conselheiro Relator Preliminar de invalidade das provas obtidas através de interceptação telefônica Análise de poder de mercado não foi feita de acordo com Resolução CADE n. 20/99
08000.021660/1996-05	Prova documental: notícias jornalísticas, informações sobre licitações e contratos administrativos, resposta de ofícios por órgãos públicos, planilhas de custos	Não houve
08012.0004036/2001-18	Prova emprestada do processo crime: interceptação telefônica, notas fiscais, notícias de imprensa, declarações das pessoas físicas investigadas Prova documental: dados de preços fornecidos pela ANP Prova testemunhal	Preliminar de invalidade da utilização da interceptação telefônica fora da investigação criminal Havia "um sistema eficaz de fiscalização dos preços" Poder de mercado: análise não foi feita de acordo com Resolução CADE n. 20/1999

Tabela 9 – Temas e Meios de Prova

Processo Administrativo	Meios de prova	Temas de prova discutidos
08000.004436/1995-04	Prova documental: relatórios, planilhas de custo, notas fiscais, balancetes, dados de consumo e preço dos produtos	Preliminar de ofensa ao princípio do juiz natural Importância de poder de mercado para caracterização da conduta
08012.000677/1999-70	Prova documental: notícias de imprensa, resposta de ofícios por órgãos públicos, como DAC, resposta de ofício pelas representadas e Hotel Sofitel ref. reunião, preços Interrogatório Prova testemunhal	Não houve
08012.004860/2000-01	Prova documental: dados da ANP, notícias jornalísticas, notas fiscais Prova emprestada: depoimentos pessoais em inquérito policial Prova testemunhal	Considerações gerais sobre a prova Aplicação do CPC Padrão de prova Uso de prova indiciária Valoração
08012.002097/1999-81	Prova documental: notícias de jornal, anúncios de reajuste de preço, listas de preços Prova testemunhal Prova econômica: parecer econômico	Padrão de prova (análise de justificativas para aumentos) Análise de poder de mercado
08012.006539/1997-97	Prova documental: planilhas de preços Prova emprestada: prova documental e testemunhal de inquérito civil e policial, incluindo oitivas de representantes das acusadas	Padrão de prova (paralelismo *plus*)

Tabela 9 – Temas e Meios de Prova

Processo Administrativo	Meios de prova	Temas de prova discutidos
08012.009160/2002-67	Prova documental: pesquisas de preços feitas pelo Procon e pela ANP Prova testemunhal Interrogatórios Prova emprestada: prova documental e testemunhal, inclusive declarações das vítimas e dos acusados prestadas ao MP	Necessidade de comprovação de poder de mercado e acordo entre concorrentes
08012.006989/1997-43	Prova documental: notícia de jornal, Termo de Compromisso entre as representadas ref. participação em licitação, informações ref. participação em licitações, dados de faturamento, informações prestadas por órgãos públicos, parecer técnico de engenheiro ref. licitações Prova testemunhal	Poder de mercado em caso de licitações
08012.001325/1999-78	Prova documental: dados de publicação especializada, preços, notas fiscais, comunicados a clientes, contratos de fornecimento Indício (proximidade entre preços cobrados)	Ausência de prova Análise de poder de mercado ocorre antes da análise da conduta

Tabela 9 – Temas e Meios de Prova

Processo Administrativo	Meios de prova	Temas de prova discutidos
08012.002127/2002-14	Busca e apreensão sob égide da Lei n. 8.884/94 (16.07.2003) Prova documental: relatório da Polícia Federal ref. atividade do Sindicato, documentos apreendidos na sede do Sindicato, lista de clientes, atas e memórias de reuniões entre concorrentes, manuais, material de cursos, denúncia anônima, resposta de clientes e terceiros a ofícios encaminhados pela SDE Prova econômica: estudos de mercado Prova testemunhal Prova pericial em equipamentos eletrônicos apreendidos	Todas as preliminares rejeitadas Preliminar ref. instauração do feito com base em denúncia anônima Preliminar ref. juntada de documento após fase instrutória na SDE Preliminar ref. ofensa ao juiz natural Preliminar ref. legalidade da perícia Caracterização do cartel: desnecessidade de provar efeitos Padrão de prova, paralelismo *plus*, análise do mercado como indício de cartel Importância de poder de mercado para caracterização do cartel: passo preliminar Julgador não está obrigado a analisar todos os argumentos trazidos pelas partes
53500.003888/2001	Prova documental: petição em processo na ANATEL, contratos de adesão, documentos a clientes com timbre NET, reclamações no PROCON	Não houve
08012.004086/2000-21	Prova documental: pesquisas estatísticas, tabelas com cotações de preço, notas fiscais, dados de produção e venda Prova testemunhal	Instrução complementar no CADE rechaçada em função da divisão de tarefas SDE/CADE Preliminar ref. instrução realizada pela SEAE Preliminar de ofensa ao princípio do juiz natural Delimitação do mercado e análise do poder de mercado: passo preliminar Explicação geral sobre sistema de provas, aplicação do CPC e uso de indícios e presunções
08000.009797/1996-92	Prova documental: preços, índices de reajuste, ata de reunião entre agentes do mercado e governo	Ausência de provas (preços e índices de reajustes distintos)

Tabela 9 – Temas e Meios de Prova

Processo Administrativo	Meios de prova	Temas de prova discutidos
08012.009088/1999-48	Prova documental: ata de reunião entre representantes, dados do IMS, dados de revistas especializadas Prova testemunhal: representante de acusada presente na reunião	Concordância com SDE ref. rejeição de preliminares Desnecessidade de prova de acordo formal (independe de forma): uso de prova indiciária Desnecessidade de prova de poderes de representação dos prepostos das representadas Desnecessidade de prova dos efeitos da conduta Regra da razão x regra *per se* Responsabilidade objetiva e subjetiva Discussão ref. necessidade de prova de nexo causal Regra de valoração (dúvida) Julgador não está obrigado a tratar de todos os argumentos das partes
08012.000099/2003-73	Prova emprestada de inquérito civil do MP: documental: notícia de jornal, tabela de preços, resposta de ofícios, pesquisa de preços, orçamentos, notas fiscais, transcrição do conteúdo de fitas cassetes com diálogos gravados por jornal local	Desnecessidade de produção de efeitos (basta provar conduta e poder de mercado)
08000.001164/1997-53	Prova documental: documentos e informações das licitações da SANEPAR, preços, dados de anuários da ABIQUIM	Ausência de provas Preliminar de ofensa ao princípio do juiz natural Análise de poder de mercado essencial para caracterização do cartel
08012.004067/2004-28	Prova documental: dados de voos fornecidos pelo DAC e representadas, cartas das representadas para o DAC ref. compartilhamento de voos, cópia de acordo celebrado com o CADE em ato de concentração	Não houve

Tabela 9 – Temas e Meios de Prova

Processo Administrativo	Meios de prova	Temas de prova discutidos
08012.006242/1997-68	Prova documental: preços, dados de custos	Ausência de indícios
08012.007602/2003-11	Prova documental: atas de reunião, notas fiscais, dados de oficinas cadastradas pelo INMETRO	Caracterização da conduta anticompetitiva: análise do art. 20 da Lei n. 8.884/94
08012.004599/1999-18	Prova documental: decisão da Comissão Europeia, acordos de transação penal (*plea agreements*) e acordo de leniência nos Estados Unidos Interrogatório	Admissibilidade de documentos estrangeiros Pareceres de outros órgãos da Administração podem ser juntados a qualquer momento antes do término da instrução Dificuldade de obtenção de provas em investigações de cartel Peso a ser conferido à prova testemunhal Desnecessidade de prova do dano/efeitos Diferença de análise de cartéis e atos de concentração Necessidade de prova de poder de mercado Irrelevância de estudos econométricos para caracterização da conduta Valor probatório da prova indiciária Alocação de ônus da prova Depoimentos pessoais colhidos em desacordo com requisitos formais Poderes de instrução complementar apenas pelo Conselheiro-Relator: dúvida como ônus no julgamento Princípio do livre convencimento motivado Responsabilidade objetiva e subjetiva
08012.001826/2003-10	Acordo de leniência: primeiro acordo celebrado no Brasil, em 08.10.2003 Prova documental: notas taquigráficas de Comissão da Assembleia Legislativa do RS Prova emprestada: documentos apreendidos em busca e apreensão criminal, acompanhada pela SDE; gravações telefônicas, *e-mails* trocados entre acusados, notas manuscritas, arquivo de palestra Interrogatório	Somente órgão investigativo é responsável por análise de validade, cabimento e oportunidade na celebração do acordo de leniência Preliminar de impossibilidade de uso de gravações telefônicas Preliminar de impossibilidade de uso das provas emprestadas Preliminar de invalidade de provas em razão da participação da SDE nas buscas e apreensões Preliminar ref. perícia técnica para verificação de locutor e autenticidade de voz Julgador não precisa apreciar todos os argumentos das partes

Tabela 9 - Temas e Meios de Prova

Processo Administrativo	Meios de prova	Temas de prova discutidos
08012.002493/2005-16	Prova documental: tabelas de preços, agenda de funcionários copiada em inspeção realizada pela SDE, informações fornecidas pelo Ministério da Agricultura Interrogatório em sede de averiguação preliminar Prova testemunhal Inspeção	Inspeção realizada pela SDE Preliminares rejeitadas pela SDE Irregularidades na valoração de provas produzidas em Averiguação Preliminar Padrão de prova em casos de infração ao art. 20 da Lei n. 8.884/94: prova direta e prova indireta, paralelismo de conduta e paralelismo *plus* Poder de mercado: necessária a prova de não impossibilidade de prejuízo à concorrência Nível de organização e duração de cartel levados em consideração na dosimetria Diferença entre cartel difuso e clássico Quanto a pessoas físicas, não existe presunção de responsabilidade em função de posição como administrador ou diretor, mas sim em razão de participação em reunião Não há obrigação de refutar todos os argumentos das representadas, desde que irrelevantes à fundamentação da decisão
08012.001119/2000-91	Prova documental: resoluções IATA, comunicados de redução de comissão pelas representadas, prova emprestada de processo cível discutindo mesmas condutas	Ausência de provas
08012.004241/2003-51	Prova documental: ata de reunião entre concorrentes, preços, dados de venda, notas fiscais Prova econômica: estudo de mercado Prova testemunhal	Preliminar de uso de documento apócrifo Padrão de prova: ausência de prova direta, possibilidade de uso de indícios e paralelismo *plus*

Tabela 9 – Temas e Meios de Prova

Processo Administrativo	Meios de prova	Temas de prova discutidos
08012.006019/2002-11	Prova emprestada: procedimento administrativo do MP/MG, gravações, minuta de carta, cartas Prova econômica: pareceres econométricos Prova testemunhal Prova documental: dados de preços, declaração do acusado	Preliminar de ofensa ao princípio do juiz natural Preliminar de cerceamento de defesa por rejeição a oitiva de testemunha e ausência de acesso às fitas para exame pericial Declaração autoincriminatória: inversão de ônus da prova para representado afastar a veracidade de documento Legalidade da gravação telefônica, distinção da interceptação, instrumento de defesa do interlocutor Prova emprestada Poder de mercado como requisito da viabilidade de acordo gerar efeitos Pareceres econômicos: robustez, problemas que afetam validade Depoimento prestado por pessoa que não participou diretamente de eventos: não é prova isoladamente Efeitos da revelia Termos de declaração colhidos pelo MP/MG sem presença de advogados Dificuldade de obtenção de provas em casos de cartel
08012.000283/2006-66	Prova documental: estudos sobre preço realizados por consultoria, dados fornecidos por DNPM, ata de reunião, "acordo de cotas", ata de AGE Prova emprestada do processo criminal: interceptações telefônicas, documentos apreendidos em buscas e apreensões, depoimentos (inclusive de concorrentes)	Preliminar de indeferimento de prova pericial e inspeção nas representadas para apurar se houve paridade de preços Preliminar de cerceamento de defesa por falta de acesso a apartado confidencial Preliminar de ilicitude da prova emprestada Análise de poder de mercado para determinar o preço no mercado relevante Responsabilidade objetiva Necessidade de mais rigor no combate a cartéis

Tabela 9 – Temas e Meios de Prova

Processo Administrativo	Meios de prova	Temas de prova discutidos
08012.008166/1999-14	Prova documental: listas de preços, margens, planilhas de custos Prova testemunhal Prova emprestada: cópia de processo instaurado pela ANP para investigar mesma conduta e cópia de documentos da investigação criminal onde foi realizada interceptação telefônica a pedido da SDE	SDE descartou necessidade de produção de determinadas provas (inspeção e perícia) SDE pediu interceptação telefônica ao Ministério Público Padrão de prova – paralelismo *plus*
08012.005140/1998-33	Prova documental: notícia de jornal, notas fiscais, planilhas de preços, lista de postos operantes Prova emprestada: documentos de inquérito civil conduzido por MP/BA	Padrão de prova: paralelismo de preços
08012.005545/1999-16	Prova documental: parecer ANP com análise de preços, denúncia PROCON, denúncia Assembleia Legislativa de SC	Indícios insuficientes, ausência de prova direta Padrão de prova: similaridade de preços Padrão de instauração de processos administrativos: filtros econômicos

Tabela 9 – Temas e Meios de Prova

Processo Administrativo	Meios de prova	Temas de prova discutidos
08012.009888/2003-70	Prova econômica: pareceres Prova documental: "regras" (versão manuscrita), *e-mails*, regras para licitações, anotações manuscritas, documentos diversos sobre "regras", "conta corrente", licitações, lista de perdas e ganhos, bilhetes, tabelas, lista de recados telefônicos Prova emprestada do processo penal: interceptação telefônica e documentos apreendidos em buscas	Preliminar ref. interceptação telefônica: prova autorizada por juiz incompetente pode ser usada no processo criminal e administrativo Possibilidade de uso de denúncia anônima no processo administrativo Preliminar de impossibilidade de traslado da interceptação para o processo administrativo Preliminar de ilicitude de buscas e apreensões Impossibilidade de uso do material apreendido: proteção por segredo de justiça, ausência de identidade entre partes investigadas nos processos penal e administrativo Preliminar de cerceamento de defesa em função de acesso a documentos depois da defesa Preliminar de ofensa ao princípio do juiz natural Preliminar de impossibilidade de apresentação de novas provas após apresentação das defesas Preliminar de ausência de assinatura em documentos Preliminar de não manifestação das partes antes da conversão da averiguação preliminar em processo administrativo Preliminar ref. uso de *e-mail* como meio de prova Preliminar ref. impossibilidade de participação da SDE nas buscas e apreensões Preliminar ref. não divulgação de documentos obtidos na segunda busca e apreensão Preliminar ref. impossibilidade de SDE atuar como perito e promover processo administrativo Discussão sobre imparcialidade da SDE e do CADE Impossibilidade de uso do produto da interceptação telefônica uma vez que contraditório ainda não foi realizado no juízo de origem Padrão de prova: mera existência de elementos que facilitem formação de cartel não é suficiente para caracterização do cartel Prova testemunhal de menor valor se comparada com prova documental Prova econômica: opinião de especialistas, força reduzida Poder de mercado fundamental para caracterização do ilícito Desnecessidade de produção de efeitos Ausência de cooperação das partes como agravante no cálculo da multa

Tabela 9 – Temas e Meios de Prova

Processo Administrativo	Meios de prova	Temas de prova discutidos
08012.001822/2003-31	Prova documental: notas fiscais, relação de óbitos	Análise de poder de mercado importante para caracterizar conduta anticompetitiva Empresas de pequeno porte: presunção de inexistência de poder de mercado Inexistência de paralelismo de preços
08012.001112/2000-42	Prova documental: pesquisa de preços realizada pelo PROCON, dados de preços da ANP Prova testemunhal emprestada de Ação Civil Pública	Ausência de provas Padrão de prova: mero paralelismo não é suficiente para caracterizar ilícito concorrencial
08012.006059/2001-73	Prova documental: notícia de jornal, notas fiscais, comunicados a clientes, resposta de concorrentes menores, apresentação a cliente Prova testemunhal: colhidos pela SEAE com clientes (representantes de grandes redes varejistas)	Padrão de prova: paralelismo e *plus factor* Justificativa da conduta Dúvida – padrão de prova
08001.000852/1999-21	Prova documental: reportagens	Ausência de provas
08012.006768/2000-78	Prova documental: denúncia anônima, informações e dados sobre licitações	Ausência de prova Inexistência de padrão de revezamento entre acusados

Tabela 9 – Temas e Meios de Prova

Processo Administrativo	Meios de prova	Temas de prova discutidos
08012.000921/2000-53	Prova documental: convites, reportagens veiculadas por jornais, resposta de ofícios pela ANP, listas de preços, fita de reunião no sindicato	Padrão de prova para instauração de processo administrativo em caso de denúncia de cartel formado por postos de combustíveis (entendimento na esteira do voto do Processo Administrativo n. 08012.005545/1999-16)
08012.005495/2002-14	Prova emprestada de processos penal, civil e de Comissão Parlamentar de Inquérito: interceptação telefônica, notas fiscais, notícias de jornal, depoimentos pessoais e testemunhas Prova documental: nota técnica da ANP com preços, notas fiscais, notícias de jornal Prova testemunhal Interrogatórios	SDE rejeitou preliminares Preliminar de ausência de intimação ref. juntada de documentos nos autos e de oitiva de testemunha Preliminar de nulidade da interceptação telefônica, supostamente requerida em sede de juízo cível, deferida por juiz incompetente e ausentes as transcrições integrais Possibilidade de uso da prova emprestada Padrão de prova para iniciar investigação de cartel no mercado de combustíveis Regra *per se* x regra da razão: regras de julgamento Importância de poder de mercado: definição de mercado de acordo com objeto da conduta Valoração: sistema do livre convencimento motivado

Tabela 9 – Temas e Meios de Prova

Processo Administrativo	Meios de prova	Temas de prova discutidos
08012.004702/2004-77	Acordo de leniência em 09.06.2004, com histórico da conduta, confissão e documentos Buscas e apreensões (art. 35-A, da Lei n. 8.884/94) Prova econômica: pareceres Prova documental: *plea agreements* nos Estados Unidos, acordos de leniência na Europa, fax, *e-mails*, anotações manuscritas, notas de reuniões, planilhas de preços, tabelas de vendas Prova testemunhal Interrogatórios " Perícia" de documentos eletrônicos	Pedido de produção de prova testemunhal no CADE rejeitado, pois deveria ter sido feito na SDE Questões não reiteradas nas alegações finais foram aceitas como tendo recebido tratamento adequado pela SDE Considerações sobre o acordo de leniência Preliminar de ilegalidade do acordo em razão de participação do Ministério Público Lenientes são coautores e não testemunhas Preliminar quanto à não disponibilização do termo de celebração do acordo de leniência Forma de materialização da confissão Considerações sobre a busca e apreensão Preliminar de participação da SDE na busca e apreensão Preliminar ref. impossibilidade de traslado de prova emprestada obtida nas buscas e apreensões Cerceamento de defesa em razão de ausência de juntada de todos os documentos apreendidos Rejeição de provas pela SDE: discussão sobre poderes instrutórios da SDE Regra de análise de casos de cartel: regra *per se* x regra da razão Na presença de cartel *hard core*, análise de poder de mercado e de produção de efeitos pode ser dispensada; para identificar cartel deste tipo, necessário constatar perenidade e nível de institucionalização; diferenças com cartel difuso Análise de documentos eletrônicos não é perícia Análise de poder de mercado realizada, embora considerada desnecessária Desnecessidade de comprovação de efeitos Problemas com prova econômica: metodologia de pareceres Arquivamento de processo administrativo com relação a pessoa física leniente Temas de prova relacionados ao desmembramento do processo podem ser examinados no Processo Administrativo n. 08012.007818/2004-68

Tabela 9 – Temas e Meios de Prova

Processo Administrativo	Meios de prova	Temas de prova discutidos
08012.000998/1999-83	Prova testemunhal Prova emprestada do MP/CE (processo criminal): notícias de jornal, denúncias de consumidores, registros de preços, depoimentos de representantes e funcionários de postos, presidente do Sindicato Prova documental: dados de mercado fornecidos pelo ANP (volume e preços)	Validade de denúncia anônima para instauração de processo, mas não para condenação Preliminar de violação à ampla defesa na produção de provas: concordância tácita na ausência de impugnação
08012.009906/1999-94	Prova documental: nota técnica da ANP com dados de preços, relatórios fiscais, proposta de ajustamento de conduta formulado pelo Sindicato ao PROCON Prova emprestada pelo MP/TO: declarações de consumidores e funcionários de postos	Ausência de provas para condenação Padrão de prova: referência ao voto no Processo Administrativo n. 08012.005545/1999-16
08012.000775/2000-66	Prova emprestada: transcrição de gravações e documentos de Comissão Parlamentar de Inquérito Prova documental: tabelas de preços	Ausência de provas para condenação Padrão de prova: referência ao voto no Processo Administrativo n. 08012.005545/1999-16

Tabela 9 – Temas e Meios de Prova

Processo Administrativo	Meios de prova	Temas de prova discutidos
08012.010215/2007-96	Prova emprestada do processo crime: interceptação telefônica e escutas ambientais realizadas com autorização judicial Prova emprestada do processo cível: documentos ref. ações civis públicas Prova documental: dados de mercado fornecidos pela ANP, parecer de assessoria econômica do Ministério Público Prova testemunhal	Efeitos da revelia Desnecessidade de individualização da conduta na instauração (preliminar) Desnecessidade de contraditório na elaboração do parecer pelo Ministério Público – uso do parecer como prova documental (preliminar) Preliminar – nulidade das escutas ambientais e das interceptações telefônicas e nulidade da prova emprestada Desnecessidade de comprovação de efeitos e poder de mercado em casos de conduta Interceptações telefônicas não poderiam ser usadas contra pessoa não denunciada no processo penal
08012.010215/2007-96	Prova emprestada do processo crime: interceptação telefônica e escutas ambientais realizadas com autorização judicial Prova emprestada do processo cível: documentos ref. ações civis públicas Prova documental: dados de mercado fornecidos pela ANP, parecer de assessoria econômica do Ministério Público Prova testemunhal	Efeitos da revelia Desnecessidade de individualização da conduta na instauração (preliminar) Desnecessidade de contraditório na elaboração do parecer pelo Ministério Público – uso do parecer como prova documental (preliminar) Preliminar – nulidade das escutas ambientais e das interceptações telefônicas e nulidade da prova emprestada Desnecessidade de comprovação de efeitos e poder de mercado em casos de conduta Interceptações telefônicas não poderiam ser usadas contra pessoa não denunciada no processo penal

Tabela 9 – Temas e Meios de Prova

Processo Administrativo	Meios de prova	Temas de prova discutidos
08012.001003/2000-41	Prova emprestada de processos penal e civil: depoimento de vítima, de gravações de duas fitas com gravações feitas pela vítima, matérias de jornal, atas de reunião do sindicato, depoimento de proprietário de posto, "Pacto Público de Normatização e de Prática Comercial no Segmento de Combustíveis" da associação Prova documental: informações de mercado prestadas por ANP	Preliminar de ilicitude da gravação clandestina Desnecessidade de análise de poder de mercado quando os elementos comprovam existência de cartel: potencialidade lesiva decorre diretamente das provas de materialidade do conluio Julgador não está obrigado a se manifestar sobre todos os argumentos de defesa
08000.009391/1997-17	Prova documental: tabela de preços, resposta de ofícios de clientes (armadores) e da ANTAQ	Preliminar de realização de perícia técnica
08012.004039/2001-68	Prova emprestada: auto de prisão, laudo do Instituto de Criminalística com transcrição parcial de gravação em fita de áudio realizada pela polícia durante reunião dos acusados, cartaz com informações sobre reajustes de preço, convite e pauta de reunião, depoimento de policiais que acompanharam a reunião dos acusados Prova testemunhal	Desnecessidade de delimitação exata do mercado relevante e do poder de mercado Padrão de prova: dificuldade de obtenção de prova direta e uso de prova indireta, paralelismo *plus* Desnecessidade de comprovação de efeitos Ônus da prova: administrado deve provar que sua participação no encontro com concorrentes em nada estava relacionada com a conduta infrativa ali implementada
08012.006715/2002-19	Prova documental: resposta de ofícios a empresa de evento, resposta ofício ANP Prova testemunhal	Ausência de provas para condenação Preliminar de ausência de valor probante dos documentos: validade de documentos não originais

Tabela 9 – Temas e Meios de Prova

Processo Administrativo	Meios de prova	Temas de prova discutidos
08012.004573/2004-17	Prova emprestada: interceptação telefônica e oitivas de testemunhas Prova documental: dados de margens de revenda e preços fornecidos pela ANP	Preliminar de ilegalidade de interceptação telefônica e impossibilidade de uso da prova emprestada para a esfera administrativa Dificuldade de obtenção de prova em caso de cartel Padrão de prova: paralelismo de preços não é suficiente para caracterização do cartel Desnecessidade de análise de poder de mercado: potencialidade lesiva da conduta resulta diretamente das provas da materialidade do conluio; justificativas de estrutura de mercado ou processo de formação de preços são irrelevantes
08012.007149/2009-39	Prova emprestada: interceptação telefônica e testemunhas Prova econômica: dados de margens de revenda e preços fornecidos pela ANP	Preliminar de ilegalidade de interceptação telefônica e impossibilidade de uso da prova emprestada para a esfera administrativa Dificuldade de obtenção de prova em caso de cartel Padrão de prova: paralelismo de preços não é suficiente para caracterização do cartel Desnecessidade de análise de poder de mercado: potencialidade lesiva da conduta resulta diretamente das provas da materialidade do conluio; justificativas de estrutura de mercado ou processo de formação de preços são irrelevantes
08012.002925/2009-12	Prova documental: documentos de licitações Prova testemunhal	Utilização de documentos em outras línguas Desnecessidade de individualização da conduta na instauração Padrão de prova: possibilidade de uso de prova direta e indireta

Tabela 9 – Temas e Meios de Prova

Processo Administrativo	Meios de prova	Temas de prova discutidos
08012.011027/2006-02	Acordo de leniência (21.12.2006): Histórico da Conduta, termos de declaração das pessoas físicas e jurídicas, *e-mails* Busca e apreensão sob égide da Lei n. 8.884/94 (23.01.2007) Prova documental: cadeias de *e-mails*, dados de preços e notas fiscais, acordo de leniência, *plea agreements* nos Estados Unidos, tabela da ANAC com dados de rotas, dados dos Anuários Estatísticos do DAC, agendas, planilhas de preços, cartas ao DAC, comunicado de reajustes a clientes, decisões de autoridades estrangeiras Prova testemunhal Interrogatórios (depoimentos pessoais) Prova econômica: estudos de mercado	Comentários gerais sobre acordos de leniência Acordo de leniência: CADE não pode avaliar validade, cabimento ou oportunidade Poder de mercado importante para haver caracterização da conduta, mas análise é dispensável, pois há presunção de que comunicações entre concorrentes explicam poder Considerações ref. buscas e apreensões Preliminar de que declarações de lenientes não podem ser usadas como indícios Uso de leniência e acordos de TCC com reconhecimento de culpa como "fonte de prova" Dificuldade de obtenção de provas em casos de cartel: prova não pode "engessar" a Administração Desnecessidade de prova de efeitos: apenas exigência de prova da conduta; presunção legal de irrazoabilidade de troca de informações entre concorrentes
08012.008224/1998-38	Prova documental: notas fiscais, relatório de vistorias de veículo, ordens de serviço, comunicado de sindicatos, contratos com oficinas, tabelas de preços Prova testemunhal: presidente de sindicato	Concordância com rejeição de preliminares pela SDE Preliminar de ausência de neutralidade das provas e depoimentos colhidos pelos denunciantes Preliminar de impossibilidade de contraditório em depoimento prestado na fase inquisitorial Preliminar de suspeição de testemunha que teria interesse pessoal no deslinde do feito Padrão de prova: mero paralelismo de preços não é suficiente para sustentar a existência de colusão Padrão de prova em caso de tabelamento proposto por sindicatos; presunção de ilegalidade

Tabela 9 – Temas e Meios de Prova

Processo Administrativo	Meios de prova	Temas de prova discutidos
08012.008501/2007-91	Prova documental: carta a concorrentes, listas de preços, documentos de processos na ANATEL Prova testemunhal Prova econômica: pareceres econômicos	Inexistência de elementos configuradores de conluio Preliminar de ofensa ao princípio do juiz natural
08012.011668/2007-30	Busca e apreensão criminal com participação da SDE Prova emprestada: interceptação telefônica, interrogatório à Polícia, declarações de pessoas não indiciadas, documentos apreendidos Prova testemunhal	Preliminar de nulidade das interceptações telefônicas Preliminar de impossibilidade de empréstimo das provas produzidas na ação penal Basta prova da conduta para caracterização do ilícito de fixação de preços Provas indiciárias são importantes para configuração do cartel
08012.003267/2008-97	Prova documental: dados de preços e custos	Ausência de provas de conluio
08012.012420/1999-61	Prova documental: carta assinada pelas editoras contra a Caixa de Assistência dos Advogados do DF, memória de reunião entre editoras e CAA/DF, fax, notas fiscais	Não configuração de fixação de preço Prova da conduta é suficiente para caracterização do ilícito: desnecessidade de análise de mercado relevante e poder de mercado
08012.004869/2008-61	Prova documental: estudo setorial preparado pela ANVISA, resposta de ofícios a concorrentes, tabela comparativa de preços	Ausência de provas
08012.004365/2010-66	Prova emprestada de Ação Civil Pública: fotografias de anúncios de cronograma de descontos, relatório de diligência telefônica para apurar se havia desconto Prova testemunhal	Prova do objeto é suficiente para caracterização da conduta, dispensando análise de poder de mercado ou barreiras; justificativas quanto à estrutura ou formação de preço são irrelevantes Julgador não precisa analisar todas as alegações de defesa

Tabela 9 – Temas e Meios de Prova

Processo Administrativo	Meios de prova	Temas de prova discutidos
08012.001794/2004-33	Prova documental: "Instrumento Particular de Convenção da AEECI/DF", contendo planilha de custos e tabela de preços sugeridos, notícia de jornal, notas fiscais	Preliminares: se não forem reiteradas, acusados serão considerados de acordo com decisão da SDE Desnecessidade de produção de efeitos Prova do objeto é suficiente para caracterização da conduta
08012.011853/2008-13	Prova documental: *e-mails*, planilhas com dados de contratos Prova emprestada do processo crime: "interrogatório" de acusados no MP, documentos apreendidos em busca e apreensão e interceptações telefônicas	Preliminar de uso da prova emprestada Desnecessidade de análise de efeitos Poder de mercado: própria existência de acordo é bom indício de existência
08012.010362/2007-66	Prova documental: "Termo de compromisso de subcontratação" assinado pelos acusados, "Contrato de permita/participação de quotas", documentos das licitações Prova emprestada: documentos de Ação Civil Pública e ação penal e de processos no TCU	SDE indeferiu preliminares e pedidos de realização de oitiva de testemunhas e perícias e de expedição de ofícios Desnecessidade de comprovação de efeitos
08012.009988/2006-49	Prova emprestada: documentos de licitações (propostas, editais, atas) e termos de declarações de membros da comissão de licitação	Padrão de prova: prova indiciária pode ensejar condenação, desde que robustas Mero paralelismo de propostas e ausência de lances na fase competitiva dos pregões não são suficientes para condenação

Tabela 9 – Temas e Meios de Prova

Processo Administrativo	Meios de prova	Temas de prova discutidos
08012.011142/2006-79	Busca e apreensão com base no art. 35-A da Lei n. 8.884/94, em 01.02.2007 Prova documental: resposta de ofícios enviados pela SDE a agentes do mercado, tabelas com dados de venda, faxes, anotações manuscritas, *e-mails*, cartas, planilhas com preços, atas de reuniões de diretoria de associações, apresentações, dados de concorrentes, modelos de cartas a clientes, Código de Ética da ABECS, relatórios estratégicos, gráficos com dados de mercado Prova testemunhal	Suspeição do denunciante (ex-funcionário) (preliminar) Termo de declarações como prova testemunhal demandaria produção na presença das partes (preliminar) Declarações do denunciante constituem "testemunho de ouvir-dizer" (preliminar) Diligência de busca e apreensão realizada em averiguação preliminar (preliminar) Incompetência de perito para realização de perícia eletrônica nos documentos apreendidos (preliminar) Metodologia inadequada utilizada na perícia eletrônica (preliminar) Impossibilidade de participação dos representados e assistentes técnicos na perícia eletrônica (preliminar) Impossibilidade de acesso às mídias eletrônicas produzidas pelo perito (preliminar) Ausência de especificação de critérios utilizados na perícia eletrônica (preliminar) Divergência nos códigos de integridade das mídias eletrônicas (preliminar) Ausência de fundamentação ao despacho de instauração do processo administrativo (preliminar) Indeferimento dos pedidos de realização de oitivas no domicílio das testemunhas (preliminar) Ilegalidade na realização de "oitivas por ofício" (preliminar) Existência de fatos novos no parecer final da SDE (preliminar) Existência de volumes confidenciais de documentos prejudicou ampla defesa (preliminar) Ofensa ao princípio do juiz natural (preliminar) Uso de prova indiciária Desnecessidade de comprovação de efeitos Padrão de prova: paralelismo de preços não é suficiente Valoração da prova

Tabela 9 – Temas e Meios de Prova

Processo Administrativo	Meios de prova	Temas de prova discutidos
08012.012676/1999-12	Prova emprestada do processo crime e de CPI dos Combustíveis (Câmara Legislativa do DF): documentos e laudo do Instituto de Criminalística com transcrições de interceptação telefônica, relatório da CPI, denúncias de consumidores Prova documental: dados de mercado fornecidos pela ANP Prova testemunhal	Ausência de provas Padrão de prova: requisitos para prática de cartel no mercado de varejo de combustíveis Valor da prova testemunhal e valoração do conjunto probatório
08000.009354/1997-82	Prova emprestada: testemunhal (concorrentes e representantes dos acusados) perante o MP, documentos de Ação Civil Pública Prova documental: tabela sobre sistema rotativo de abastecimento, informações da ANP	Análise de poder de mercado em casos de cartel e análise da racionalidade da conduta
08012.004472/2000-12	Prova emprestada (processo crime): interceptação telefônica Prova documental: relatórios de preços e dados de mercado coletados pela ANP	Preliminar de ilegalidade das escutas telefônicas e empréstimo para o processo administrativo Padrão: mero paralelismo não é suficiente para a caracterização da infração Desnecessidade de prova de efeitos e de poder de mercado para configuração da infração
08012.001020/2003-21	Prova documental: notícia de jornal, correspondências, resposta do Procon a ofícios, correspondências dos representados com mesmo teor, notificações de descredenciamento	Não houve discussão relevante

Tabela 9 - Temas e Meios de Prova

Processo Administrativo	Meios de prova	Temas de prova discutidos
08012.007033/2006-57	Prova documental: comunicados de descredenciamento, acordo entre operador de plano de saúde e representadas	Não houve discussão relevante
08700.008551/2013-69	Prova documental: comunicados de descredenciamento, acordo entre operador de plano de saúde e representadas	Não houve discussão relevante
08012.005004/2004-99	Prova documental: comunicados a operadoras de planos de saúde, instrumento de rescisão contratual, informativos, termo de acordo de serviços transfusionais	Não houve discussão relevante
08012.009611/2008-51	Busca e apreensão com base no art. 35-A da Lei n. 8.884/94 Prova documental: transcrições de contatos pessoais por meio de programa comunicador instantâneo – MSN Messenger, tabelas, planilhas, *e-mails*, denúncia eletrônica anônima, material de licitações, resposta a ofícios para agentes de mercado	Preliminar de vício por instauração fundada em denúncia anônima Preliminar de ilegalidade da prova (mensagens MSN não submetidas a contraditório) – contraditório diferido para momento posterior à realização de busca e apreensão Efeitos do cartel (estudo DEE): sobrepreço 25%

Tabela 9 – Temas e Meios de Prova

Processo Administrativo	Meios de prova	Temas de prova discutidos
08012.007967/2004-27	Prova documental: resposta do CRM/MG e de operadores de planos de saúde a ofícios, informativos das associações e da ANS, matéria de jornal, *e-mail*, cópias de recibos	Mero comportamento paralelo (colusão tácita) não é indício suficiente para caracterização da infração Uso de prova indiciária Aplicação do princípio *in dubio pro reo*
08012.006199/2009-07	Prova documental: material de licitações Prova econômica (análise de preços, proposta, proximidade das famílias, coincidências de sócios) Depoimentos pessoais	Avaliação da prova indiciária Valoração do conjunto probatório Prova econômica
08012.008507/2004-16	Prova documental: material de licitações, tabela de preços, propostas repetidas e recursos semelhantes Estudo de danos elaborado pelo DEE	Não houve discussão relevante
08012.006764/2010-61	Prova documental: documentos do inquérito criminal e inquérito civil (prova emprestada), portarias do DETRAN, recomendações do Ministério Público, resposta de ofícios pelo DENATRAN e DETRAN/BA, notícias de jornal, documentos de Comissão de processo de Sindicância no DETRAN/BA, com depoimentos, atas de reunião e assembleia de associações de classe, atas de reunião entre DETRAN/BA e representados	Não houve discussão relevante
08012.006969/2000-75	Termo de Compromisso de Cessação celebrado em 29.01.2015 (reconhecendo envolvimento e contribuição) Prova documental: correspondências aos planos de saúde pelos hospitais representados, instrumentos de rescisão unilateral dos contratos, comunicados conjuntos de alguns representados, cartas a planos de saúde	Preliminar de falta de fundamentação do despacho que determinou a instauração do Processo Administrativo (não esclareceu fatos imputados) Preliminar de definição equivocada do mercado relevante e ausência de poder de mercado Preliminar de não realização de oitiva de testemunha

Tabela 9 – Temas e Meios de Prova

Processo Administrativo	Meios de prova	Temas de prova discutidos
08012.010932/2007-18	Acordo de leniência Busca e apreensão (Lei n. 8.884/94) 5 Termos de Compromisso de Cessação – TCCs Prova documental: documentos de investigações em outras jurisdições (e.g., "queixa-crime" do DOJ e termos de confissão nos EUA), mensagens eletrônicas, arquivos eletrônicos, cartões de visita Depoimento pessoal	Rejeição de todas as preliminares TCC visto como "termos de admissão de culpa" Preliminar de incompetência da SDE para indeferir preliminares Preliminar de cerceamento de defesa por falta de acesso à íntegra dos documentos do acordo de leniência e/ou das diligências de busca e apreensão Preliminar de impossibilidade de utilização de documentos internacionais como elemento de prova Preliminar de ilegalidade decorrente da ausência de individualização de condutas Preliminar de ausência de indícios para instauração do processo Preliminar de inconstitucionalidade das diligências de busca e apreensão Preliminar de inconstitucionalidade do processo por suposta ofensa ao princípio do juiz natural Preliminar de nulidade do despacho de instauração por ausência de definição do mercado relevante Preliminar de falta de confiabilidade do material da leniência Preliminar de nulidade em decorrência da falta de indicação do período em que a conduta teria ocorrido Preliminar de necessidade de comprovação da procedência dos documentos do acordo de leniência (uso de documentos apócrifos) e documentos em língua estrangeira Aplicação subsidiária do CPP Preliminar de aplicação do princípio da indivisibilidade de ação penal e do suposto desrespeito ao princípio da comunhão da prova Uso de prova indiciária Possibilidade de uso de documentos estrangeiros

Tabela 9 – Temas e Meios de Prova

Processo Administrativo	Meios de prova	Temas de prova discutidos
08012.007356/2010-27	Prova emprestada: cópia do procedimento investigatório criminal do MP/SP Prova pericial: laudo de perícia criminal (exame em áudio), com a transcrição integral de gravação, elaborado pelo Instituto de Criminalística da Polícia Civil do DF Depoimentos pessoais Prova testemunhal: oitivas de informantes (sócios de representada considerados suspeitos)	Rejeição de preliminares Legalidade da gravação clandestina, que não depende de autorização judicial e foi feita por pessoas ostentando a condição potencial de vítima ou prejudicada pelo cartel
08012.004430/2002-43	Prova emprestada: cópia do procedimento administrativo MP/PR, notas fiscais, notícias de aumento de preços, TAC ambiental celebrado entre representados e MP, estudo "levantamento do custo de produção e do preço de venda da areia", atas de reunião da associação de classe TCCs com reconhecimento de participação na conduta sob investigação	Rejeição de preliminares Indícios suficientes para instauração de Processo Administrativo
08012.008184/2011-90	Prova emprestada: autos do procedimento administrativo da Comissão Especial de Inquérito da Câmara Municipal, incluindo transcrição de depoimentos prestados à Câmara Municipal Prova documental: reportagem do Fantástico (TV Globo), material de licitações (planilhas, propostas, documentos de habilitação), respostas de ofícios do Tribunal de Contas de São Paulo, Ministério Público de São Paulo e Ministério Público Federal, documentos e contratos sociais Prova testemunhal: oitivas de testemunhas e pessoas físicas ouvidas como informantes	Testemunha ouvida como informante em razão de impedimento

Tabela 9 – Temas e Meios de Prova

Processo Administrativo	Meios de prova	Temas de prova discutidos
08012.009885/2009-21	Prova documental: "Instrumento Particular de Constituição de Sociedade em Cotas de Participação de Propósito Específico", material de licitação, ação cautelar de exibição de documentos, resposta ofício SABESP, atas de reunião, correspondências, notificação extrajudicial Prova testemunhal: oitivas de testemunhas	Rejeição das preliminares Preliminar de inexistência de indícios suficientes para instauração do Processo Administrativo Alegação de documentos "produzidos por terceiros" e de "origem absolutamente desconhecida" não podem servir de elemento de prova Padrão de prova distinto para administradores e empregados
08012.011437/2010-21	Prova documental: material de licitação Prova emprestada: Inquérito Civil do MP/MG Prova testemunhal	Ausência de indícios de comunicação
08012.008847/2006-17	Prova emprestada Interceptação telefônica Prova testemunhal Prova econômica (análise de dados de mercado fornecidos pela ANP) Prova documental: resposta da ANP a ofício	Rejeição de preliminares Ônus da prova do acusador Alegação de nulidade de prova emprestada em razão de inexistência de autorização judicial Alegação de inadmissibilidade de prova emprestada de processo penal contra pessoas jurídicas Transcrição das interceptações Disponibilização de mídias Indeferimento de prova testemunhal e pericial Pré-julgamento na instauração do processo administrativo violaria princípio da presunção de inocência
08012.000377/2004-73	Prova emprestada de processos cível e criminal Prova documental: comunicados de descredenciamento, respostas de ofícios de prefeitura, comunicados de rescisão contratual, notícias de jornal, circulares e comunicados das associações, tabela da associação, atas de reuniões com Ministério Público Prova testemunhal	Semelhança de redação de documentos dos representados Testemunhas ouvidas como informantes Conhecimento de argumentos trazidos após o prazo de alegações finais – desnecessidade de manifestação individualizada

Tabela 9 – Temas e Meios de Prova

Processo Administrativo	Meios de prova	Temas de prova discutidos
08700.007611/2012-45	3 acordos de leniência e 2 aditivos a acordos de leniência celebrados entre 2004 e 2010 Buscas e apreensões Prova documental: *e-mails*, depoimentos	Ausência de indícios após restrição do escopo da prática ao território nacional
08012.010187/2004-64	Prova documental: tabelas padrão de diárias e taxas, correspondências enviadas pelos representados de idêntico teor, notícias de jornal, atas de reuniões da associação	Discricionariedade da SDE para instauração Aplicação do princípio da presunção de inocência Individualização da conduta (momento) Uso de documentos apócrifos
08012.006685/2004-11	Prova documental: matérias de jornal, respostas a ofícios por seguradoras, cartas de convocação de reuniões da associação	Contraditório obrigatório somente após a instauração do processo administrativo (procedimento administrativo tinha natureza de sindicância administrativa) Atos de interrupção de prescrição Ausência de provas de participação das pessoas jurídicas
08012.001273/2010-24	Prova emprestada: documentos de procedimento investigatório criminal Prova documental: material de pregões da CDHU, resposta de ofícios	Análise de comportamentos em pregões (prova econômica) Denúncia anônima não pode ser prova única de condenação, mas pode fornecer elementos úteis para a investigação Uso da prova emprestada (requisitos) Utilização da prova indiciária Discricionariedade da SG para instauração de processo administrativo
08012.012032/2007-13	Prova emprestada: documentos de procedimento MPF Prova documental: tabela de preços e correspondências da associação, documentos de descredenciamento de operadores de plano de saúde	Não houve discussão relevante

Tabela 9 – Temas e Meios de Prova

Processo Administrativo	Meios de prova	Temas de prova discutidos
08700.000649/2013-78	Prova emprestada: interceptação telefônica e cópia de inquérito policial Prova documental: dados e parecer da ANP	Prazo de duração do inquérito administrativo (possibilidade de prorrogações sucessivas) Desnecessidade de individualização da conduta na nota de instauração Uso da prova emprestada Indeferimento de prova contábil/econômica Ausência de indícios de materialidade da conduta de fixação de preço

Fonte: Elaboração própria com base nos relatórios, nos votos e em outros documentos dos autos disponibilizados no site do CADE.

Tabela 10 – Tempo das investigações de cartel

Processo Administrativo	Início da investigação	Instauração	Dias entre o início da investigação e a instauração	Parecer do acusador	Dias entre a instauração e o parecer do acusador	Parecer da PFE	Dias entre pareceres do acusador e da PFE	Parecer do MPF	Dias entre pareceres da PFE e do MPF	Decisão	Dias entre o início da investigação e a decisão
08000.015337/1997-48	12.06.1997	16.06.1997	4	28.01.1999	591	23.02.1999	26	N/A	-	27.10.1999	867
0058/1992	13.01.1992	N/D	N/A	29.12.1999	N/A	17.02.2000	50	N/A	-	05.04.2000	3005
39/1992	22.01.1992	19.05.1992	118	26.03.1997	1772	04.11.1998	588	N/A	-	19.07.2000	3101
08000.025333/1996-32	15.10.1996	29.10.1996	14	11.04.2000	1260	11.05.2000	30	N/A	-	09.08.2000	1394
08000.019706/1996-63	30.05.1996	19.12.1997	568	30.10.1999	680	10.05.2000	193	N/A	-	25.04.2001	1791
08012.009118/1998-26	23.11.1998	15.05.1999	173	04.05.2000	355	18.05.2000	14	N/A	-	27.06.2001	947
08012.002299/2000-18	05.07.2000	07.07.2000	2	27.06.2001	355	23.01.2002	210	N/A	-	27.03.2002	630
08000.021660/1996-05	09.09.1996	10.12.1996	92	12.08.2002	2071	11.11.2002	91	N/A	-	05.02.2003	2340
08012.0004036/2001-18	18.07.2001(*)	18.07.2001	N/A	16.01.2003	547	07.04.2003	81	27.06.2003	81	23.07.2003	735
08000.004436/1995-04	03.03.1995	16.06.1997	836	19.05.1999	702	07.06.2001	750	03.12.2003	909	12.05.2004	3358
08012.000677/1999-70	21.01.1999	28.03.2000	432	23.12.2002	1000	28.02.2003	67	03.12.2003	278	15.09.2004	2064
08012.004860/2000-01	26.09.2000	31.03.2003	N/A	19.12.2003	263	09.03.2004	81	29.06.2004	112	05.10.2004	1470
08012.002097/1999-81	09.04.1999	25.10.2000	565	05.05.2004	1288	15.10.2004	163	17.11.2004	33	09.03.2005	2161
08012.006539/1997-97	14.08.1997	23.07.2001	1439	07.12.2004	1233	10.01.2005	34	N/A	-	09.03.2005	2764
08012.009160/2002-67	20.12.2002	21.03.2003	91	27.02.2004	343	27.04.2004	60	20.12.2004	237	06.04.2005	838
08012.006989/1997-43	29.10.1997	16.07.2001	1356	23.12.2004	1256	03.03.2005	70	20.05.2005	78	15.06.2005	2786

Tabela 10 – Tempo das investigações de cartel

Processo Administrativo	Início da investigação	Instauração	Dias entre o início da investigação e a instauração	Parecer do acusador	Dias entre a instauração e o parecer do acusador	Parecer da PFE	Dias entre pareceres do acusador e da PFE	Parecer do MPF	Dias entre pareceres da PFE e do MPF	Decisão	Dias entre o início da investigação e a decisão
08012.001325/1999-78	23.02.1999	05.07.1999	132	06.07.2004	1828	21.02.2005	230	N/A	-	28.06.2005	2317
08012.002127/2002-14	03.04.2002	21.07.2003	474	24.11.2004	492	02.02.2005	70	16.05.2005	103	13.07.2005	1197
53500.003888/2001	28.07.2000	06.06.2001	313	29.03.2004	1027	31.05.2004	63	20.12.2004	203	24.08.2005	1853
08012.004086/2000-21*	01.09.2000	20.09.2000	19	08.09.2003	1083	25.04.2004	213	25.09.2003	17	23.09.2005	1848
08000.009797/1996-92	08.05.1996	03.06.1996	26	08.05.2002	2165	15.07.2002	68	26.10.2004	834	05.10.2005	3437
08012.009088/1999-48	01.09.1999	29.10.1999	58	01.08.2003	1372	17.05.2004	290	30.06.2004	44	13.10.2005	2234
08012.000099/2003-73	08.01.2003	17.11.2003	313	22.06.2005	583	18.08.2005	57	19.12.2005	123	22.02.2006	1141
08000.001164/1997-53	23.01.1997	17.11.1998	663	02.05.2005	2358	22.09.2005	143	12.12.2005	81	29.03.2006	3352
08012.004067/2004-28	21.05.2004	28.05.2004	7	17.10.2005	507	10.02.2006	116	06.03.2006	24	29.03.2006	677
08012.006242/1997-68	02.10.1997	22.07.2001	1389	28.07.2006	1832	23.08.2006	26	14.12.2006	113	17.01.2007	3394
08012.007602/2003-11	01.10.2003	17.12.2003	77	30.08.2006	987	14.11.2006	76	06.12.2006	22	17.01.2007	1204
08012.004599/1999-18	21.05.1999	16.05.2000	361	03.06.2005	1844	07.10.2005	126	14.06.2006	250	11.04.2007	2882
08012.001826/2003-10	19.03.2003	29.10.2003	224	28.09.2006	1065	13.02.2007	138	19.07.2007	156	19.09.2007	1645

Tabela 10 - Tempo das investigações de cartel

Processo Administrativo	Início da investigação	Instauração	Dias entre o início da investigação e a instauração	Parecer do acusador	Dias entre a instauração e o parecer do acusador	Parecer da PFE	Dias entre pareceres do acusador e da PFE	Parecer do MPF	Dias entre pareceres da PFE e do MPF	Decisão	Dias entre o início da investigação e a decisão
08012.002493/2005-16	16.03.2005	17.06.2005	93	18.08.2006	427	30.01.2007	165	25.04.2007	85	28.11.2007	987
08012.001119/2000-91	08.02.2000	21.12.2000	317	27.02.2007	2259	25.04.2007	57	19.09.2007	147	28.11.2007	2850
08012.004241/2003-51	09.06.2003	17.06.2003	8	03.01.2007	1296	25.06.2007	173	16.08.2007	52	27.02.2008	1724
08012.006019/2002-11	02.07.2001	09.09.2002	434	23.09.2005	1110	13.01.2006	112	30.04.2007	472	09.07.2008	2564
08012.000283/2006-66	17.01.2006	11.09.2006	237	20.12.2007	465	26.06.2008	189	25.07.2008	29	17.12.2008	1065
08012.008166/1999-14	05.08.1999	07.12.1999	124	22.07.2009	3515	26.08.2009	35	19.10.2009	54	25.11.2009	3765
08012.005140/1998-33	16.07.1998	13.05.1999	301	28.07.2009	3729	18.09.2009	52	17.11.2009	60	16.12.2009	4171
08012.005545/1999-16	23.06.1999	29.06.2000	372	29.07.2009	3317	18.08.2009	20	01.09.2009	14	28.04.2010	3962
08012.009888/2003-70	19.12.2003	31.03.2004	103	19.05.2008	1510	20.02.2009	277	31.08.2009	192	01.09.2010	2448
08012.001822/2003-31	24.03.2003	11.07.2003	109	16.12.2009	2350	11.02.2010	57	05.05.2010	83	01.09.2010	2718

Tabela 10 – Tempo das investigações de cartel

Processo Administrativo	Início da investigação	Instauração	Dias entre o início da investigação e a instauração	Parecer do acusador	Dias entre a instauração e o parecer do acusador	Parecer da PFE	Dias entre pareceres do acusador e da PFE	Parecer do MPF	Dias entre pareceres da PFE e do MPF	Decisão	Dias entre o início da investigação e a decisão
08012.001112/2000-42	08.02.2000	07.08.2006	2372	18.12.2009	1229	07.05.2010	140	07.06.2010	31	20.10.2010	3907
08012.006059/2001-73	03.08.2001	21.06.2002	322	09.09.2010	3002	21.09.2010	12	16.11.2010	56	23.02.2011	3491
08001.000852/1999-21	08.02.1999	07.05.1999	88	13.01.2010	3904	02.05.2010	109	09.08.2010	99	02.03.2011	4405
08012.006768/2000-78	13.12.2000	15.02.2002	429	11.08.2009	2734	08.01.2010	150	08.03.2010	59	02.03.2011	3731
08012.000921/2000-53	13.06.2000	08.02.2002	605	28.09.2010	3154	23.11.2010	56	28.02.2011	97	08.06.2011	4012
08012.005495/2002-14	12.08.2002	08.10.2002	57	06.10.2009	2555	27.07.2010	294	14.02.2011	202	14.09.2011	3320
08012.004702/2004-77	23.01.2004	16.09.2005	602	24.06.2009	1377	04.12.2009	163	25.06.2010	203	09.05.2012	3029
08012.000998/1999-83	05.02.1999	07.04.1999	61	05.03.2012	4716	30.04.2012	56	16.07.2012	77	10.10.2012	4996
08012.009906/1999-94	07.12.1999	05.02.2002	791	29.07.2009	2731	09.02.2012	925	31.05.2012	112	05.12.2012	4747
08012.000775/2000-66	02.06.2000	07.07.2000	35	29.12.2010	3827	01.02.2011	34	05.04.2011	63	12.12.2012	4576
08012.010215/2007-96	27.07.2007	05.01.2011	1258	10.09.2012	614	10.12.2012	91	24.01.2013	45	06.03.2013	2049
08012.001003/2000-41	31.05.2000	10.10.2001	497	14.06.2010	3169	30.08.2010	77	08.02.2011	162	06.03.2013	4662

Tabela 10 – Tempo das investigações de cartel

Processo Administrativo	Início da investigação	Instauração	Dias entre o início da investigação e a instauração	Parecer do acusador	Dias entre a instauração e o parecer do acusador	Parecer da PFE	Dias entre pareceres do acusador e da PFE	Parecer do MPF	Dias entre pareceres da PFE e do MPF	Decisão	Dias entre o início da investigação e a decisão
08000.009391/1997-17	14.04.1997	26.08.1999	864	29.12.2010	4143	16.03.2012	443	20.07.2012	126	03.04.2013	5833
08012.004039/2001-68	28.06.2001	17.08.2001	50	04.06.2009	2848	29.06.2011	755	19.10.2011	112	22.05.2013	4346
08012.006715/2002-19	19.09.2002	09.10.2002	20	22.12.2011	3361	06.02.2013	412	05.03.2013	27	22.05.2013	3898
08012.004573/2004-17	11.06.2004	19.11.2004	161	29.12.2009	1866	22.09.2010	267	11.02.2011	142	19.06.2013	3295
08012.007149/2009-39	11.06.2004	21.01.2010	2050	06.05.2011	470	31.08.2011	117	04.11.2011	65	19.06.2013	3295
08012.002925/2009-12	20.04.2009	24.04.2009	4	17.08.2012	1211	04.02.2013	171	15.04.2013	70	19.06.2013	1521
08012.011027/2006-02	21.12.2006	24.04.2008	490	31.12.2009	616	11.11.2010	315	03.08.2011	265	28.08.2013	2442
08012.008224/1998-38	21.10.1998	08.08.2003	1752	03.01.2011	2705	16.04.2012	469	30.07.2012	105	28.08.2013	5425
08012.008501/2007-91*	06.06.2007	21.08.2008	442	24.03.2010	580	12.03.2013	125	07.11.2012	959	11.09.2013	2289
08012.011668/2007-30	12.08.2007	09.02.2010	912	10.05.2011	455	18.11.2011	192	27.03.2012	130	23.10.2013	2264
08012.003267/2008-97	28.04.2008	16.04.2009	353	09.04.2013	1454	16.09.2013	160	08.10.2013	22	04.12.2013	2046
08012.012420/1999-61	20.12.1999	03.05.2000	135	18.12.2008	3151	03.08.2009	228	14.12.2009	133	04.12.2013	5098

Tabela 10 – Tempo das investigações de cartel

Processo Administrativo	Início da investigação	Instauração	Dias entre o início da investigação e a instauração	Parecer do acusador	Dias entre a instauração e o parecer do acusador	Parecer da PFE	Dias entre pareceres do acusador e da PFE	Parecer do MPF	Dias entre pareceres da PFE e do MPF	Decisão	Dias entre o início da investigação e a decisão
08012.004869/2008-61	09.05.2008	10.06.2009	397	10.01.2013	1310	01.07.2013	172	30.07.2013	29	04.12.2013	2035
08012.004365/2010-66	03.04.2010	25.05.2010	52	13.06.2013	1115	25.09.2013	104	16.10.2013	21	22.01.2014	1390
08012.001794/2004-33	11.03.2004	22.04.2004	42	29.11.2010	2412	16.06.2011	199	05.12.2012	538	05.02.2014	3618
08012.011853/2008-13	15.12.2008	22.12.2009	372	30.11.2012	1074	-	-	-	-	05.02.2014	1878
08012.010362/2007-66	02.08.2007	08.10.2007	67	23.12.2010	1172	16.03.2012	449	05.12.2012	264	19.02.2014	2393
08012.009988/2006-49	10.10.2006	08.12.2010	1520	21.08.2013	987	25.10.2013	65	04.02.2014	102	19.02.2014	2689
08012.011142/2006-79	23.11.2006	07.03.2007	104	10.11.2011	1709	08.10.2012	333	12.11.2012	35	28.05.2014	2743
08012.012676/1999-12	30.12.1999	15.08.2000	229	10.12.2009	3404	20.07.2010	222	22.09.2010	64	06.08.2014	5333
08000.009354/1997-82	16.05.1997	23.07.2001	1529	03.01.2011	3451	05.04.2011	92	19.07.2011	105	20.08.2014	6305
08012.004472/2000-12	15.09.2000	26.11.2002	802	15.12.2010	2941	30.05.2011	166	26.07.2011	57	01.10.2014	5129
08012.001020/2003-21	21.06.1999	26.08.2004	1893	24.09.2013	3316	25.06.2014	274	17.07.2014	22	29.10.2014	5609
08012.007033/2006-57	12.06.2006	13.09.2006	93	25.09.2013	2569	31.03.2014	187	29.04.2014	29	26.11.2014	3089

Tabela 10 – Tempo das investigações de cartel

Processo Administrativo	Início da investigação	Instauração	Dias entre o início da investigação e a instauração	Parecer do acusador	Dias entre a instauração e o parecer do acusador	Parecer da PFE	Dias entre pareceres do acusador e da PFE	Parecer do MPF	Dias entre pareceres da PFE e do MPF	Decisão	Dias entre o início da investigação e a decisão
08700.008551/2013-69	25.09.2013	25.09.2013	0	10.06.2014	258	08.08.2014	59	20.08.2014	12	26.11.2014	427
08012.005004/2004-99	28.06.2004	01.02.2010	2044	25.09.2013	1332	25.10.2013	30	09.12.2013	45	10.12.2014	3817
08012.009611/2008-51	23.07.2008	21.03.2011	971	30.12.2013	1015	03.04.2014	94	20.05.2014	47	10.12.2014	2331
08012.007967/2004-27	22.09.2002	26.04.2010	2773	17.07.2013	1178	10.01.2014	177	18.02.2014	39	10.12.2014	4462
08012.006199/2009-07	12.08.2009	24.02.2012	926	02.09.2014	921	23.10.2014	51	05.11.2014	13	10.12.2014	1946
08012.008507/2004-16	30.09.2004	13.05.2011	2416	13.02.2014	1007	15.05.2014	91	15.07.2014	61	10.12.2014	3723
08012.006764/2010-61	28.06.2010	28.05.2012	700	16.10.2013	506	01.08.2014	289	26.08.2014	25	11.02.2015	1689
08012.006969/2000-75	21.12.2000	09.02.2010	3337	20.06.2014	1592	27.10.2014	129	04.12.2014	38	25.02.2015	5179
08012.010932/2007-18	13.08.2007	09.11.2007	88	13.11.2012	1831	31.07.2014	625	11.12.2014	133	25.02.2015	2753
08012.007356/2010-27	15.07.2010	06.09.2011	418	10.09.2014	1100	28.11.2014	79	10.03.2015	102	25.03.2015	1714
08012.004430/2002-43	13.06.2002	24.12.2010	3116	02.05.2014	1225	12.09.2014	133	15.10.2014	33	25.03.2015	4668
08012.008184/2011-90	17.08.2011	07.08.2012	356	01.09.2014	755	23.10.2014	52	05.11.2014	13	08.04.2015	1330

Tabela 10 – Tempo das investigações de cartel

Processo Administrativo	Início da investigação	Instauração	Dias entre o início da investigação e a instauração	Parecer do acusador	Dias entre a instauração e o parecer do acusador	Parecer da PFE	Dias entre pareceres do acusador e da PFE	Parecer do MPF	Dias entre pareceres da PFE e do MPF	Decisão	Dias entre o início da investigação e a decisão
08012.009885/2009-21	09.12.2009	09.06.2010	182	16.09.2013	1195	26.01.2015	497	10.02.2015	15	08.04.2015	1946
08012.011437/2010-21	19.10.2010	08.05.2012	567	30.10.2014	905	28.01.2015	90	10.03.2015	41	22.04.2015	1646
08012.008847/2006-17	25.08.2006	19.12.2011	1942	14.04.2014	847	08.08.2014	116	24.09.2014	47	20.05.2015	3190
08012.000377/2004-73	21.01.2004	01.09.2010	2415	25.09.2013	1120	01.08.2014	310	26.11.2014	117	10.06.2015	4158
08700.007611/2012-45	N/D	N/D	-	N/D	-	N/D	-	N/D	-	14.07.2015	-
08012.010187/2004-64	02.12.2004	18.05.2010	1993	23.05.2012	736	12.07.2012	50	19.12.2012	160	29.07.2015	3891
08012.006685/2004-11	10.08.2004	17.08.2010	2198	04.05.2015	1721	18.06.2015	45	23.08.2015	66	02.09.2015	4040
08012.001273/2010-24	21.10.2010	30.01.2012	466	26.03.2014	786	25.06.2014	91	23.10.2014	120	16.09.2015	1791
08012.012032/2007-13	26.09.2007	14.01.2011	1206	25.04.2012	467	25.09.2012	153	14.12.2012	80	16.09.2015	2912
08700.000649/2013-78	16.01.2013	27.11.2013	315	30.12.2014	398	18.06.2015	170	04.09.2015	78	16.09.2015	973
Média de dias			**664**		**1611**		**175**		**127**		**2845**

__Fonte__: Elaboração própria com base nas melhores informações disponíveis nos votos e outros documentos dos autos disponibilizados no site do CADE.

Nota: (*) A data do início da investigação estava indisponível, razão pela qual foi utilizada a data da instauração do processo administrativo neste campo.

Tabela 11 – Realização de instrução complementar

Instrução complementar	Casos	Processo Administrativo
Sim	15 (15,5%)	08000.015337/1997-48; 08012.009118/1998-26; 08012.002299/2000-18; 08012.0004036/2001-18; 08000.004436/1995-04; 08012.004086/2000-21; 08012.009088/1999-48; 08012.006019/2002-11; 08012.009888/2003-70; 08012.004702/2004-77; 08012.012420/1999-61; 08012.001020/2003-21; 08012.004430/2002-43; 08012.008847/2006-17; 08012.001273/2010-24
Não	82 (84,5%)	0058/1992; 39/1992; 08000.025333/1996-32; 08000.019706/1996-63; 08000.021660/1996-05; 08012.000677/1999-70; 08012.004860/2000-01; 08012.002097/1999-81; 08012.006539/1997-97; 08012.009160/2002-67; 08012.006989/1997-43; 08012.001325/1999-78; 08012.002127/2002-14; 53500.003888/2001; 08000.009797/1996-92; 08012.000099/2003-73; 08000.001164/1997-53; 08012.004067/2004-28; 08012.006242/1997-68; 08012.007602/2003-11; 08012.004599/1999-18; 08012.001826/2003-10; 08012.002493/2005-16; 08012.001119/2000-91; 08012.004241/2003-51; 08012.000283/2006-66; 08012.008166/1999-14; 08012.005140/1998-33; 08012.005545/1999-16; 08012.001822/2003-31; 08012.001112/2000-42; 08012.006059/2001-73; 08001.000852/1999-21; 08012.006768/2000-78; 08012.000921/2000-53; 08012.005495/2002-14; 08012.000998/1999-83; 08012.009906/1999-94; 08012.000775/2000-66; 08012.010215/2007-96; 08012.001003/2000-41; 08000.009391/1997-17; 08012.004039/2001-68; 08012.006715/2002-19; 08012.004573/2004-17; 08012.007149/2009-39; 08012.002925/2009-12; 08012.011027/2006-02; 08012.008224/1998-38; 08012.008501/2007-91; 08012.011668/2007-30; 08012.003267/2008-97; 08012.004869/2008-61; 08012.004365/2010-66; 08012.001794/2004-33; 08012.011853/2008-13; 08012.010362/2007-66; 08012.009988/2006-49; 08012.011142/2006-79; 08012.012676/1999-12; 08000.009354/1997-82; 08012.004472/2000-12; 08012.007033/2006-57; 08700.008551/2013-69; 08012.005004/2004-99; 08012.009611/2008-51; 08012.007967/2004-27; 08012.006199/2009-07; 08012.008507/2004-16; 08012.006764/2010-61; 08012.006969/2000-75; 08012.010932/2007-18; 08012.007356/2010-27; 08012.008184/2011-90; 08012.009885/2009-21; 08012.011437/2010-21; 08012.000377/2004-73; 08700.007611/2012-45; 08012.010187/2004-64; 08012.006685/2004-11; 08012.012032/2007-13; 08700.000649/2013-78
Total	**97 (100%)**	**Total de casos**

Fonte: Elaboração própria com base nas atas das sessões de julgamento disponibilizadas no site do CADE.

Tabela 12 - Convergência e divergência entre acusador e pareceristas/julgador

Processo Administrativo	Acusador		ProCADE		MPF		CADE	
	Acusador	Parecer (*)	Parecer (*)	Convergência	Parecer (*)	Convergência	Decisão (*)	Convergência
08000.015337/1997-48	SDE	C	C	T	N/A	N/A	C	T
0058/1992	SDE	A	A	T	N/A	N/A	A	T
39/1992	SDE	A	A	T	N/A	N/A	A	T
08000.025333/1996-32	SDE	A	A	T	N/A	N/A	A	T
08000.019706/1996-63	SDE	A	A	T	N/A	N/A	A	T
08012.009118/1998-26	SDE	C	C	T	N/A	N/A	C	T
08012.002299/2000-18	SDE	C	C	T	N/A	N/A	C	T
08000.021660/1996-05	SDE	A	A	T	N/A	N/A	A	T
08012.0004036/2001-18	SDE	C	C	T	C	T	C	T
08000.004436/1995-04	SDE	C	C	P	C	T	A	D
08012.000677/1999-70	SDE	C	C	T	C	T	C	T
08012.004860/2000-01	SDE	C	C	T	C	T	C	T
08012.002097/1999-81	SDE	C	C	T	A	D	C	T
08012.006539/1997-97	SDE	A	A	T	N/A	N/A	A	T
08012.009160/2002-67	SDE	C	C	T	C	T	C	T
08012.006989/1997-43	SDE	C	C	T	C	T	C	T

Tabela 12 – Convergência e divergência entre acusador e pareceristas/julgador

Processo Administrativo	Acusador		ProCADE		MPF		CADE	
	Acusador	Parecer (*)	Parecer (*)	Convergência	Parecer (*)	Convergência	Decisão (*)	Convergência
08012.001325/1999-78	SDE	A	A	T	N/A	N/A	A	T
08012.002127/2002-14	SDE	C	C	T	C	T	C	T
53500.003888/2001	ANATEL	C	C	T	C	T	C	T
08012.004086/2000-21	SDE	C	C	T	C	T	C	T
08000.009797/1996-92	SDE	A	A	T	A	T	A	T
08012.009088/1999-48	SDE	C	C	T	A	D	C	T
08012.000099/2003-73	SDE	C	C	T	C	T	C	T
08000.001164/1997-53	SDE	A	A	T	A	T	A	T
08012.004067/2004-28	SDE	A	A	T	A	T	A	T
08012.006242/1997-68	SDE	A	A	T	A	T	A	T
08012.007602/2003-11	SDE	C	C	T	C	T	C	T
08012.004599/1999-18	SDE	C	C	P	C	P	C	T
08012.001826/2003-10	SDE	C	C	P	C	P	C	P
08012.002493/2005-16	SDE	C	C	T	C	T	C	P
08012.001119/2000-91	SDE	A	A	T	A	T	A	T

Tabela 12 – Convergência e divergência entre acusador e pareceristas/julgador

Processo Administrativo	Acusador		ProCADE		MPF		CADE	
	Acusador	Parecer (*)	Parecer (*)	Convergência	Parecer (*)	Convergência	Decisão (*)	Convergência
08012.004241/2003-51	SDE	A	A	T	A	T	A	T
08012.006019/2002-11	SDE	C	C	T	C	T	C	P
08012.000283/2006-66	SDE	C	C	T	C	T	C	T
08012.008166/1999-14	SDE	A	A	T	A	T	A	T
08012.005140/1998-33	SDE	A	A	T	A	T	A	T
08012.005545/1999-16	SDE	A	A	T	A	T	A	T
08012.009888/2003-70	SDE	C	C	P	C	T	C	P
08012.001822/2003-31	SDE	A	A	T	A	T	A	T
08012.001112/2000-42	SDE	A	A	T	A	T	A	T
08012.006059/2001-73	SDE	A	A	T	A	T	A	T
08001.000852/1999-21	SDE	A	A	T	A	T	A	T
08012.006768/2000-78	SDE	A	A	T	A	T	A	T
08012.000921/2000-53	SDE	A	A	T	A	T	A	T
08012.005495/2002-14	SDE	C	C	T	C	T	C	P
08012.004702/2004-77	SDE	C	C	T	C	T	C	T
08012.000998/1999-83	SDE	A	A	T	A	T	A	T

Tabela 12 – Convergência e divergência entre acusador e pareceristas/julgador

Processo Administrativo	Acusador		ProCADE		MPF		CADE	
	Acusador	Parecer (*)	Parecer (*)	Convergência	Parecer (*)	Convergência	Decisão (*)	Convergência
08012.009906/1999-94	SDE	A	A	T	A	T	A	T
08012.000775/2000-66	SDE	A	A	T	C	D	A	T
08012.010215/2007-96	SG	C	C	T	C	T	C	T
08012.001003/2000-41	SDE	C	C	T	C	T	C	T
08000.009391/1997-17	SDE	A	A	T	A	T	A	T
08012.004039/2001-68	SDE	C	C	T	C	T	C	T
08012.006715/2002-19	SDE	A	A	T	A	T	A	T
08012.004573/2004-17	SDE	C	C	T	C	T	C	T
08012.007149/2009-39	SDE	C	C	T	C	T	C	T
08012.002925/2009-12	SG	A	A	T	A	T	A	T
08012.011027/2006-02	SDE	C	C	T	C	P	C	P
08012.008224/1998-38	SDE	A (**)	A (**)	T	A (**)	T	A (**)	T
08012.008501/2007-91	SDE	A (***)	A	T	A (***)	T	A	T
08012.011668/2007-30	SDE	C	C	T	C	T	C	P
08012.003267/2008-97	SG	A	A	T	A	T	A	T
08012.012420/1999-61	SDE	C	A	P	A	P	A (****)	D

<u>Tabela 12</u> - Convergência e divergência entre acusador e pareceristas/julgador

Processo Administrativo	Acusador		ProCADE		MPF		CADE	
	Acusador	Parecer (*)	Parecer (*)	Convergência	Parecer (*)	Convergência	Decisão (*)	Convergência
08012.004869/2008-61	SG	A	A	T	A	T	A	T
08012.004365/2010-66	SG	C	C	T	C	T	C	T
08012.001794/2004-33	SDE	C	C	T	C	T	C	T
08012.011853/2008-13	SG	C	C	T	C	T	C	T
08012.010362/2007-66	SDE	C	C	T	C	T	C	T
08012.009988/2006-49	SG	A	A	T	A	T	A	T
08012.011142/2006-79	SDE	C	C	T	C	T	C	T
08012.012676/1999-12	SDE	A	A	T	A	T	A	T
08000.009354/1997-82	SDE	C	A	D	C	T	C	T
08012.004472/2000-12	SDE	C	C	T	C	P	C	P
08012.001020/2003-21	SG	C	C	T	C	T	C	T
08012.007033/2006-57	SG	C	C	T	C	T	C	T
08700.008551/2013-69	SG	C	C	T	C	T	C	T
08012.005004/2004-99	SG	C	C	T	C	T	C	T (*****)
08012.009611/2008-51	SG	C	C	T	C	T	C	T

Tabela 12 – Convergência e divergência entre acusador e pareceristas/julgador

Processo Administrativo	Acusador		ProCADE		MPF		CADE	
	Acusador	Parecer (*)	Parecer (*)	Convergência	Parecer (*)	Convergência	Decisão (*)	Convergência
08012.007967/2004-27	SG	A (**)	A (**)	T	A (**)	T	A (**)	T
08012.006199/2009-07	SG	C	A	P	C	T	C	T
08012.008507/2004-16	SG	C	C	T	C	T	C	T
08012.006764/2010-61	SG	C	C	P	C	P	C	P

Tabela 12 - Convergência e divergência entre acusador e pareceristas/julgador

Processo Administrativo	Acusador		ProCADE		MPF		CADE	
	Acusador	Parecer (*)	Parecer (*)	Convergência	Parecer (*)	Convergência	Decisão (*)	Convergência
08012.006969/2000-75	SG	C	C	T	C	T	C (******)	T
08012.010932/2007-18	SDE	C	C (******)	T	C (******)	T	C (******)	P
08012.007356/2010-27	SG	C	C	T	C	T	C	T
08012.004430/2002-43	SG	C	C	T	C	T	A	P (*******)
08012.008184/2011-90	SG	C	C	T	C	T	C	T
08012.009885/2009-21	SG	C	C	P	C	T	C	P
08012.011437/2010-21	SG	A	A	T	A	T	A	T
08012.008847/2006-17	SG	C	C	T	C	T	C	P
08012.000377/2004-73	SG	C	C	T	C	T	C	P
08700.007611/2012-45	SG	A	A	T	A	T	A	T
08012.010187/2004-64	SDE	C	C	T	C	T	C	T (********)
08012.006685/2004-11	SG	C	C	T	A	D	A	D (*********)
08012.001273/2010-24	SG	A	C	P	C	D	C	D (*********)
08012.012032/2007-13	SDE	C	C	T	C	T	C	T
08700.000649/2013-78	SG	A (**********)	A (**********)	T	A (**********)	T	A (**********)	T

Tabela 12 – Convergência e divergência entre acusador e pareceristas/julgador

Processo Administrativo	Acusador		ProCADE		MPF		CADE	
	Acusador	Parecer (*)	Parecer (*)	Convergência	Parecer (*)	Convergência	Decisão (*)	Convergência
Convergência total				87 (89,7%)		76 (87,3%)		79 (81,5%)
Convergência parcial				9 (9,3%)		6 (6,9%)		14 (14,4%)
Divergência				1 (1,0%)		5 (5,7%)		4 (4,1%)

Fonte: Elaboração própria com base nas atas das sessões de julgamento, votos, relatórios e pareceres disponibilizados no site do CADE.

Legenda: C = condenação; A = arquivamento; T = convergência total; P = convergência parcial; D = divergência.

Notas: (*) Nos casos de condenação, pode ter havido também, com relação a outros acusados, (i) arquivamento, (ii) exclusão do polo passivo, (iii) celebração de Termo de Compromisso de Cessação de Prática – TCC e (iv) aplicação dos benefícios da leniência. (**) Nestes processos houve a condenação apenas dos sindicatos patronais, mas não por formação de cartel. (***) Neste processo, a SDE e o MPF recomendaram a condenação de algumas das acusadas, mas não por formação de cartel. (****) Neste processo, o Tribunal condenou algumas das acusadas, mas não por formação de cartel, tal como recomendado pela SDE. (*****) Neste processo, atribuímos convergência total, pois o Tribunal divergiu dos órgãos pareceristas apenas para condenar os sindicados, que, conforme explicado na metodologia deste trabalho, não podem ser condenados por formação de cartel. (******) Nestes processos, mesmo tendo havido a celebração de Termos de Compromisso de Cessação – TCC, atribuímos convergência total, pois os acusados reconheceram seu envolvimento na conduta investigada. **(*******)** Neste processo, mesmo tendo havido a celebração de Termos de Compromisso de Cessação – TCC, atribuímos convergência, pois os acusados reconheceram seu envolvimento na conduta investigada; a convergência não foi total porque o Tribunal arquivou o processo com relação a uma pessoa jurídica. (********) Atribuímos convergência total a despeito de o Tribunal ter arquivado o processo com relação a uma associação de classe, tendo em vista que a pesquisa está ficada nos agentes que de fato podem formar cartéis (e não nas associações de classe). (*********) Atribuímos divergência a despeito de o Tribunal ter concordado com a SG quanto à condenação e/ou absolvição de associação de classe e/ou dirigentes. (**********) Houve sugestão/decisão de condenação por outras práticas (não formação de cartel).

Tabela 13 - Pedidos de vista

Processo Administrativo	Vistas	Discussão sobre prova	Processo Administrativo	Vistas	Discussão sobre prova	Processo Administrativo	Vistas	Discussão sobre prova
08000.015337/1997-48	X	X	08012.006019/2002-11	X	X	08012.004365/2010-66		
0058/1992			08012.000283/2006-66	X		08012.001794/2004-33		
39/1992			08012.008166/1999-14			08012.011853/2008-13		
08000.025333/1996-32			08012.005140/1998-33			08012.010362/2007-66		
08000.019706/1996-63			08012.005545/1999-16			08012.009988/2006-49		
08012.009118/1998-26	X	X	08012.009888/2003-70			08012.011142/2006-79	X	X
08012.002299/2000-18	X	X	08012.001822/2003-31			08012.012676/1999-12		
08000.021660/1996-05			08012.001112/2000-42			08000.009354/1997-82	X	
08012.0004036/2001-18	X	X	08012.006059/2001-73			08012.004472/2000-12		
08000.004436/1995-04			08001.000852/1999-21			08012.001020/2003-21		
08012.000677/1999-70	X		08012.006768/2000-78			08012.007033/2006-57		
08012.004860/2000-01	X		08012.000921/2000-53			08700.008551/2013-69		
08012.002097/1999-81	X		08012.005495/2002-14	X		08012.005004/2004-99	X	

Tabela 13 – Pedidos de vista

Processo Administrativo	Vistas	Discussão sobre prova	Processo Administrativo	Vistas	Discussão sobre prova	Processo Administrativo	Vistas	Discussão sobre prova
08012.006539/1997-97			08012.004702/2004-77			08012.009611/2008-51		
08012.009160/2002-67			08012.000998/1999-83			08012.007967/2004-27	X	X
08012.006989/1997-43			08012.009906/1999-94			08012.006199/2009-07		
08012.001325/1999-78			08012.000775/2000-66			08012.008507/2004-16		
08012.002127/2002-14	X	X	08012.010215/2007-96	X	X	08012.006764/2010-61		
53500.003888/2001			08012.001003/2000-41			08012.006969/2000-75		
08012.004086/2000-21			08000.009391/1997-17	X		08012.010932/2007-18		
08000.009797/1996-92			08012.004039/2001-68			08012.007356/2010-27		
08012.009088/1999-48	X	X	08012.006715/2002-19			08012.004430/2002-43		
08012.000099/2003-73			08012.004573/2004-17			08012.008184/2011-90		
08000.001164/1997-53			08012.007149/2009-39			08012.009885/2009-21		
08012.004067/2004-28			08012.002925/2009-12			08012.011437/2010-21		
08012.006242/1997-68			08012.011027/2006-02	X	X	08012.008847/2006-17	X	X
08012.007602/2003-11			08012.008224/1998-38			08012.000377/2004-73	X	
08012.004599/1999-18	X	X	08012.008501/2007-91			08700.007611/2012-45		
08012.001826/2003-10			08012.011668/2007-30			08012.010187/2004-64		

Tabela 13 – Pedidos de vista

Processo Administrativo	Vistas	Discussão sobre prova	Processo Administrativo	Vistas	Discussão sobre prova	Processo Administrativo	Vistas	Discussão sobre prova
08012.002493/2005-16	X	X	08012.003267/2008-97			08012.006685/2004-11		
08012.001119/2000-91			08012.012420/1999-61			08012.001273/2010-24	X	X
08012.004241/2003-51			08012.004869/2008-61			08012.012032/2007-13		
						08700.000649/2013-78		
Casos com pedidos de vistas	**24 (24,7%)**							
Casos com discussão de prova nas vistas	**15 (62,5%)**							

Fonte: Elaboração própria com base nas atas das sessões de julgamento e nos votos disponibilizados no site do CADE.

Tabela 14 – Índice de convergência entre os Conselheiros

Votação	Processos Administrativos	Número de casos
Unânime	08000.015337/1997-48; 0058/1992; 39/1992; 08000.025333/1996-32; 08000.019706/1996-63; 08012.002299/2000-18; 08000.021660/1996-05; 08012.0004036/2001-18; 08000.004436/1995-04; 08012.004860/2000-01; 08012.002097/1999-81; 08012.006539/1997-97; 08012.009160/2002-67; 08012.001325/1999-78; 08012.002127/2002-14; 53500.003888/2001; 08000.009797/1996-92; 08012.000099/2003-73; 08000.001164/1997-53; 08012.004067/2004-28; 08012.006242/1997-68; 08012.007602/2003-11; 08012.002493/2005-16; 08012.001119/2000-91; 08012.004241/2003-51; 08012.000283/2006-66; 08012.008166/1999-14; 08012.005140/1998-33; 08012.005545/1999-16; 08012.009888/2003-70; 08012.001822/2003-31; 08012.001112/2000-42; 08012.006059/2001-73; 08001.000852/1999-21; 08012.006768/2000-78; 08012.000921/2000-53; 08012.005495/2002-14; 08012.004702/2004-77; 08012.000998/1999-83; 08012.009906/1999-94; 08012.000775/2000-66; 08012.010215/2007-96; 08012.001003/2000-41; 08000.009391/1997-17; 08012.004039/2001-68; 08012.006715/2002-19; 08012.004573/2004-17; 08012.007149/2009-39; 08012.002925/2009-12; 08012.008224/1998-38; 08012.008501/2007-91; 08012.011668/2007-30; 08012.003267/2008-97; 08012.012420/1999-61; 08012.004869/2008-61; 08012.004365/2010-66; 08012.001794/2004-33; 08012.011853/2008-13; 08012.010362/2007-66; 08012.009988/2006-49; 08012.012676/1999-12; 08000.009354/1997-82; 08012.004472/2000-12; 08012.001020/2003-21, 08012.007033/2006-57, 08700.008551/2013-69, 08012.005004/2004-99; 08012.009611/2008-51, 08012.006199/2009-07, 08012.008507/2004-16, 08012.006764/2010-61, 08012.006969/2000-75, 08012.010932/2007-18, 08012.007356/2010-27, 08012.004430/2002-43, 08012.008184/2011-90; 08012.009885/2009-21; 08012.011437/2010-21; 08012.008847/2006-17; 08012.000377/2004-73; 08700.007611/2012-45; 08012.010187/2004-64; 08012.006685/2004-11; 08012.012032/2007-13; 08700.000649/2013-78	**85 (87,6%)**
Não unânime	08012.009118/1998-26; 08012.000677/1999-70; 08012.006989/1997-43; 08012.004086/2000-21; 08012.009088/1999-48; 08012.004599/1999-18; 08012.001826/2003-10; 08012.006019/2002-11; 08012.011027/2006-02; 08012.011142/2006-79; 08012.007967/2004-27; 08012.001273/2010-24	**12 (12,4%)**

Fonte: Elaboração própria com base nas atas das sessões de julgamento, acórdãos e votos disponibilizados no site do CADE.

Nota: A unanimidade foi medida apenas com relação à decisão de condenação ou absolvição, não tendo sido examinados outros elementos das decisões, como o montante das multas ou os tipos de penalidades impostas.

Tabela 15 – Processos por Conselheiro Relator

Conselheiro	Formação	Processo Administrativo	Casos
Ana de Oliveira Frazão	Direito	08012.000998/1999-83; 08012.001003/2000-41; 08000.009391/1997-17; 08012.004039/2001-68; 08012.002925/2009-12; 08012.008224/1998-38; 08012.008501/2007-91; 08012.011668/2007-30; 08012.012420/1999-61; 08012.004472/2000-12; 08012.005004/2004-99; 08012.006764/2010-61; 08012.007356/2010-27; 08012.009885/2009-21; 08700.007611/2012-45	15
Ricardo Machado Ruiz	Economia	08012.004573/2004-17; 08012.007149/2009-39; 08012.011027/2006-02; 08012.001794/2004-33; 08012.000775/2000-66; 08012.003267/2008-97; 08012.004869/2008-61; 08012.004365/2010-66; 08012.010362/2007-66	9
Gilvandro Vasconcelos Coelho de Araújo	Direito	08012.007033/2006-57; 08700.008551/2013-69; 08012.009611/2008-51; 08012.008507/2004-16; 08012.006969/2000-75; 08012.008184/2011-90; 08012.011437/2010-21; 08012.006685/2004-11; 08700.000649/2013-78	9
Márcio de Oliveira Júnior	Direito e Economia	08012.001020/2003-21; 08012.006199/2009-07; 08012.010932/2007-18; 08012.004430/2002-43; 08012.008847/2006-17; 08012.000377/2004-73; 08012.010187/2004-64; 08012.001273/2010-24; 08012.012032/2007-13	9
Ricardo Villas Bôas Cueva	Direito	08012.009088/1999-48; 08012.004599/1999-18; 08012.004860/2000-01; 08012.002097/1999-81; 08012.004067/2004-28	5
Alessandro Serafin Octaviani Luis	Direito	08012.006715/2002-19; 08012.012676/1999-12; 08012.009988/2006-49; 08012.011142/2006-79	4
João Bosco Leopoldino da Fonseca	Direito	0058/1992; 39/1992; 08000.025333/1996-32; 08012.009118/1998-26	4
Luiz Carlos Delorme Prado	Economia	08012.000099/2003-73; 08012.006019/2002-11; 08012.004241/2003-51; 08012.002127/2002-14	4
Eduardo Pontual Ribeiro	Economia	08012.010215/2007-96; 08012.011853/2008-13; 08000.009354/1997-82; 08012.007967/2004-27	4

Tabela 15 – Processos por Conselheiro Relator

Conselheiro	Formação	Processo Administrativo	Casos
Carlos Emmanuel Joppert Ragazzo	Direito	08012.005545/1999-16; 08012.005495/2002-14; 08012.004702/2004-77	3
Luiz Alberto Esteves Scaloppe	Direito	08012.004086/2000-21; 08012.009160/2002-67; 08012.006989/1997-43	3
Roberto Augusto Castellanos Pfeiffer	Direito	08012.006539/1997-97; 08012.001325/1999-78; 08000.009797/1996-92	3
Vinícius Marques de Carvalho	Direito	08012.006059/2001-73; 08001.000852/1999-21; 08012.006768/2000-78	3
Abraham Benzaquen Sicsú	Economia	08012.007602/2003-11, 08012.001826/2003-10	2
César Costa Alves de Mattos	Economia	08012.008166/1999-14; 08012.001112/2000-42	2
Fernando de Magalhães Furlan	Direito	08012.005140/1998-33; 08012.009888/2003-70	2
Luis Fernando Rigato Vasconcellos	Economia	53500.003888/2001; 08000.001164/1997-53	2
Luis Fernando Schuartz	Direito	08012.002493/2005-16; 08012.001119/2000-91	2
Olavo Zago Chinaglia	Direito	08012.000921/2000-53; 08012.001822/2003-31	2
Paulo Furquim de Azevedo	Economia	08012.006242/1997-68; 08012.000283/2006-66	2
Thompson Almeida Andrade	Economia	08012.000677/1999-70; 08012.0004036/2001-18	2
Afonso Arinos de Mello Franco Neto	Economia	08012.002299/2000-18	1
Celso Fernandes Campilongo	Direito	08000.019706/1996-63	1
Cleveland Prates Teixeira	Economia	08000.004436/1995-04	1

Tabela 15 – Processos por Conselheiro Relator

Conselheiro	Formação	Processo Administrativo	Casos
Fernando de Oliveira Marques	Direito	08000.021660/1996-05	1
Marcos Paulo Verissimo	Direito	08012.009906/1999-94	1
Ruy Afonso de Santacruz	Economia	08000.015337/1997-48	1
Arthur Barrionuevo Filho	Economia	-	0
Elvino de Carvalho Mendonça	Economia	-	0
Hebe Teixeira Romano Pereira da Silva	Direito	-	0
Lúcia Helena Salgado e Silva	Economia	-	0
Marcelo Procopio Calliari	Direito	-	0
Mércio Felsky	Direito	-	0
Miguel Tebar Barrionuevo	Direito	-	0
Ronaldo Porto Macedo Júnior	Direito	-	0
Alexandre Cordeiro Macedo	Direito e Economia		0
João Paulo de Resende	Economia		0
Paulo Burnier da Silveira	Direito		0
Cristiane Alkmin Junqueira Schmidt	Economia		0

Fonte: Elaboração própria com base nas atas das sessões de julgamento e nos votos disponibilizados no site do CADE. Conselheiros com mandatos entre 27 de outubro de 1999 e 26 de outubro de 2015.

Tabela 16 – Multas aplicadas por autoridades antitruste

Autoridade	Multas a cartéis (€ milhões)	Multa média (€ milhões)
União Europeia	1.700	169
Estados Unidos (DOJ)	1.200	Não respondeu
Alemanha	1.001	75
Coreia do Sul	966	17
França	957	23,9
Japão	298	25
Itália	184	61,5
África do Sul	102	7,6
Chile	53,8	9
Espanha	43,8	3,6
Brasil	39,9	2,9
Rússia	31,7	0,2
Áustria	22,3	1
Hungria	18,7	2,1
Austrália	15,9	5,3
México	15	7,5
Canadá	13	2,6

Tabela 16 – Multas aplicadas por autoridades antitruste

Autoridade	Multas a cartéis (€ milhões)	Multa média (€ milhões)
Grécia	10,2	10,2
Letônia	7,9	1,1
República Tcheca	6,8	0,7
Turquia	4,1	0,5
Nova Zelândia	3,5	1,2
Dinamarca	3,2	0,25
Polônia	2,5	0,1
Suíça	2,1	1
Holanda	2	2
Israel	1	0,1
Suécia	0,2	Não respondeu
Lituânia	0,02	0,02
Bélgica	0	0
Finlândia	0	0
Irlanda	0	0
Noruega	0	0
Portugal	0	0

Fonte: GLOBAL COMPETITION REVIEW. Rating enforcement 2015. The annual ranking of the world's leading competition authorities, v. 18, n. 6, p. 26, jun. 2015.